L'ABOMINABLE DOCTEUR PETIOT

JEAN-MARC VARAUT

L'ABOMINABLE DOCTEUR PETIOT

FRANCE LOISIRS
123, boulevard de Grenelle, Paris

Édition du Club France Loisirs, Paris,
avec l'autorisation des Éditions Balland

— Tu me fais chier, dit posément Petiot à l'avocat général qui vient de le réveiller au petit matin de ce 25 mai 1946 avec le rituel « Ayez du courage, Petiot, c'est l'heure ».

Pendant que le condamné à mort se redresse dans le bruit des chaînes et des menottes qui lui emprisonnent les membres, l'avocat général Dupin, le seul sans doute à ne pas avoir compris ce que vient de lui dire Petiot, emploie la deuxième formule d'usage dans ces circonstances :

— Avez-vous une déclaration à faire?

— Je viens de te la faire. Tu me fais...

Libéré de ses entraves par un surveillant, Petiot se lève. Il a le visage reposé de quelqu'un qui vient de passer une nuit paisible.

Il salue l'assistance d'un bref :

— « Messieurs »...

et Maître Floriot, son avocat, d'un amical :

— « Vous allez bien? »

Il se dirige ensuite vers le coin où est déposé le costume qu'il portait à son procès. Là, il se détourne pour s'habiller :

— Vous permettez?

Dans la prison encore endormie, pas un bruit. Chacun sait que la mort y rôde et que Petiot, le trop fameux docteur Petiot, ce matin, a rendez-vous avec elle. Les officiels se regardent en chiens de faïence. Il y a là le Conseiller à la Cour d'appel Meiss, délégué par le Président, l'avocat général Dupin, substitut du Procureur de la République, le juge d'instruction Golletty, accompagné de son greffier, M. Devaux, directeur de la Police Judiciaire, le commissaire Pineau, le directeur de la Santé et le docteur Paul, médecin légiste et Maître Floriot.

Sa toilette terminée, Petiot s'installe à sa table pour écrire à sa femme et à son fils.

Le crissement de la plume emplit bientôt toute la cellule et ajoute au malaise général.

— Cela peut durer longtemps? demande quelqu'un.

— Cela dépend, répond le docteur Paul qui n'en est pas à sa première exécution. J'en ai connu qui ont écrit, comme ça, pendant quatre heures...

Devant cette planche rabattable qui lui sert d'écritoire, Petiot a passé déjà des journées entières, avant son procès...

Pour Petiot, le procès et le verdict n'ont été qu'un intermède. Dès le lendemain il recommence à écrire, il sculpte, ravaude ses vêtements et lit. Parfaitement étranger à son avenir, Petiot se retrouve tel qu'en lui-même.

— Condamné à mort ou pas, il n'a pas changé, constate un surveillant avec lequel Petiot, comme par le passé, échange des plaisanteries, au travers du guichet de la porte de sa cellule.

Et parce qu'il a un sens très personnel, il faut en convenir, de ce qui se fait et ne se fait pas, un matin il écrit à Maître Floriot pour le prier de déposer deux plaintes en faux témoignage. La première contre Madame Braunberger, la femme d'une de ses victimes, la seconde contre la domestique de cette dernière. Est-ce par goût des séries : jamais deux sans trois? Il fait déposer une autre plainte, mais en forfaiture cette fois, contre un juré qui aurait paraît-il déclaré au cours du procès à un journaliste qui l'interviewait : « La mort est encore trop douce pour Petiot ».

Ces trois plaintes déposées le 13 mai sont rejetées par trois non-lieu, le 23; la Cour fait d'autant plus diligence que le pourvoi en cassation l'avait été le 16.

Quelques entrefilets dans la presse naguère pleine de l'affaire de la rue Le Sueur l'ont fait savoir au public.

La seule chance restant à Petiot de sauver sa tête dépend d'une improbable grâce présidentielle. Les journaux ne l'envisagent même pas qui proposent, puisque la guillotine a été endommagée par les bombardements, de le fusiller. Cette solution, même si on ne l'évoque pas officiellement, est envisagée très sérieusement. Car, à la veille d'exécuter leur besogne, les bourreaux, s'estimant insuffisamment payés, réclament une augmentation de salaire.

Cette nouvelle, lorsqu'il l'apprend, constitue certainement une des dernières joies de Petiot. Chaque fois que cette situation cocasse lui revient à l'esprit, il en plaisante :

— Cette histoire me fera mourir de rire...

Pour sortir de cette impasse, aussi bouffonne que macabre, le gouvernement cède. Les bourreaux obtiennent satisfaction. Y a-t-il relation de cause à effet? En tout cas Monsieur Desfournaux, le bourreau en chef, se souvient alors qu'il possède une guillotine que l'on pourrait qualifier « de campagne », celle qui lui sert à opérer en province; il assure qu'elle pourra très bien faire l'affaire.

La nouvelle vient aux oreilles de Petiot qui constate avec une franche gaieté : « Encore une fois, j'aurai fait des heureux... Tant mieux ».

A-t-on jamais vu un condamné à mort se réjouir du bien-être de ses bourreaux? se demandent avec étonnement ceux qui le surveillent. Décidément, ce Petiot est un cas.

Encore plus que ne le croient les gardiens de l'antichambre de la mort. Car Petiot, dès qu'il a appris sa condamnation, a fait jurer à Maître Floriot de le prévenir dès qu'il saurait la date de l'exécution. A condition qu'il en ait le temps, bien sûr.

Et cette promesse, l'avocat va pouvoir la tenir.

Au détour d'un couloir du Palais, alors qu'il vient d'apprendre que les trois plaintes déposées par Petiot viennent d'être rejetées, René Floriot rencontre un greffier qui lui dit confidentiellement :

— C'est pour demain, Maître.

René Floriot dépêche son collaborateur Maître Cousin auprès de Petiot.

Pendant près de deux heures, le jeune avocat tourne, retourne devant la porte de la Santé. Il n'ose pas entrer. On ne joue pas sans angoisse les porteurs de mauvaise nouvelle. Lorsqu'il se trouve, enfin, devant Petiot, il oublie toutes les formules qu'il a préparées et ne trouve comme mots que ceux qu'a employés le greffier :

— C'est pour demain...

— Très bien, petit, répond Petiot qui, sur le même ton, passe à un autre sujet.

Et, le soir, comme si de rien n'était, Petiot s'endort sans chercher outre mesure le sommeil. A-t-il eu une manière de prescience qu'un incident fortuit allait retarder à la dernière minute son exécution, ou contrôlait-il parfaitement ses nerfs et ses réactions?

Petiot sait pertinemment que « si cela n'a pas été pour aujourd'hui, ce sera pour demain »; il n'en passe pas moins une journée comme les autres.

Il n'entend pas les fers du cheval qui traîne le chariot du

bourreau résonner sur les pavés de la cour de la prison; dès trois heures et demie, les craquements et les coups sourds des bois de justice que l'on monte ne troublent pas davantage son sommeil.

Dans la lumière du jour qui commence à poindre, le couperet que Desfournaux a sorti de son étui de cuir a des reflets livides. Après avoir vérifié, à blanc, le bon fonctionnement de sa machine, le bourreau quitte son bleu-de-travail pour revêtir, comme c'est la tradition, sa tenue de cérémonie. Il est fin prêt, chapeau melon vissé sur la tête, lorsque les officiels font leur entrée et se dirigent à pas pressés vers le pavillon du directeur de la prison.

Au dehors, dans la rue de la Santé bouclée, d'importantes forces de police refoulent le public et les journalistes qui ont été mystérieusement prévenus.

Il est quatre heures et demie lorsque l'avocat général Dupin frappe sur l'épaule de Petiot, que l'ouverture de sa porte et l'entrée discrète de ces messieurs n'ont pas réveillé.

— Occupez-vous de M. Dupin! Soutenez-le, je crains qu'il n'ait une syncope.

Ce cri d'alarme, c'est Petiot qui vient de le lancer après avoir refermé avec soin la lettre qu'il vient de terminer. D'un geste nerveux, l'avocat général chasse les regards qui se sont tournés vers lui. La réflexion de Petiot l'a rendu blême de rage.

L'abbé Berger, aumônier de la Santé, qui est entré dans la cellule quelques instants auparavant, s'approche du condamné. Petiot l'arrête.

— Je vous remercie, monsieur l'Abbé, je n'ai pas besoin de vos services : je suis mécréant.

— Votre femme m'a dit hier qu'elle serait heureuse que je vous bénisse.

— Eh bien, alors, faites-le. Mais vite...

Le prêtre se recueille.

Dès qu'il a fini, Petiot allume une cigarette, refuse le verre de rhum qu'on lui offre et dit à la cantonade :

— Merci, ni messe, ni rhum... Et maintenant, si on y allait?...

Le docteur Paul qui a assisté, de par son métier, à des centaines d'exécutions, raconte son étonnement :

— Pour la première fois de ma vie, j'ai vu un homme descendre du quartier réservé aux condamnés à mort sinon en dansant, du moins en montrant un naturel parfait. Alors que tous ceux qui vont être exécutés font tout pour montrer du courage, mais un courage que l'on sent crispé, exhibé à force de volonté, Petiot, lui, se déplaçait avec aisance, comme s'il se rendait à son cabinet pour y donner une consultation de routine.

Comme un diable sorti de sa boîte, le bourreau s'empare de Petiot dès que celui-ci franchit le seuil du greffe. Avec une habileté de professionnel rompu à cette pratique, il échancre largement la chemise, après avoir tondu la nuque.

— C'est bien sot de la part de l'Administration de gâcher une jolie chemise, soupire Petiot, pendant que Desfournaux lui lie les mains dans le dos et entrave ses pieds.

Lorsque c'est fait, Petiot se tourne vers l'avocat général pour lui dire :

— Tu l'as voulu...

Puis il demande qu'on lui allume une cigarette.

Il fume sans hâte, normalement. De la tête, il fait un signe à Maître Floriot qui s'approche et lui dit à l'oreille :

— Je voudrais que vous conserviez un bon souvenir de moi. Aussi, je ne vous demande qu'une chose, ne regardez pas.

Sa cigarette est finie. Les aides du bourreau le prennent chacun sous un bras et le portent jusqu'à la bascule de la guillotine.

Avant qu'on l'attache, il se tourne une dernière fois et lance:

— Ça ne va pas être beau!

12

CHAPITRE PREMIER

D'AUXERRE À PARIS (1897-1921)

Le regard est vide, figé. Les yeux sont trop grands, le cheveu ras et la bouche serrée.

Ainsi apparaît Marcel Petiot sur cette photo retrouvée dans les archives du collège d'Auxerre.

C'est un gamin parmi les autres. Vêtu d'une blouse grise, il est assis sur un banc d'école, les mains reposant mollement sur les genoux.

Né le 17 janvier 1897 (au lendemain de la Saint-Marcel) il est issu d'une famille honorablement connue dans la région. Son père, Félix Petiot, est fonctionnaire des Postes et son oncle professeur de philosophie.

A deux ans, Marcel est placé en nourrice dans un village de la vallée de l'Yonne, non loin de sa ville natale.

La vieille Henriette apprend vite à le connaître. Capricieux, turbulent, colérique, il faut sans cesse le surveiller par peur de quelque sottise imprévue. Le rituel est immuable : patelin, l'enfant s'approche de sa nourrice, fait quelques mines, grimpe sur ses genoux et de sa petite main il caresse gentiment le visage de la vieille femme tandis que de l'autre, il la pince jusqu'au sang.

— Ah, pour sûr, confie la bonne vieille à ses voisines, j'ai là un drôle de gamin et d'une telle force avec ça! Il est tellement gentil quand il veut...

Entre l'amour et la violence, Marcel ne choisit pas, il garde les deux. En même temps.

« L'enfant est le père de l'homme » a dit le poète Wordsworth. C'est vrai du criminel autant que de toute autre personne. Pourtant l'enfance n'est pas et ne doit pas être une histoire racontée par un adulte. De la jeunesse de Marcel Petiot, il ne faut donc pas oublier les longues promenades dans la forêt d'Othe, les pique-niques au bord de l'Yonne où il s'amusait à lancer des pierres plates sur l'eau pour faire des ricochets.

Comme tous les enfants il a couru après les pigeons, les bras tendus, en criant : « Viens! Viens! » sans comprendre que ses cris les effrayaient et que les pigeons n'acceptent pas l'amour des petits garçons.

Ainsi en va-t-il, certainement, de cet incident de l'enfance de Marcel Petiot. La scène se passe à Auxerre, Marcel est revenu vivre chez ses parents. Il a six ans.

Aujourd'hui, c'est jour de lessive. Madame Petiot a posé, à côté d'un paquet de linge sale, une bassine pleine d'eau bouillante. Dans un coin, tout proche, Marcel joue comme à l'accoutumée avec son chat.

Un « plouff », puis des criaillements déchirent l'air... Marcel vient de jeter son chat dans la bassine. Aussi rapide qu'ait été l'intervention de Madame Petiot, elle n'a pas pu sauver le petit chat que son fils adorait.

— Pourquoi as-tu fait ça? gronde Félix Petiot.

Son fils soutient le dur regard paternel, longuement. Il ouvre la bouche. Puis, il tourne les talons, sans dire un mot. Il hausse tout juste les épaules.

Est-il donc plus pervers que les autres, cet enfant? Non, sans doute. Mais selon le mot de son oncle, le professeur de philosophie, « Tout porte à croire qu'il a des instincts bizarres ». Et, pourtant, même s'il sort de l'ordinaire, il n'est pas anormal. Il est extraordinairement intelligent. L'esprit sans cesse en éveil, bouillonnant d'idées originales, turbulent, prompt à la répartie. C'est également un bon élève quand il le désire. A l'école, il remporte les premières places : en classe de neuvième, il figure neuf fois au Palmarès de la Distribution des Prix avec, entre autres, le Premier Prix de Récitation et le Tableau d'Honneur.

Par la suite, il lui arrivera d'avoir des carnets inégaux. Marcel est irrégulier.

A six ans, dit-on, il a su lire couramment. Son niveau intellectuel était celui d'un garçon de dix ans. Un gamin précoce, mais quelque peu caractériel. Un mot, une contrariété suffisent à le faire entrer dans des rages qui effraient ses camarades. Brusquement, pris de colère, il se roule à terre en hurlant ; il mord au hasard tout ce qui se trouve à sa portée. Et quelques instants plus tard, il ne reste plus rien de ces crises ; rien qu'un éclat étrange dans son regard.

Malgré ses notes souvent brillantes, Marcel se conduit de façon déplorable en classe. Certains de ses condisciples se souviennent encore du jour où il s'était laissé surprendre par le maître :

— Petiot, apportez-moi ce que vous cachez sous votre pupitre.

Petiot et son voisin relèvent le nez. Le voisin rougit jusqu'aux oreilles tandis que Marcel se dirige, de mauvaise grâce, vers le bureau du maître, dodelinant de la tête, traînassant dans la rangée. Avec un mince sourire, il tend crânement l'objet, une image pornographique. Où diable ce gosse infernal a-t-il découvert cette horreur ? Ce n'est pas la première fois qu'il se fait prendre en flagrant délit.

Sévère, le maître regarde le coupable, au travers de son lorgnon.

— Petiot, vous me conjuguerez trois fois à l'indicatif le verbe « Impudicus sum », sauf au futur, naturellement.

Selon certains, non content de prêter des images licencieuses à ses camarades, Marcel Petiot aurait fait « des propositions honteuses à son plus proche voisin d'étude ». Formule aussi ambiguë que précise... Pourtant, tout au long de son existence, Petiot a gardé une discrétion des plus farouches sur le chapitre de sa vie sexuelle. Homosexualité latente ou avérée chez cet enfant? Un ragot, sans doute, car « le plus proche voisin d'étude » n'a jamais confirmé.

Au reste, l'unique preuve de la perversité de Marcel tient plutôt dans la joie qu'il trouve à effrayer ses camarades ou à leur chuchoter à l'oreille quelque histoire salace. Hâbleur, il sait captiver l'attention par d'étonnants récits où se confondent le réel et l'imaginaire. Aimable, enjôleur, il n'a cependant pas d'amis. Car tous craignent les sautes d'humeur et les réactions imprévisibles de ce garçon pas comme les autres. Aux plaisanteries de mauvais goût, il sait ajouter la pointe de sadisme qu'on dit indispensable au vrai plaisir : on l'a vu à travers les ruelles d'Auxerre poursuivre des gamines avec une seringue pleine d'encre. C'est dans de telles facéties que les psychiatres ont trouvé leur provende.

Pour l'enfant, l'école est le premier contact avec la société. En ce sens, sa conduite dans ce nouveau milieu est plus significative qu'au sein de la famille. Au milieu de ses camarades, Marcel se voit donc intégré à un groupe qu'il n'a pas choisi, placé devant ses droits certes, mais surtout devant ses devoirs. Il a un « rôle » à tenir. D'où la prise de conscience de soi-même face au monde. La croissance de sa personnalité va s'extérioriser dans deux directions : l'originalité et la tyrannie. Un après-midi, en pleine salle d'étude, on entend un fracas assourdissant : Marcel vient de tirer plusieurs coups de feu au plafond avec un pistolet dérobé à son père.

16

A quelque temps de là, comme bien des enfants, il découvre les joies du « lancer au couteau ». Mais lui, il le pratique avec une cible vivante : un de ses camarades plaqué de force contre une porte. Pourtant il ne lui suffit pas de choquer et de terroriser son entourage. Sa tyrannie va se faire plus insidieuse : désormais, il veut *savoir*. Quoi? Tout. Tout ce qui peut participer de la vie intime de ceux qui vivent près de lui. Pour satisfaire cette nouvelle passion, Marcel va se faire voleur. Il fouille les cartables, les poches des manteaux. A l'occasion, il dérobe de l'argent. Obsédé par le secret des milliers de lettres qui passent entre les mains de son père, Marcel décide de renouveler à la ville ses exploits de collège. Le matin, avant la relève du facteur, il visite les boîtes aux lettres, au moyen d'une baguette enduite de glu. Tel le dieu Asmodée qui invisible aux yeux du monde soulevait les toits des maisons pour regarder les hommes vivre, il découvre l'intimité de ses concitoyens. Confessions de la main même des acteurs, si ce n'est des coupables. Ainsi, la femme du charcutier avoue en grosses lettres malhabiles de fougueux appétits charnels. La très mûre et très honorable Madame X... n'est pas insensible au charme d'un jeune gandin. Quant au lieutenant Untel...

Avec une joie perverse, il envoie la lettre de l'épouse volage au mari, la lettre de l'employé indélicat au patron... A quoi lui serviront les notes qu'il prend au passage? Au chantage? Rien n'a pu être prouvé. Car la famille Petiot a obtenu du Parquet de faire classer l'affaire, malgré la plainte déposée par l'Administration des P.T.T. Quant aux victimes, on devine sans peine qu'elles ont préféré conserver l'anonymat.

A-t-il réfléchi aux conséquences de ses actes? Ou bien, ivre de pouvoir, se croit-il invulnérable? Il est pourtant trop intelligent pour ne pas se douter qu'il lui sera impossible de toucher impunément un mandat qui ne lui est pas adressé.

Ce défi au hasard se termine devant un Tribunal pour enfants qui le reconnaît « inconscient ». Cette vilaine aventure lui vaut cependant son renvoi du collège où il était devenu indésirable depuis longtemps. Désormais, il travaille chez lui. Son oncle prend en charge son éducation.

Déjà à cette époque, transparaît dans cet adolescent de 15 ans celui qui bravera la société. Très brun, une chevelure abondante, le teint bistre, le regard de feu, le verbe bref et rageur ou tout au contraire, souple et ondoyant. Ce garçon, endurci par ses diverses frasques, a cependant l'esprit assez délié pour triompher des premières embûches placées sur le chemin de ses passions.

A 18 ans, il est bachelier. On est en 1915, en pleine guerre.

Depuis quelques mois, les événements se sont précipités. Ce qui a commencé en juin 1914, à Sarajevo, par une affaire locale, a bientôt dégénéré en conflit mondial. Mourir pour les Balkans? Le jeune homme à ce moment n'y songe guère. Mais il assiste avec passion au choc des grandes puissances. Le 1er août 1914, la France est entrée en guerre. Mauvais début : les lenteurs de la mobilisation russe et la promptitude du Plan Schlieffen menacent notre pays d'un colossal encerclement.

La bataille de la Marne arrête cependant la progression allemande et le sanglant combat des Flandres stabilise le front occidental. Gare Montparnasse, la classe 1915 tape la semelle. Les jeunes gens se regroupent autour des panneaux : Annecy, Nantes, Angers, Tours... Ce n'est plus l'enthousiasme du début. On ne crie plus « A Berlin »! Mais les visages fiévreux demeurent encore joyeux. Au milieu de la foule émerge une pancarte : « Taisez-vous! Méfiez-vous! Des oreilles ennemies vous écoutent... ».

C'est au cours de cette période troublée que Marcel Petiot choisit sa carrière. De sa volonté de puissance, il tire une farouche ambition sociale et un solide mépris pour son père.

Lui, rond-d'cuir? Allons donc! Pour être libre, riche et influent, il sera médecin. Un métier qui le placera au-dessus des autres : Médecin! Maître tout-puissant de la vie d'autrui! Devant lui, l'humanité souffrante avec sa misère, ses besoins, ses médiocrités, mais aussi ses détresses. Tous, riches ou pauvres devront avoir recours à lui!

Pour l'heure, le jeune homme ne rêve que de liberté. Il ne supporte plus l'autorité paternelle pourtant légère. Seul moyen d'y échapper totalement : l'armée. A ce jeune provincial « monté » à Paris depuis plusieurs mois pour étudier la médecine, la guerre va apporter ce que la grisaille quotidienne ne peut lui procurer : l'aventure, et une manière de liberté. Enfin, et ce n'est pas un mince avantage : l'approche du sang et de la mort.

En 1916, il devance l'appel; incorporé le 11 janvier, le 16 mars au matin, il part sur le front d'Artois, en qualité de médecin aide-major. Il a juste vingt ans et ses études sont loin d'être achevées. Mais, à cette époque, seule l'efficacité compte : en guerre depuis dix-huit mois, le pays accueille toutes les bonnes volontés. Les attaques alliées en Artois en 1915, Louvain, Tahure, Eparges ont épuisé l'armée française. La malheureuse expédition des Dardanelles atteint le moral des troupes. Lorsque Marcel Petiot arrive en première ligne, à l'autre bout du front la bataille de Verdun fait rage, avec son enchevêtrement de tranchées, les gaz axphyxiants, le pilonnage incessant des « Minenwen-Fen ».

1916-1917 marquent durement aussi l'Artois sur la ligne qui va de Noyon à l'est de Soissons.

Le 20 mai 1917, après plusieurs mois de feu, Marcel Petiot est blessé au pied gauche par un éclat de grenade; à Craonne, non loin de Soissons. Pour lui, c'en est fini de l'habit bleu horizon. Quelques semaines plus tard à Verdun, les mutins « du tourniquet des combattants » sont fusillés. Pour l'exemple.

Sa blessure est sérieuse : « plaie de sept centimètres à la face dorsale » constate le rapport médical. Hospitalisé durant quatre mois, Petiot prend goût à la vie de convalescent. Pour rien au monde il ne retournerait dans l'enfer des tranchées. Sitôt guéri, il fait une demande de réforme. Tous les prétextes lui sont bons : troubles visuels, amnésie… Lui qui est doté d'une mémoire prodigieuse!

Les médecins n'osent se prononcer; il s'agit peut-être d'un choc mental dû à la blessure.

Entre-temps, il a été accusé de quelques vols, mais s'en est tiré au bénéfice du doute.

De l'hôpital d'évacuation, on l'envoie à l'hôpital d'aliénés d'Orléans, puis à celui de Bagnères où il obtient un mois de convalescence. Enfin, on l'admet au Centre psychothérapique de Fleury-les-Aubrais avec le diagnostic suivant : « déséquilibre mental, neurasthénie ».

Après un mois d'observation, les psychiatres confirment : « neurasthénie, dégénérescence mentale, dépression mélancolique, obsessions et phobies ».

En campagne déjà, il avait attiré l'attention de ses supérieurs. Son humeur changeante, ses brusques accès de colère, ses dépressions nerveuses convenaient mal à ses fonctions médicales.

Le 24 mars 1919, après un séjour à l'hôpital de Rennes, le soldat Petiot est évacué avec la mention « dépression mentale, déséquilibre avec accès d'automatisme ambulatoire, découragement, tendances aux idées morbides et au suicide, obsession de la persécution ».

Ainsi, le piège s'est refermé sur Marcel Petiot, qui n'obtient sa réforme qu'au prix d'un solide dossier de psychiatrie. Avait-il encore une fois songé aux conséquences de ses actes? Etait-il, à ce point, inconscient de lui-même?

Le 4 juillet 1919, la Commission de Réforme de Sens fixe son invalidité à 40 %. Puis, en septembre 1920, après expertise du Médecin-chef du Service psychiatrique d'Orléans, une autre Commission de Réforme évalue son invalidité à 100 %. Le malade, « dépressif, mélancolique avec idées de suicide, hyperémotif, incapable de tout travail physique ou intellectuel nécessite un traitement et une surveillance dans un établissement spécial ».

En 1922, une troisième Commission de Réforme ramène son incapacité à 50 % et ajoute au dossier ; « plaies et cicatrices de morsures de la langue faites au cours de crises épileptiques bimensuelles ». Enfin, en 1923, une dernière Commission confirme le précédent jugement avec ces simples mots : « Démence précoce ».

Ainsi le destin de Petiot semble-t-il lié à l'univers dans lequel il survit.

La grande guerre a entraîné la chute des Romanov, des Habsbourg, celle des Hohenzollern et la perte de vingt millions d'hommes. Au moment où bascule la raison d'un monde, un homme naît peut-être à la folie.

Fait étrange, cet « inapte à tout travail intellectuel », ce « dément précoce », revenu entre-temps à Paris, mène ses études à un train d'enfer. Les étudiants anciens combattants, retardés par la guerre, sont dispensés de certaines inscriptions. Dans une chambre de bonne, sous les combles, en attendant de dominer l'humanité souffrante, Petiot travaille comme un fou. La mémoire semble lui être revenue car c'est avec la mention « Très bien » qu'il est reçu à sa thèse de doctorat, en septembre 1921. Bizarrerie du destin, Petiot fait à ce moment un stage comme Interne à l'asile d'aliénés de Navarre-Evreux alors que, d'après les rapports du psychiatre, il aurait dû y être reçu comme patient. A quelqu'un qui lui en fera la remarque quelques années plus tard, Petiot décochera ce trait d'une ironie glacée : « Interne ou interné, qu'importe? L'essentiel c'était d'y être. »

Mention « Très bien », voilà qui nous mène loin des

« lenteurs de l'idéation » constatées par les psychiatres. Faut-il voir dans le jeune docteur un simulateur tentant d'abandonner son poste de combattant? Pourquoi alors persister dans cette attitude une fois la guerre terminée? Certaines marques ne trompent pas. Notamment, l'épilepsie. Les prisonniers de guerre connaissaient bien le « truc de l'épilepsie » pour se faire évacuer comme « grand malade » : la chute brutale, du savon dans la bouche pour provoquer l'écume aux lèvres, les gestes désordonnés et le réflexe du gros orteil. Mais aucun n'a jamais eu le courage de se mordre la langue jusqu'au sang. Trop forte, la douleur aurait, de toute manière, empêché une bonne circulation. Alors, faut-il voir en Petiot un être double à la fois débile mental et brillant étudiant?

« Le public se fait au sujet des dérèglements de l'esprit une opinion parfois trop tranchée. La démence localisée dans certains domaines peut laisser la place à l'intelligence la plus déliée. Certains fous internés en asile psychiatrique sont capables des machinations les plus démoniaques pour satisfaire une idée fixe, par exemple le suicide ou l'assassinat. Dans les annales de la psychiatrie, les meurtres ne sont pas rares, quelquefois remarquablement exécutés, avec des raffinements de cruauté ». Ainsi Marcel Petiot apparaît-il comme un être ambigu, dangereux, un dément potentiel chez lequel deux esprits coexistent et alternent. Une sorte de Docteur Jekyll dont l'aspect physique ne prendrait pas les traits du monstrueux Mister Hyde.

Quoique rondement menées, les études du docteur ne se déroulent pas sans quelques bizarreries. Marcel Petiot a environ 22 ans lorsqu'il travaille à l'Institut des Sourds-muets, rue de l'Abbé-de-l'Epée. Il va volontiers se promener dans la rue Saint-Jacques. Là, aux confins du vieux Paris, à l'angle du boulevard de Port-Royal, se trouvait une maison, aujourd'hui démolie qui, aurait appartenu à la reine Anne d'Autriche; reliée par un passage secret souterrain, cette « folie » permettait à la reine de recevoir discrètement ses émissaires et ses espions. Laissée dans un demi-abandon depuis le début du siècle, elle n'était plus habitée que par de pauvres gens. Dans le jardin sale et sordide, campaient une foule de chats.

Attiré par cette façade décrépite au joli balcon de ferronnerie posé sur deux colonnes plantées de guingois, Marcel Petiot franchit un jour le portail et s'attarde à regarder la tribu de matous. Dès lors, il retourne souvent les cajoler. Il leur apporte les reliefs de ses repas. Certes, il aime les chats, mais il a également une idée derrière la tête.

C'est ainsi qu'un beau matin, il revient portant sous son bras un panier d'osier d'assez grandes dimensions. Nez pointé, démarche sautillante, queue haute et raide, les chats ont maintenant pris l'habitude de venir autour de lui. Chats de gouttière tigrés, tachetés, noirs, bâtards et abandonnés du quartier reconnaissent et aiment ce jeune homme brun à la chevelure romantique. Confiants, certains se laissent prendre dans les bras. Ce jour-là, Petiot repart avec trois d'entre eux dans son panier. Jusqu'à l'Institut des Sourds-muets, il n'y a qu'un pas, allègrement franchi. Dans son laboratoire, l'apprenti médecin procède alors à une curieuse opération. A-t-il ou non endormi ses sujets d'expérience? Toujours est-il que leurs cris ameutent le voisinage : Petiot vient de leur coudre l'anus pour empêcher la défécation. Aussi monstrueux qu'il paraisse, ce geste n'est pourtant pas gratuit. C'est le premier stade d'une longue série d'expériences. Plus tard il déclarera avoir découvert « une pompe aspirante et foulante à matières fécales destinée à absorber et refouler celles-ci avec des pressions différentes pour soigner la constipation ». Et notre nouveau M. Purgon d'ajouter en souriant : « Ça marche très bien ». Il travaille également sur le mouvement perpétuel dont on dit qu'il affirme l'avoir découvert. Ce qui lui vaut cette note de la part des psychiatres : « Délire d'invention, déséquilibre constitutionnel anormal, comportement défectueux. » Avec un haussement d'épaule, Petiot commente :

« Tous ceux qui ont le goût de l'invention sont taxés de folie... »

A cette même époque encore, l'étrange étudiant se passionne pour le magnétisme et l'hypnotisme. Il est, d'après le témoignage de ses condisciples, atteint d'une véritable fièvre de « championnite ». Il veut, à tout prix, convaincre et faire mieux que tous : médecins, hommes d'Etat, artistes... L'hypnotisme lui révèle l'action que peut exercer un esprit sur l'esprit d'autrui. Petiot va pouvoir, tout à la fois, charmer et s'amuser à faire horreur, à attirer, à envoûter et à terrifier aussi. Ces contrastes ou plutôt ces déséquilibres ont créé un malaise chez ceux qui l'ont approché. Ils ne pouvaient échapper à son ascendant. De plus sa faconde, digne de celle d'un commis voyageur, son verbiage incessant, ses gestes nerveux interdisaient la moindre contradiction. Médusé, l'interlocuteur subissait, comme dans un vertige, ce délire de paroles et la fascination de ses grands yeux sombres.

« C'était quand même un dingue et un salaud », disent de lui ses condisciples. Cette manière qu'il avait de rire de vous en agitant la tête lorsque vous lui demandiez de vous prêter ses notes de cours; ce geste hautain avec lequel il consentait à vous les donner ou simplement l'arrêt brusque de son rire pour dire : « Non ». Tout cela n'avait guère valu d'amitiés à Marcel Petiot.

« Il était capable de toutes les filouteries et de toutes les méchancetés hypocrites », disent les uns. « Pour lui, tout était bon, c'était un cynique », ajoutent les autres.

Bandit, filou, sadique, méprisant. Beaucoup d'épithètes pour un seul homme et pour bien peu de faits contrôlables.

Pour être un « salaud » qui ne prête ses cours que lorsque cela lui plaît, est-il nécessaire de s'appeler Marcel Petiot? Une caractéristique ne saurait cependant lui être contestée : celle d'être fondamentalement fragile. Petiot est un émotif qui a besoin de dominer, de compenser ses faiblesses. D'où sa volonté de puissance. L'aptitude qu'il a pour l'hypnotisme tient à la conscience qu'il a du regard. Le regard d'un étranger, dit-on, fait souvent prendre conscience de soi-même. Petiot vit avec sa faiblesse sans la juger jusqu'au moment où quelqu'un le regarde. Ami ou ennemi? Bienveillance ou ironie? Jusqu'alors, il « vivait » sa fragilité nerveuse sans la juger. Vu par autrui, il ne supporte pas de devenir objet. La logorrhée dont il enivre l'auditeur procédait d'une faiblesse nerveuse, il s'en fait une arme. Et le regard inquisiteur de l'étranger c'est lui qui, désormais, le dirige contre l'autre. Grâce à l'hypnotisme peut-être, mais surtout grâce à une dérision perpétuelle. Ce rire, un rire de mépris, devient sa seconde nature qui lui permet de survivre dans un monde qu'il imagine rempli d'ennemis.

Dépressif, il est depuis sa plus tendre enfance affecté par le sentiment d'être persécuté. Tout jeune homme, il ressentait l'autorité paternelle comme une perpétuelle brimade. Pourtant, chacun à Auxerre savait que l'éducation inculquée par Félix Petiot était des plus débonnaires. Voire trop faible bien souvent, ce qui, paradoxalement, a développé chez l'enfant un sentiment de totale impunité.

Ce qui n'était dans sa prime enfance qu'une tendance morbide, un accomplissement de la mort intimement mêlé à un amour maladif et violent, devient plus tard pour Petiot un défoulement, un surpassement de soi. Avec les animaux, Petiot donne libre cours à sa fureur quelquefois libidinale — mais surtout il se met en marge du normal. Par-delà le bien et le mal, il devient un être fort. Et l'on assiste à la croissance d'un être parasocial ivre de soi-même.

Le rire de dérision est le symbole de Satan. Quand Marcel Petiot rit, il n'exprime pas sa gaieté, il marque son dédain. Il cache banalement sa faiblesse derrière le mépris. Derrière ce masque de grimace, il se sent à l'abri. Mais lorsque le masque adhère trop bien au visage, il devient le visage lui-même. Le mépris n'est plus seulement voulu, il est en même temps vécu. Et le mépris exacerbé rejoint la haine.

Marcel Petiot, à l'époque où il étudiait la médecine, fréquentait paraît-il assez volontiers les mauvais garçons. Prompt à la discussion, il se sent bien au sein d'une jeunesse brutale et batailleuse. Hâbleur, il est écouté avec intérêt et sa carrure déjà assez large le fait respecter. Accoudé aux bars de Montmartre, il sait trouver le ton des gouapes et des filles de joie en plaçant de temps en temps des élégances de langage qui leur en imposent. Car c'est là un des traits de Petiot et non des moindres; il sait épouser tous les milieux, s'adapter à toutes les ambiances. Il passe du baise-main à l'injure la plus fangeuse avec une déconcertante facilité.

La docteur a dû trousser des filles, on n'est pas « carabin » pour rien. Mais aucun témoignage à ce sujet ne subsiste. Le mystère est total sur ce point. Petiot ne dévoile rien. Qui voit-il; qui fréquente-t-il; blonde, brune, rousse? Est-ce un lubrique, un pervers, un voyeur, un impuissant? Il ne se confie à personne. On sait seulement qu'il aime à raconter des histoires scabreuses et qu'il a conservé une prédilection certaine pour les photos de femmes nues.

En 1920, juste avant son passage de thèse, à l'asile d'Evreux où il est interne, l'étudiant est surveillé par le Médecin-chef, le professeur Bessières, qui note : « Petiot est très certainement un déséquilibré ». Interrogé vingt ans plus tard, le Professeur Bessières se souvient parfaitement du « cas Petiot ».

— Quand j'arrivai à l'asile d'Evreux, en 1920, confie-t-il, Marcel Petiot était simple interne de médecine générale.

26

Inclination vers les études psychiatriques, désir de se spécialiser dans la médecine mentale? Non pas. Il était là pour gagner fort prosaïquement sa vie d'étudiant et il ne prodiguait aux malades de l'asile que des soins d'une parfaite banalité. Je me souviens parfaitement de lui. C'était un exalté, mais aussi un être extrêmement intelligent. Et le processus m'apparaît tout à fait normal, de ces petites crises qui marquèrent sa jeunesse aux grandes phases qui trouvèrent leurs diverses manifestations dans les actes horrifiants qu'il commit à l'âge mûr. Sadisme? Certes! Il y a là un cycle qui se ferme logiquement et qui permet au psychiatre de dire que cet homme est d'abord un *malade* dont l'affection a suivi un processus, hélas! affreusement normal en pareille matière... ».

En 1921, quelques mois après son passage à Evreux, « il » obtient son diplôme de médecin et pouvoir de vie et de mort sur ses concitoyens.

Comment a-t-il pu recevoir cette autorisation d'exercer avec l'épais dossier psychiatrique qui l'accompagnait? On a, à ce sujet, incriminé l'Ordre des Médecins, qui n'existait pas encore. Créé au début de l'Occupation, il n'était avant la guerre qu'un vieux projet sans cesse repris, sans cesse abandonné, présenté plusieurs fois en vain devant le Parlement. Il ne fut mis en œuvre que par un décret du Gouvernement de Vichy.

Garant officiel de l'honnêteté et de la moralité du médecin, le code de déontologie médicale ne fut donc pas établi avant les années quarante. Pour exercer, il suffisait de produire un diplôme de docteur en médecine et de remplir certaines formalités administratives. Qui donc eût songé à suspendre le Docteur Petiot?

Quatre à quatre, Petiot grimpe l'escalier qui tourbillonne jusqu'à sa chambre de bonne. En passant, le concierge lui a crié : « Monsieur Marcel » et lui a tendu une enveloppe. A l'écriture, au cachet de la poste, Petiot reconnaît une lettre de son père, avec lequel il n'a aucun contact depuis deux ans.

Félix Petiot a appris le succès de son fils et a repris espoir. Désolé par ses sottises, il s'était petit à petit désintéressé de ce garnement qui, arrivé à l'âge adulte, se conduisait toujours en irresponsable.

— Propre à rien, lui répétait-il souvent; si tu continues comme cela, tu n'arriveras jamais à rien.

Le brave homme n'était pas psychologue. Ce mot, son fils ne le lui a pas pardonné. Arrivé à Paris, sûr de son indépendance, Marcel avait rompu les ponts avec sa famille. Et voici que son père lui offre de reprendre place parmi les siens. On imagine la joie qui, subitement, bouillonne en lui. De ce père qui l'a renié, il va pouvoir se venger, sans éclat, mais définitivement! Et Petiot se prend à sourire. Déjà, il est à Auxerre...

Sur le quai de la gare, il trouve son père et son plus jeune frère, Maurice, de douze ans son cadet, un gamin un peu frêle qui le regarde de ses grands yeux étonnés. Quant au père, il accueille avec joie ce fils prodigue qu'il a honte d'avoir si mal jugé. Entre-temps Madame Petiot est morte. Le père et le fils sont face à face.

Le dîner familial, gai et copieux, se passe sans encombre. Pourtant, Marcel se montre distant et d'une politesse choquante en une semblable circonstance. Il a ménagé sa sortie : immédiatement après le repas, il se lève et déclare froidement à son père qu'il est « attendu ailleurs ». Ce congé glacial, sous un prétexte volontairement grossier, annonce l'attitude qui sera désormais la sienne à l'égard de ses parents. Après tant d'années, il n'a pas pardonné. Sa réussite est l'occasion impatiemment attendue de prendre sa revanche sur sa famille et sur sa vie d'adolescent.

CHAPITRE 2

VILLENEUVE-SUR-YONNE (1921-1933)

« J'aime mieux être le premier dans mon village que le second à Rome ». Son diplôme à peine acquis, Marcel Petiot quitte Paris, dont l'anonymat lui répugne. Il choisit de vivre à Villeneuve-sur-Yonne, non loin d'Auxerre, au pied du Massif de la forêt d'Othe.

Nous sommes en 1922. Petiot a 25 ans. Le jeune homme connaît bien cette petite ville de 4 000 habitants. Enfant, son père l'avait conduit sur les remparts de l'antique bastide. Le gamin avait gambadé dans les ruelles étroites et découvert la grande tour cylindrique qui servait de donjon à l'ancien château fort du temps de Philippe Auguste.

Quinze ans ont passé depuis mais rien n'a changé : le petit pont en dos d'âne qui enjambe le cours paresseux de l'Yonne, les vieilles maisons serrées les unes contre les autres au bord de la rivière et les deux portes de la Citadelle qui lui paraissaient si grandes jadis.

Une maison de trois pièces avec un jardinet est à louer, rue Carnot. Le Docteur s'y installe. Il se fait immédiatement connaître de la population par des prospectus distribués dans toute la ville : « Le Docteur Petiot est jeune et seul un jeune médecin peut être au courant des dernières méthodes nées du progrès qui marche à pas de géant. C'est pourquoi les malades intelligents ont confiance en lui. Le Docteur Petiot soigne mais n'exploite pas ses malades ».

Ce boniment de charlatan lui attirera au début la clientèle des mécontents : ceux que ses deux confrères villeneuviens n'ont pu guérir.

Avec Petiot souffle sur les malades de cette province un vent de renouveau, de jouvence et d'efficacité. Le jeune homme pratique une médecine révolutionnaire. En quelques semaines, il réussit quelques traitements spectaculaires. Tous ses clients, sans exception, sont guéris. Avec les dames, le docteur sait être galant. Il est amical avec les gens simples, paternel avec les enfants.

A l'autorité morale que lui confère son état, il allie le charme que dégage sa personne et acquiert rapidement une certaine notoriété. Avec lui, fini les vieux remèdes, appliqués mécaniquement selon les vieux principes. Petiot innove ; c'est le thaumaturge qui envoûte son patient et façonne sa guérison.

Le jeune médecin devient la coqueluche de la petite ville. Ses deux confrères voient leur clientèle s'amenuiser de jour en jour. Tout le monde veut consulter le nouveau venu. La luxueuse plaque gravée qu'il a fait poser sur sa porte devient le pôle d'attraction de la cité. Le docteur multiplie les miracles. Il semble posséder le don d'ubiquité, tant il se prodigue dans la ville. Il aime aussi à paraître omniscient. A peine commence-t-on à lui parler qu'il interrompt :

— N'allez pas plus loin, je vois très bien ce que vous avez, je vais vous le dire.

Ce qu'il dit, il le déclare avec une telle force de persuasion que ce ne peut être que la vérité.

A d'autres moments, Petiot joue les « Knock » à rebours, en affirmant à ses clients qu'ils ne sont pas malades.

— Allons, allons, qu'allez-vous penser là, tous ces « symptômes » n'existent que dans votre imagination...

Une moue dubitative accompagnée d'un geste paternel, un mot, une intonation du docteur suffisent. Le client part rasséréné et presque honteux.

C'est ainsi que ce diable d'homme enlève les convictions!

Aussi bien dans sa vie professionnelle qu'à la ville, le docteur entretient de prime abord des rapports d'agressivité avec ses contemporains. Le nouveau venu, c'est l'ennemi possible. Petiot se contracte, prêt à bondir. Il observe. Les enfants comme les adultes sont des êtres dangereux. Sitôt qu'il a jugé son interlocuteur, il choisit l'attitude à prendre.

Quoique encore peu meublée, sa maison est déjà remplie de livres. Dans la pièce exiguë qui lui sert de cabinet de consultation, Marcel Petiot ne peut tenir en place. Ses clients le voient tourner comme un fauve en cage, parlant à un rythme accéléré. Ou bien il est assis et ne dit rien ; un mot de temps en temps. Il écoute, le menton dans la main. Soudain, il interrompt les doléances de son patient par les questions les plus inattendues. Il veut tout savoir : condition sociale, situation familiale, moyens d'existence, goûts en arts, lecture... Entraîné sur la pente des confidences, le malade oublie l'objet de sa visite. Le docteur le lui rappelle de brutale façon en lui remettant, sans dire un mot, une ordonnance. Puis il le reconduit jusqu'à la porte, sans commentaire.

Des ordonnances terribles, qui font frémir les pharmaciens. Souvent ceux-ci lui demandent :

— Docteur, êtes-vous bien sûr de la dose prescrite?

Le Docteur leur frappe amicalement l'épaule et se moque d'eux en riant :

— Bah! chacun sait que les pharmaciens ne respectent jamais les ordonnances. Alors j'exagère les doses et j'arrive à peine à obtenir ce que je désire. D'ailleurs vous employez tous des produits déjà frelatés. Et puis, aucun de mes malades n'en est encore mort!

Il se domine. Le masque glacial laisse place à un sourire charmeur. Car Marcel Petiot, tel Janus, possède deux visages. Selon les circonstances, il est acerbe ou séduisant, méprisant ou affable, confiant ou agressif, bon ou cynique. Dans quel cas est-il sincère? Lui seul le sait.

Son hypersensibilité a fait de lui un instable dans ses actes et son aspect extérieur. Les années ont accentué en lui cette apparence de demi-fou qui fascine autant qu'elle effraie.

L'un de ceux qui connurent le mieux Petiot à Villeneuve, le commis-greffier René Nézondet, le décrit ainsi : « Tout se passait comme s'il eût été possédé ou traversé de forces inconnues dont il n'aurait pas eu l'absolu contrôle. A certains moments, il semblait déborder d'une sorte de vitalité exubérante qui ne lui aurait pas appartenu en propre. Il en était de même de ses joies puériles, de ses fureurs, de ses désespoirs. On se demandait si c'était encore lui. Et puis le mauvais génie se dissipait. Il reprenait son visage coutumier et il riait. Il est pénible d'évoquer son rire... Il riait comme on fait naufrage... »

Malgré son aspect quelquefois inquiétant, Petiot est devenu extrêmement populaire. Il se dévoue à ses malades, donne des consultations gratuites aux indigents, demande le minimum aux petites gens, vaccine bénévolement les enfants.

— Ah! c'est un bon docteur qu'on avait là, pas fier et qui discutait avec nous sans vouloir faire de manières.

Volontiers démagogue, le docteur Petiot aime à répéter : « Je suis le médecin des ouvriers ».

On l'a pourtant accusé d'avoir inscrit ses clients, sans les prévenir, à l'assistance médicale gratuite et d'avoir de ce fait touché son dû.

Reste son dévouement que nul ne saurait lui contester.

Pourtant, le désintéressement du médecin contraste étrangement avec l'avarice de l'homme privé.

Sitôt sorti de son métier, Marcel Petiot n'est plus que ladrerie sordide. Il verse à boire tout doucement, comme à regret, guettant du coin de l'œil le geste du visiteur qui dit « Merci, c'est assez ». Il est toujours habillé de médiocre façon, sans le moindre souci d'élégance. L'hiver, il porte un éternel pardessus gris et quelquefois un chapeau mou. Ses cravates seules tranchent sur la modestie de sa mise.

La cupidité de cet homme est tout entière portée vers les objets. Petiot est consumé par la fièvre de la possession. Sa maison devient bientôt un véritable capharnaüm où, pêle-mêle, s'entassent les objets les plus divers. Les gravures les plus délicates sont jetées négligemment sur des chaises de paille percées.

Le docteur écume les salles des ventes de la région et, s'il le faut, va à l'Hôtel Drouot à Paris. Bientôt, chaque commissaire-priseur, chaque commissionnaire reconnaît sans hésiter cet homme de haute stature aux larges épaules qui, d'un geste sec de la main demande aux hommes à veste noire d'apporter « l'objet ».

Il n'est hélas pas rare non plus que le docteur, comme au temps de son adolescence, continue de voler chez les gens qui le reçoivent : un livre, un presse-papier, un cendrier, une fourchette. Objets sans grande valeur que ses visiteurs retrouvent placés bien en évidence, chez lui. Kleptomane, le docteur pille, ramasse, possède avec frénésie.

De sa vie intime, on ne connaît rien, sinon qu'un jour il décide d'engager une bonne qui va l'aider à tenir sa maison. Et Louisette paraît. Elle a été dame de compagnie chez une rentière d'un faubourg de Villeneuve. Louisette, 24 ans, des dents éblouissantes, un teint de pêche. C'est une brune aux yeux noirs, bien faite, jolie. Il faut dire que cela le change de la vieille femme qui venait jusqu'alors lui préparer chaque jour ses repas. La belle enfant s'installe chez le docteur. Très vite leur liaison ne fait plus aucun doute pour qui que ce soit à Villeneuve. Pourtant, Marcel Petiot ne se livre guère et ne fait jamais la moindre allusion aux femmes. Homme tout entier de paradoxes : sa tenue débraillée, sa gouaille quelquefois vulgaire — qui lui ont d'ailleurs fermé quelques portes — son goût de la gauloiserie ne laissent pas supposer un être si discret.

— L'amour?

— Trop de travail pour penser à cela, répond laconiquement Petiot.

De fait, depuis deux ans qu'il s'est installé à Villeneuve, on n'a connu aucune liaison à ce jeune homme pourtant séduisant. Il ne fume ni ne boit. Il vit seul, ne va jamais au café. En somme, c'est presque un ascète.

L'arrivée de Louisette permet enfin à la médisance de se donner libre cours. « O venin si subtil et si délicieux qu'un seul de tes effluves transfigure aussitôt les soirées! »

— Pensez-vous! Il « est » avec sa petite bonne!

En éclipsant ses deux confrères, Petiot s'est attiré des ennemis dans la cité. Déjà, on l'avait accusé de complaisances devant certains accidents de l'amour. Mais la rumeur avait cessé au bout de quelques mois. Avorteur? Peut-être, mais par bonté d'âme. On avait donc jeté là-dessus un voile pudique.

Une indiscrétion de la servante relance bientôt la malveillance. Toute fière de ses amours avec son patron, Louisette confie à une amie qu'elle est enceinte et ajoute : «Je n'ai pas à m'inquiéter, le docteur va arranger ça. Il s'y connaît. »

Colportée avec diligence, la nouvelle fait le tour du pays.

Petiot l'apprend. Furieux, il congédie l'imprudente. Quelquefois, celle-ci revient implorer son amant. Et puis on ne la revoit plus. Petiot explique à ses familiers :

— Louisette est partie en refusant de me dire où elle allait. C'est dommage. Je l'aimais bien.

Il semble sincèrement désolé, ému presque. Certains disent même qu'ils l'ont vu pleurer.

Germaine, puis Suzanne succèdent à Louisette. Bien qu'entre-temps on ait vaguement accusé Petiot du meurtre de Louisette.

— Il l'a tuée et enterrée dans son jardin et je l'ai vu, à la nuit tombée, cimenter lui-même son garage.

Le cadavre est-il enterré ou noyé dans le ciment? Alertée, la gendarmerie ne trouve qu'un peu de terre remuée. Un doute, pas une preuve. Plus tard, le « témoin » affirmera que les corps des autres servantes qui, elles aussi, ont disparu, ont été également noyés dans le ciment. Car toutes deux, comme Louisette, quittent la rue Carnot sans qu'on ait jamais ensuite la moindre nouvelle d'elles. Aucun témoignage n'est pris en considération et l'affaire en reste là.

A ceux qui évoquent ces disparitions devant lui, le docteur réplique par un haussement d'épaules, par un sourire de commisération ou, bien au contraire, explique :

— Assassiner quelqu'un, moi? Allons donc! Pour les expériences, je n'étais même pas capable de tuer un lapin, j'étais obligé de l'échanger contre un lapin mort.

Ce qui n'empêche pas que certains persistent à chuchoter :

— Décidément le docteur est bien protégé. C'est une personnalité intouchable.

Petiot s'est en effet ménagé de solides appuis; depuis quelques mois, il médite de se lancer dans la politique. Les questions fusent à nouveau. Petiot ressemble à cet homme à qui l'on demandait : « Pourquoi parlez-vous tant? » et qui rétorquait : « pour qu'un autre se taise ».

35

A ceux donc qui veulent savoir pourquoi il désire entrer au Conseil municipal, il répond par une pirouette :
— Pour m'amuser.
Il se garde de répéter ce qu'il dit un jour à Nézondet :
— Dans la vie, pour réussir, il faut posséder la fortune ou une situation élevée. Il faut pouvoir dominer ceux qui peuvent vous causer du tracas et leur imposer votre volonté.
Cette phrase résume tout un côté de Marcel Petiot : « Réussir, posséder, dominer, imposer sa volonté ».

1925. La crise entre la France et l'Allemagne prend un tour plus aigu. Edouard Herriot règle la question de l'évacuation de la Ruhr, alors que, depuis trois ans, le potentiel militaire germanique ne cesse de s'accroître.
Paris vit un fol après-guerre. La femme se fait garçonne : cheveux courts, long fume-cigarettes, œil de braise cerné de khôl, robe au-dessus du genou. Les hommes portent des costumes rayés agrémentés de guêtres et de cravates blanches. A Montmartre la fête dure toute la nuit : jazz-band, rythmes endiablés, orchestres nègres, ballons multicolores, cotillons, confettis... C'est le triomphe du charleston, des maisons closes de luxe — le Chabanais — ou des brasseries à femmes comme le « Sphinx », au décor égyptien antique... Etablissements où éclate la joie d'un peuple avide de la minute qui passe. C'est aussi l'année de l'agitation communiste. L'homme-au-couteau-entre-les-dents est sorti indemne de la guerre et, déjà, il suit à la lettre les instructions imposées par le 5e Congrès mondial de la IIIe Internationale. L'année précédente, le Cartel des Gauches sous la direction d'Edouard Herriot a enlevé 327 sièges sur 580 aux élections législatives. Le bloc des Gauches tient solidement le Pouvoir. A Chicago,

les gangsters italiens font la loi. L'étoile d'Al Capone monte. Plus modestement, à Villeneuve-sur-Yonne, le docteur Petiot se présente aux élections du nouveau Conseil Municipal.

Dans cette petite ville calme peuplée de bons bourgeois amoureux de la nature qui passent leur temps à pêcher au bord de l'Yonne ou à soigner leur jardinet, la nouvelle fait l'effet d'un coup de tonnerre.

Petiot se présente sous l'étiquette socialiste.

« Révolution », un journal favorable à la collaboration écrira en avril 1944 : « On a affirmé que le Dr Petiot était SFIO et qu'il portait (ou à peu près) dans son portefeuille la photo de Léon Blum. On veut voir en lui un représentant du régime défunt, de toutes les combines parlementaires. On oublie facilement que le sinistre médecin a beaucoup travaillé depuis 1940 et en toute tranquillité. Nous n'avons pas à défendre le parti du Juif binoclé, de l'esthète du mariage, mais nous aimons la vérité : Petiot n'a jamais appartenu au parti de la S.F.I.O. Il n'était pas l'homme d'un parti. Il était l'homme de tous les trafics, de toutes les combinaisons profitables (...). Il se présentait comme républicain de gauche. Et s'il fut d'un parti, c'était du Parti Républicain Socialiste. La campagne écœurante qui s'est déclenchée à ce sujet n'est pas digne de certains : attaquer des hommes qui sont souvent devenus des alliés politiques convaincus par notre tentative révolutionnaire, parce que l'un d'eux est un assassin, a toujours passé pour peu honnête ». Bornons-nous à constater que Petiot s'est porté candidat du « Bloc des gauches ».

Une chose est sûre en tout cas, c'est que notre « candidat de gauche » se démène comme un beau diable.

Quand la rumeur publique l'accuse à nouveau de l'assassinat de Louisette, il crie à l'« intoxication politique ». A l'aise dans son nouveau rôle, il prend des poses nobles. La main sur le cœur, il déclare : « Si cela est vrai, qu'on me livre aux gendarmes, mais si je suis innocent, qu'on me lave de tout soupçon ! » Le peuple n'aime pas les gendarmes. Le docteur Petiot devient chaque jour plus populaire. Il se révèle un maître de la tribune et de la joute oratoire. Ses bons mots, ses réparties quelquefois faciles font mouche. Calomnié, il contre-attaque avec une verve toute démagogique :

« Oui, je suis victime des réactionnaires et de la calotte. Coupable, oui, je suis mille fois coupable d'un crime impardonnable : j'aime trop le peuple ! »

Applaudissements, ovations, Petiot a fait son tour de piste.

« La fin justifie les moyens » : le « bon docteur » applique avec ferveur cette maxime à la fois laxiste et politique. Pour lui, toutes les manœuvres sont bonnes qui sont efficaces.

Un matin, l'un de ses amis le surprend à rêvasser devant les affiches électorales apposées devant l'école. Petiot regarde le placard adverse avec un sourire ironique.

— Ah, c'est toi mon cher ! Tu sais que ce soir je dois prononcer un important discours. Tu penses, tout mon programme. Mon concurrent devra prendre la parole aussi, d'ailleurs...

Et de sa poche, il tire un morceau de câble de cuivre de la grosseur d'un petit doigt. Il le soupèse, le montre, le fait sauter dans sa main. Puis d'un geste preste, il le rattrape au vol et le remet dans sa poche.

— Tu me croiras si tu veux mais il s'agit de l'argument force de mon discours.

Etonnement de l'ami. Nouveau sourire de Petiot qui conclut sur un ton mystérieux :

— « On » saura s'en servir le moment venu.

Vient la réunion. Petiot doit parl en premier. Ses partisans sont nombreux dans la salle. Ses adversaires ne manquent pas non plus. On se presse, on se pousse. Les distractions sont rares dans le pays et avec un homme de la trempe de Petiot, des coups de théâtre peuvent se produire.

Le docteur monte à la tribune. Il charge, il émeut, il attendrit. Puis d'un coup rageur sur la table, il hurle sa passion, ses volontés, ses aspirations. Il tonitrue, parle doux, parle bref. Avec un grincement dans la voix, il cabotine. Sur le mode aigu ou dans les graves. Petiot est un grand acteur.

Rien ne manque à son discours : l'amour du peuple, la dévotion à « notre chère cité ». Les ficelles les plus grosses sont toujours les meilleures. L'humour également est un ingrédient indispensable. Le tout est de mettre les rieurs de son côté. Enfin, les arguments massue : le complot de la « réaction » contre l'honnête ouvrier et l'influence pernicieuse de la « calotte » au sein des familles. Une dernière touche complète le tableau : subitement inspiré, Petiot évoque la patrie libérée. Il fixe son regard d'ancien combattant sur la ligne bleue des Vosges.

L'œil brillant, la mèche en bataille, tout en discourant, le docteur Petiot surveille sa montre. Il saisit la carafe, se verse un verre d'eau et entame sa péroraison.

— Ah, il a de l'envergure! Bravo Petiot!

Applaudissements, ovation! Le docteur descend de l'estrade. On scande :

— Petiot! Petiot! Petiot!

Ses partisans l'entourent, le portent en triomphe. Il serre des mains, sourit, se fait amical, ne sait plus où donner de la tête.

Enfin, son adversaire s'apprête à prendre la parole. Il ouvre la bouche.

A ce moment précis, panne de lumière. La salle est plongée dans la plus profonde obscurité. Confusion, cris, remous, attente de quelques secondes, puis protestations véhémentes. Enfin, à bout de patience, l'assistance évacue la salle à la lumière des briquets. Dans l'ordre. Le docteur Petiot ne se tient plus de rire.

A l'heure dite, un de ses comparses a provoqué dans sa propre maison, à l'aide du fameux morceau de câble, un court-circuit d'une violence telle que la panne a affecté la ville entière!

Aux urnes, Citoyens! La bataille se déroule aujourd'hui. Son issue ne fait aucun doute. Petiot a galvanisé la petite ville, l'a scindée en deux groupes. Un véritable parti « Petiot » s'est créé. On ne parle plus que de « petiotistes » et « d'anti-petiotistes ».

Une majorité écrasante élit le docteur au Conseil Municipal de Villeneuve-sur-Yonne; 800 voix sur 1 000 se sont portées sur lui.

Dès ce moment, Marcel Petiot entre dans la peau de son personnage.

— Je l'ai bien connu, confiera vingt ans plus tard M. D..., personnage important de Villeneuve, j'étais sur sa liste. Vous savez ce que c'est. Un jeune docteur très actif arrive dans une ville comme la nôtre. Il rend service à tout le monde... Il a même donné une grosse caisse à la « Société des Bigophones ». Les gens qui avaient des jeunes filles à marier jetaient déjà leur dévolu sur lui. Il se présente, il est élu, porté en triomphe, mais une équipe de gangsters avait soutenu sa candidature. C'est dur, Monsieur, de s'apercevoir qu'on s'est trompé à tel point! La ville n'a pas été tranquille tant qu'il y est resté.

M. D... conclut :

— Ah, tout de même, s'il l'avait voulu, il aurait pu être Ministre!

Comme on le voit, le docteur va laisser un souvenir assez mélangé.

Petiot a maintenant vingt-huit ans. Il possède de puissantes relations, du moins au niveau local. Il n'a de cesse de consolider sa position à l'intérieur de la place. En premier lieu : choisir ses alliances. Le jeune docteur songe à se marier. Son établissement mettra fin aux méchantes rumeurs qui ont couru sur son compte. Et si la demoiselle est riche, cela ajoutera à son honorabilité.

Elle est jolie : un teint clair, des cheveux bruns qu'elle coiffe très souvent en chignon. Georgette Lablais a la voix douce et le geste mesuré, un sourire charmant et un peu plus de 20 ans. Marcel Petiot la connaît depuis longtemps ; elle est la fille des anciens charcutiers d'Auxerre. Le père qui, entre-temps, a vendu son affaire pour se reconvertir dans la restauration à Paris, possède des terres à Seignelay, dans l'Yonne.

C'est là, à Seignelay, qu'a lieu le mariage le 4 juin 1927. Aux dires des témoins, la cérémonie est fastueuse. Elle consacre les épousailles de l'intelligence et de la fortune. Le beau-père est un parvenu qui ne cesse, à travers la ville, de se vanter de ses puissantes relations : « Je peux tout arranger, moi, j'ai le bras long ! » Un bonhomme agaçant mais, au demeurant, sympathique dont les Villeneuviens se gaussent gentiment en le surnommant « le père bras long ».

Marcel Petiot sourit de ces moqueries, car il sait que l'impudence de son beau-père n'est pas dénuée de fondement. A Paris, rue de Bourgogne, dans son restaurant « Chez Marius », celui-ci reçoit des gens fort importants ; la rue de Bourgogne n'est-elle pas à deux pas du Palais-Bourbon ? Quotidiennement, ministres, parlementaires, importants hommes d'affaires se retrouvent chez Lablais. Un certain sénateur monoclé, célèbre et fort coté dans les milieux financiers est d'ailleurs au mieux avec lui.

A chacun de ses voyages dans la capitale, le docteur ne manque donc pas de passer rue de Bourgogne. Il est bientôt connu de cette clientèle d'habitués.

— Ah docteur, vous voici revenu ?

— Mes respects, M. le Ministre.

Petiot serre des mains. Aimable et discret, il est volontiers invité aux tables. Le beau-père est ravi : « Le garçon fera du chemin »...

La vie du jeune couple est sans histoire. Harmonieuse même. Le 19 avril 1928, onze mois après le mariage, naît un fils : Gérard. Petiot, lui, est un être délicieux — quand il le désire — et surtout, il semble équilibré. Longtemps après, lorsque l'on découvrira les forfaits du docteur, la tendre Georgette osera malgré tout dire de lui : « C'était un être d'un caractère égal et très doux ». Pieux mensonge de la part d'une épouse fidèle ou constante dissimulation d'un demi-fou? La vérité est dans le cœur de Georgette qui, jamais, ne revint sur cette affirmation. Mme Petiot n'a appris les activités « parallèles » de son mari que lors de l'enquête policière et ne fut pas réellement mise en cause. Elle en ressentit néanmoins un grand choc. Elle dut même être hospitalisée quelque temps. C'est à cette époque que les journalistes firent une curieuse constatation.

— Madame Petiot est toujours à l'Hôtel-Dieu, raconte l'un d'eux. Elle n'est plus malade mais elle est dans un tel état de prostration qu'il a fallu pour prendre ses empreintes, l'emporter sur une chaise.

Et là, étonnement général... Bertillon a dû se retourner dans sa tombe. Selon sa méthode, quatre millions de fiches anthropométriques ont été classées à la Préfecture de Police. Or aucune d'entre elles ne peut être comparée à celles de Madame Petiot. Ses empreintes sont en effet aussi anormales que le serait dans une ferme un mouton à cinq pattes, car les lignes de la phalange terminale de ses doigts sont orientées en sens inverse de celles de tous les autres humains : dans la main droite, elle court à gauche alors qu'elle s'enroule vers la droite dans la main gauche. Ainsi les six chiffres dactyloscopiques de cette femme sont-ils absolument uniques.

Et ce journaliste de conclure :

— Déduisez-en ce que vous voulez, mais un spécialiste m'a assuré qu'à toute malformation des empreintes correspond une anomalie psychique... Les Petiot ne sont décidément pas des gens comme les autres.

En 1927, Petiot a 30 ans lorsqu'il est élu maire. Sa carrière commence bien.

Au cours de son mandat, plusieurs fois renouvelé, le jeune maire va donner libre cours à son inspiration de créateur. Petiot, comme maître et maire de Villeneuve, c'est « l'imagination au pouvoir ». Une imagination débridée, facétieuse, méprisante des lois, servie par une bande d'hommes de main à la dévotion du docteur.

Un jour de réunion du conseil, le maire se lève, et sur un ton noble, explique :

— Messieurs, vous n'ignorez pas que le chef de notre fanfare municipale, ce vieux réactionnaire, ne nous aime pas. Il se répand en mauvais propos sur notre compte. Aussi vous proposé-je, non pas de dissoudre la fanfare, ce qui risquerait de provoquer quelques remous au sein de la population, mais de créer une nouvelle formation bien à nous, que nous appellerons, si vous le voulez bien, l'orchestre des « bigophones ».

La proposition est adoptée.

Lorsqu'il l'apprend, le vieil adjudant-chef de la fanfare concurrente en reste abasourdi. Il grommelle dans sa moustache :

— Bigophones, bigophones! Saperlotte. Il ferait beau voir!

Et il fait beau voir.

Une vingtaine de lascars délurés qui savent à peine faire la différence entre un sol et un mi forment de bric et de broc les « Bigophonistes ». Quant aux instruments, on les trouve un peu partout. Dès sa première sortie, l'ensemble soulève l'hilarité de la population. D'autant qu'il manque l'instrument essentiel à tout orphéon : la grosse caisse.

Un matin, un scandale éclate dans la ville : la grosse caisse de la fanfare municipale, entreposée à la mairie, a nuitamment disparu.

Et, quelque temps plus tard, M. le maire, nouveau mécène, offre de ses deniers à ses Bigophonistes une superbe grosse caisse flambant neuf. M. le maire se mord les lèvres jusqu'au sang pour ne pas rire : il sait bien, lui, que repeinte de frais cette grosse caisse n'a eu qu'à changer de couleur pour changer de propriétaire.

L'adjudant sacre tous les « bon sang de bonsoir » de la terre; une partie de la ville trouve la plaisanterie saumâtre; l'affaire est en général jugée de mauvais goût : M. le maire n'en a cure.

Comme dans le même temps le docteur Petiot continue son apostolat médical, personne ne lui reproche sérieusement cette mise en scène. Les habitants de Villeneuve, soucieux de leurs vrais intérêts, savent faire la part des choses.

En privé, le docteur collectionne les ouvrages licencieux. En rendant un jour visite à M. le greffier René Nézondet, il trouve chez celui-ci un recueil de chansons gauloises. Ravi de cette trouvaille il s'en saisit. Et comme il se pique d'un petit talent de dessinateur, il entreprend d'en illustrer les couplets les plus gaillards.

Sous quelque forme qu'il se présente, le sexe attire le docteur. Il conserve chez lui dans des bocaux emplis de formol, des pièces anatomiques, souvenirs de salles de dissection à faire pâlir les amateurs les plus obsédés. Marcel Petiot adore également les photos de femmes nues; il en possède dans sa bibliothèque une forte intéressante variété, sans compter quelques ouvrages non moins intéressants sur les « Mœurs de Sodome ». En matière d'art Petiot n'est pas seulement un habile dessinateur. Il sculpte également. Notamment des faunes dotés de phallus impressionnants. L'esprit sans cesse en éveil et les mains occupées, Marcel Petiot invente des appareils tous plus bizarres les uns que les autres et dont la destination scientifique n'apparaît pas évidente. Ce maniaque de tout ce qui peut ressembler à du matériel perfectionné au « modernisme » est vraiment un enfant de Jules Verne. Il se prétend expert en tout : radiothérapie superficielle ou profonde avec rayons X, UV, UR, substances radio-actives, faradisation, ionisation, galvanothérapie, cryothérapie, diathermie, ozonothérapie, aérothérapie... Rien n'y manque. Il est vrai que le docteur possède de solides connaissances en électricité. Enfin, outre sa fameuse « pompe-à-déconstipation » sur laquelle il travaille, il a découvert « une technique permettant la suppression totale de la douleur, sans anesthésie et sans instruments ». Tout ce qui est spéculation le passionne également. La solution des problèmes d'échecs excite son intellect.

— Il n'y a pas d'effet sans cause, et tout événement résulte d'un certain nombre de causes. Je les recherche, je les classe, je les catalogue... Un « mat » en trois coups est une bien belle chose.

Quant aux jeux de hasard, ils l'entraînent dans les espaces infinis de la métaphysique. Pascal en avait peur, pas lui.

— La roulette, oh! Jeu de Dieu lui-même! Boules rouges, boules noires. Les boules rouges, astres de feu, promenant leurs ellipses et leurs spirales incendiaires. Les boules noires éteintes balançant des êtres vivants à travers des espaces qui leur paraissent immenses, parmi la mitraillade des météores et les régions de spectres.

Le docteur passe une main fébrile dans ses cheveux, ses yeux flamboient :

— Et les astres tournent sans fin sur les rails invisibles de la quatrième dimension, sur les géodésiques de l'espace-temps. Tandis que d'autres astres tourbillonnent plus loin devant d'autres dieux égaux en d'autres galaxies! Et tous les systèmes, contenus sans peine dans quelques milliards d'années-lumière décrivent leurs volutes pour amuser d'autres dieux supérieurs — sur les rails invisibles d'autres dimensions. Ils regardent avec un sourire de mépris notre lumière et nos ondes ramper sans pouvoir atteindre trois hectomètres en un millionième de nos secondes! Et ainsi de suite en nombres innombrables jusqu'à l'Infini Suprême dont nous ne pouvons absolument rien concevoir. Rouges-Noirs! Rouges-Noires! Rouges-Noirs!...

Ces paroles extatiques, débitées d'un seul souffle, Marcel Petiot les couchera sur le papier bien des années plus tard dans la solitude de sa cellule à la Santé. Ce sera son œuvre unique : *Le hasard vaincu.*

Le Docteur-Maire a une riche vie intérieure. Sa vie publique ne l'est pas moins.

En 1929, Petiot voit sa gloire un moment ternie à cause d'une assez confuse affaire : un avortement qu'il aurait pratiqué à Laroche. Malgré cela, il continue d'exercer ses fonctions médicales et municipales sans être autrement inquiété.

— Ragots de la curaille qui ne désarme pas, commente-t-il brièvement.

Le soir du 11 mars 1930, une violente explosion se fait entendre. Les gens se mettent aux fenêtres. Le bruit vient d'assez loin.

— Non Dieu! Mais c'est la laiterie qui flambe!

Dans les vieilles rues pavées de Villeneuve, c'est la cavalcade.

A grands coups d'avertisseur, la voiture de pompiers se fraie un passage. On voit briller les casques de cuivre.

Sur la route de Paris où est située la laiterie, quelques voitures se sont arrêtées pour contempler le spectacle.

— Des seaux, apportez des seaux.

La foule forme un cordon dérisoire face au mur de feu qui se dresse devant elle.

— Debauve, où est Debauve?

On apprend que le gérant de la laiterie est en ville. L'assistance soulagée ne pense plus qu'à éteindre le feu. Subitement fuse une nouvelle clameur.

— Sa femme doit être à l'intérieur.

Dans cette fumée, nul ne l'aperçoit. Peut-être est-elle blessée, agonisante.

L'incendie retentit d'une rumeur puissante. C'est l'enfer. Les flammes hautes, presque transparentes, emprisonnent le bâtiment. Une petite remise de bois dans la cour, en un éclair, se transforme en torche. L'œil fixe, M. Debauve qui vient d'arriver sur les lieux contemple le sinistre et répète sans cesse sur un ton monocorde :

— Il faut faire quelque chose. Ma femme!... il faut faire quelque chose...

Un homme s'approche de lui, glisse amicalement sa main sous son bras. C'est Petiot. Le maire regarde lui aussi le brasier éblouissant, son visage est couvert d'une sueur luisante et grasse. Un clignement d'yeux douloureux, une crispation de sa main sur le bras de Debauve suffisent à montrer sa compassion. Le docteur Petiot est anxieux; une sorte d'agitation intérieure transparaît dans ses gestes : sa façon de se mordre les lèvres, ses mains qui se crispent... Enfermé en lui-même, le visage tourné vers l'incendie, il ne s'aperçoit pas qu'il est observé de loin par un homme dissimulé dans la foule : c'est Frascot, le cabaretier qui « sait » des choses. Subitement le docteur se retourne, inquiet

47

et sur la pointe des pieds, le menton haut levé, une main en visière sur les yeux, il parcourt l'assistance du regard, comme s'il y cherchait quelqu'un. Mais il ne trouve que l'anonymat des visages de Villeneuve. Rasséréné, il observe à nouveau les progrès du sinistre. Dans son coin, Frascot s'est fait tout petit. Il n'a pu réprimer un soupir de soulagement. Petiot ne l'a pas vu.

L'incendie est maintenant vaincu, mais la coopérative a entièrement brûlé ou presque.

Un à un les pompiers pénètrent dans la bâtisse calcinée, écrasant à coups de talon les dernières braises mal éteintes. Derrière eux, les gendarmes et le maire. Debauve affolé hurle le nom de sa femme. On se précipite. Le cadavre gît, à plat ventre, sur le sol de la cuisine. Son crâne est couvert de sang, caillé, desséché. S'est-elle cognée en voulant fuir? Non, les blessures sont trop graves et trop profondes. Aucun décombre n'a écrasé la malheureuse femme, car la cuisine a été épargnée par les flammes. Alors?

Alors tout le monde se tourne vers Petiot. Il est agenouillé près de la morte. Du doigt, il fait rouler la tête sur ses vertèbres, examine les plaies. Il énonce d'une voix neutre :

— Blessure ouverte due à un objet lourd et contondant, certainement métallique. Une barre de fer, peut-être, ou plus vraisemblablement un marteau!

— Que personne ne touche aux objets de cette maison! commande l'officier de gendarmerie. Le laboratoire viendra relever les empreintes.

Bouleversé, M. Debauve a encore assez de force pour marmonner aux gendarmes :

— Nous gardions depuis hier 230 000 francs en argent liquide, regardez là-bas dans le tiroir.

Un gendarme fouille. On retrouve la liasse. Presque intacte. Huit mille francs manquent seulement. Le vol n'est donc pas le mobile du crime.

48

Pourquoi alors a-t-on assassiné Mme Debauve? Qui a mis le feu à la laiterie pour faire disparaître le cadavre?

Me Guttia, l'huissier, pourrait peut-être répondre à cette question. Mais il n'a pour lui que son intime conviction. Ce n'est que quelques jours après le drame que Frascot confirmera son intuition en lui affirmant avoir été témoin du crime.

— J'étais loin, d'accord, mais je sais ce que j'ai vu et je sais ce que je dis : c'est Petiot qui a fait le coup!

D'un bond, Me Guttia se lève et file à la gendarmerie. Il voit l'officier, lui raconte ce qu'il croit et ce qu'il sait. Il lui expose son plan :

— Il faut obtenir les empreintes digitales du docteur pour savoir s'il a touché à l'argent. Il suffirait pour cela de faire passer un buvard humide lors d'une prochaine réunion municipale...

— Je vous en prie, Maître Guttia, surtout pas de vague! N'oubliez pas que le docteur Petiot est maire de Villeneuve et que votre accusation fort grave, risquerait de se retourner contre vous.

Ulcéré, Maître Guttia s'en va. Mais sans claquer la porte. Il espère qu'un jour il la repassera, et qu'à ce moment justice sera rendue.

Entre-temps, Petiot, qui a été chargé de l'autopsie du corps de Mme Debauve, délivre le permis d'inhumer. Et l'on enterre la dame sans autre formalité.

Un point est resté obscur dans cette affaire : y a-t-il eu enquête de gendarmerie? Il semble que oui, bien que l'on n'ait jamais retrouvé le dossier dans les archives criminelles. Ou le dossier a été subtilisé, ou bien il n'a jamais existé, faute de véritable enquête. Le docteur a-t-il bénéficié de la protection de « puissances occultes »? Le mystère est resté entier.

De son côté Frascot, après avoir longtemps hésité, se

décide à dire à haute voix ce qu'il sait. Après tout, que risque-t-il? Le docteur ne peut rien contre lui.

— L'assassin de Mme Debauve, je le connais, oui. Et si je voulais...

— Vas-y : on t'écoute...

L'air mystérieux, Frascot regarde l'auditoire, et sûr de son effet lâche :

— L'assassin, l'incendiaire, c'est le maire. C'est Petiot!

Les gens se taisent, balançant entre la complaisance et l'incrédulité.

— Je ne peux pas tout dire encore... Mais plus tard... Mes amis m'avertiront quand le moment sera venu.

Ses amis ce sont Maître Guttia et le docteur Duché qui, pour l'instant, ont choisi de se taire.

La nouvelle se répand. Dans la population, c'est la consternation, le triomphe ou l'indignation. Pourtant la majorité des habitants de Villeneuve n'y croient pas. Frascot voit les gens se détourner de lui. Mais des langues se délient. On apprend ainsi que Mme Debauve était une cliente assidue de Petiot.

— Très assidue même, sous-entendent les plus futés.

Puis certains souvenirs remontent à la surface : il semble qu'on ait effectivement aperçu le docteur dans les parages quelques instants avant le drame.

Mais tous ces ragots n'ont rien de bien convaincant et la ville dans son ensemble garde son estime au maire. Quant au docteur Petiot, il rit de tous ces mauvais bruits qui courent sur son compte et dont il connaît la source.

Un jour, il rencontre Frascot par hasard dans la rue et constate qu'il boite.

— Alors, mon bon Frascot? Qu'est-ce qui vous arrive?

— Un vieux rhumatisme, répond l'autre.

— Il faut vous soigner, mon vieux.

— J'ai tout essayé, mais rien à faire, c'est pire que jamais.

Petiot saisit l'occasion au vol.

— Venez donc chez moi, je viens de recevoir un nouveau remède. Des piqûres... qui vont vous soulager instantanément. Il ne vous en coûtera rien.

Décontenancé par cette offre si aimable, Frascot hésite. Il regarde le docteur, l'air ahuri, et pétrit gauchement de ses grosses mains sa casquette.

La maison du docteur n'est pas loin. Il n'y en a pas pour bien longtemps.

Trois heures plus tard, de retour chez lui il se sent brusquement pris d'un terrible malaise. Une douleur insupportable le cloue dans son fauteuil. Quelques instants plus tard, il est mort.

En qualité de médecin de l'état-civil, le docteur Petiot, comme pour Madame Debauve, se voit confier l'autopsie. Il fait le constat et délivre le permis d'inhumer : « Décès accidentel par rupture d'anévrisme ».

Une chape de silence pèse sur la ville. Comme personne n'a demandé de contre-expertise, la gendarmerie se garde bien d'intervenir. Maître Guttia, terrorisé, confie à quelques rares amis :

— Je n'ose pas sortir le soir : j'ai peur que Petiot et ses hommes de main m'assassinent!

Quelques jours plus tard, le maire envoie aux gendarmes un libellé particulièrement sévère dans lequel il leur reproche certaines « initiatives administratives malheureuses ». Il termine sa lettre par ces simples mots : « Et pendant ce temps-là l'assassin de la laitière de Villeneuve éprouve la joie satanique de se promener, libre, au milieu de ses concitoyens ».

Est-ce la provocation d'un assassin sûr de lui ou l'angoisse, quelque peu mélodramatique mais justifiée il est vrai, du berger d'un troupeau affolé?

Malgré toutes ces fâcheuses coïncidences, la population reste fidèle à son maire.

Mais, cette année-là, Petiot est cité devant les tribunaux, pour escroquerie : le docteur a dangereusement gonflé ses déclarations en matière d'assistance médicale gratuite. De plus, l'office départemental des victimes de la guerre lui réclame des comptes. Des fraudes sont découvertes. Jugé par le Tribunal correctionnel de Sens, il est condamné à trois mois de prison avec sursis.

Quelques mois plus tard, la Préfecture de l'Yonne débusque un autre lièvre : Marcel Petiot profite de sa fonction de maire pour détourner l'argent provenant de l'établissement des cartes d'étrangers. Rien que pour le début de l'année 1931, il a ainsi volé trois mille francs. La gestion municipale est alors passée au crible. Elle révèle toute une série d'étranges tours de passe-passe comptables dans lesquels se trouvent mêlés des entrepreneurs, des commerçants et un certain nombre d'intermédiaires marrons. On apprend également que Petiot a fait exécuter des travaux d'utilité publique sans en aviser le Conseil municipal. Se souciant peu de celui-ci, il les leur a fait entériner à leur insu en ajoutant tout simplement quelques lignes aux procès-verbaux déjà signés.

Tout cela lui vaut d'être révoqué par décret préfectoral. Pour un mois seulement, car « les puissances occultes » l'ont à nouveau protégé. Petiot tient la ville bien en main : lorsque son auréole d'homme désintéressé perd quelque peu de son éclat, il lui suffit, pour le redorer, de prodiguer des soins gratuits pendant quelques semaines.

Et puisque ses ennemis ne désarment pas, ses partisans se mobilisent.

A l'annonce de sa révocation, le conseil municipal menace de donner en bloc sa démission. Personne n'acceptant de le remplacer, la préfecture de l'Yonne est obligée de nommer une commission administrative pour assurer l'intérim. Depuis son accession à la magistrature suprême de sa cité, le docteur a, à chaque fois, été confirmé par une majorité écrasante mais, après cet exil d'un mois, il est réélu à la quasi-unanimité.

Malgré les sanctions qui l'ont frappé, Marcel Petiot décide de mener plus loin encore sa carrière politique. Le chemin de la députation est ouvert qu'il aborde d'un pas ferme. On assiste alors à une véritable bouffonnerie électorale : ce maire révoqué temporairement de ses fonctions est élu triomphalement au Conseil général en été 1931.

Le 28 octobre de la même année, il est nommé secrétaire aux côtés des représentants les plus estimés des trente-six autres cantons de l'Yonne!

Tous ces événements qu'il a fait tourner en sa faveur avec une déconcertante facilité, ne sont pas faits pour rehausser la société des hommes dans son estime.

« Un immense mépris l'habitait », observent ceux qui l'ont bien connu.

Son ascension politique le désigne à la vindicte de ses ennemis qui ne voient en lui qu'un aventurier sans scrupules. D'autres le portent aux nues, certes, mais les anti-petiotistes marquent un point très important en révélant que « le bon docteur » a été réformé pour aliénation mentale. Le bruit s'en répand rapidement. C'est le premier coup de boutoir dans la forteresse.

Au faîte de la gloire, le docteur Petiot perçoit le danger. Mais il est ainsi fait qu'il le méprise. Bien plus, il s'acharne à provoquer les « réactionnaires » de Villeneuve.

Un jour la gendarmerie reçoit un curieux coup de téléphone :

— Ce soir à minuit la grande croix du calvaire aura disparu. Rappelez-vous bien, à minuit, exactement.

Et l'on raccroche. Un moment interloqué, le gendarme de service prend le parti d'en sourire.

— La croix du calvaire? C'est ridicule, elle mesure plusieurs mètres de haut.

Or, quelques jours auparavant Marcel Petiot avait déclaré que la disparition de cette croix faisait partie de ses plans de rénovation de la ville. Autre sujet de désaccord entre le maire de Villeneuve et la préfecture de l'Yonne qui n'apprécie guère ses initiatives de modernisation.

Personne n'avait pris au sérieux cette déclaration d'intention. Car, depuis des siècles, la croix protégeait la ville et, contrairement à ce que disait Petiot, elle ne gênait nullement l'entrée du cimetière.

Le lendemain du coup de téléphone pourtant, la croix a disparu. Des mouvements divers se produisent. On interroge Petiot qui répond avec un faux sérieux comique :

— Je ne crois pas l'avoir sur moi. D'ailleurs, pour ce à quoi elle servait...

A d'autres moments, il prend l'air vraiment indigné :

— M'accuser, moi? Encore des calomnies!

Mais il termine cette profession de foi par un sourire entendu ou un clin d'œil complice.

Comble de la provocation : l'enlèvement a eu lieu la nuit même de Noël. Le « parti de la calotte » hurle au blasphème.

On n'a jamais retrouvé la croix du calvaire. D'aucuns ont prétendu que la « bande à Petiot » l'avait ensevelie dans le garage du maire, sous une couche de ciment. Mais que n'a-t-on pas dit à propos de Petiot et du sol de son garage?

Il y a quelqu'un à Villeneuve qui hait farouchement le docteur, c'est le brigadier de gendarmerie Moussat. Homme d'ordre, respectueux de la hiérarchie, il est choqué par le laisser-aller affiché par le premier édile de la cité. Au fil des années, la voiture de Petiot est devenue une véritable guimbarde : phares brisés, pare-chocs bringuebalants, pisseuse. Et il n'est pas rare de voir M. le maire jouer au mécanicien pour tenter de faire perdurer sa malheureuse machine à bout de souffle. Dans ces cas-là, il salue en tendant un petit doigt, le seul qui reste propre. Marcel Petiot n'est pas ce que l'on peut appeler un homme soigné. Ses mains épaisses et rouges avec un pouce retourné et des doigts spatulés, « des mains d'assassin » diront les gens « après », sont bien souvent crasseuses. De même que son costume, taché de cambouis. « Est-ce ainsi qu'un maire, doublé d'un médecin, doit se présenter » ? pensent les gens d'ordre.

Quant aux autres, la générosité leur suffit.

A force de lui tendre des pièges, le gendarme finit par dresser procès-verbal à Petiot pour défaut d'éclairage de sa voiture. Comme il nie âprement le fait, l'affaire est portée devant le Tribunal de Police. Là, il conteste à nouveau le bien-fondé de la contravention.

Excédé, le juge s'adresse au gendarme :

— Oui ou non, le véhicule de monsieur Petiot était-il éclairé?...

Décontenancé, l'autre vacille, et dans un souffle, il concède.

— Il l'était peut-être, mais ça ne se voyait pas.

Pour anodine qu'elle soit, cette affaire illustre assez bien la puissance de persuasion de Petiot et sa manière de se comporter. Pourtant les nuages s'amoncellent insensiblement au-dessus de lui, mais il n'en continue pas moins à défier la société. En 1935, un coffre-fort contenant la paie des ouvriers d'un chantier de la ville disparaît mystérieusement de la mairie. Le manque d'indices fait que l'on abandonne très vite l'enquête.

Est-il pour quelque chose dans ce vol? Certains le pensent, sans autre désagrément pour lui. C'est une affaire stupide qui va le faire trébucher.

Pour ne pas payer son électricité, ou pour berner la Compagnie, Petiot trafique son compteur électrique. Lorsqu'elle découvre le détournement, celle-ci ne manque pas de menacer Petiot qui, ostensiblement, recommence à détourner le courant. Ce petit jeu continue jusqu'au jour où la Compagnie l'attaque, ce qui lui vaut une amende de cent francs et une condamnation à quinze jours de prison prononcée par le Tribunal correctionnel de Joigny. En appel, il obtient le sursis. Cynique, il conclut :

— J'ai été condamné, mais ce n'est pas une preuve de ma culpabilité.

S'il n'ajoute pas « au contraire », c'est tout juste. Car Marcel Petiot a tout de même eu l'aplomb d'aller trouver le sous-préfet pour tenter d'arranger les choses avant que cette affaire vienne devant le Tribunal.

— Je l'ai questionné, dit le sous-préfet, j'ai parlé avec lui et au bout d'une heure, j'étais convaincu de sa parfaite innocence. Alors je me préparais à le défendre. Deux jours plus tard j'avais la preuve formelle de sa culpabilité.

— C'est une infâme brimade politique, se plaint Petiot. On m'a coupé le courant pour m'empêcher d'exercer!

Cette fois personne n'est dupe.

Le Conseil général, sur l'intervention de M. Bienvenu-Martin, lui réclame sa démission. Petiot refuse, catégoriquement. Il se défend pied à pied devant ses collègues du Conseil général. L'un d'eux raconte :

— Le docteur Petiot, pour tout sujet qui ne le concernait pas directement, semblait totalement absent. Le regard vide, perdu dans le vague, il ne se réveilla que lorsqu'il fut mis en cause. Alors il devint brillant, convaincant, drôle même lorsqu'il le fallait. En vain : notre décision était prise.

Pendant ce temps, Me Guttia qui se souvient de la mort de Frascot, mène son attaque, de concert avec le Dr Duché qui croit avoir deviné en Petiot un intoxiqué et un médecin marron.

— Je suis sûr qu'il procure de la drogue aux toxicomanes de la région. Et s'il reçoit tant de jeunes femmes enceintes de Paris et des villes voisines, ce n'est certainement pas sans raison, déclare-t-il à qui veut l'entendre.

Malgré toutes ces attaques, Petiot persiste dans son refus

de démissionner. Cependant une dernière aventure, aussi louche que les précédentes, telle une bulle d'air croupi vient crever à la surface du marécage ; elle va mettre un terme définitif à la carrière politique de Petiot.

L'un des membres de la « bande à Petiot » est dans le coup. Voici sa version des faits :

« Petiot se rendit à la gare de Villeneuve, afin de prendre livraison, avant qu'on les eût portés à son domicile, de bidons d'huile automobile qui lui étaient expédiés. Par la suite, il refusa catégoriquement de régler la facture, prétextant n'être jamais entré en possession de sa commande. La vérité dans cette affaire est la suivante : depuis plus de huit jours les bidons qu'il avait commandés séjournaient sur les quais de la gare. Petiot attendait qu'on voulût bien les lui livrer, mais le camionneur, un de ses plus acharnés adversaires politiques, prenait son temps pour effectuer cette livraison. Le docteur alla à la gare et profita de l'instant précis où le préposé aux bagages était absent pour se servir lui-même. Cette façon de procéder n'est pas encore admise dans les règlements des Compagnies de Chemins de Fer et c'est pourquoi il nia par la suite avoir reçu cette commande.

« Je suis convaincu que dans cette histoire ce ne fut pas l'intérêt qui le fit agir, mais seulement le désir de se moquer de l'Administration et de faire avoir, si possible, une « tuile » à son ennemi le camionneur ».

En fait, René Nézondet minimise l'incident, car les billets de consigne avaient bel et bien été falsifiés. Et qui mieux qu'un homme d'écritures — un greffier, par exemple — pouvait se livrer à semblable opération ?

Cette dernière péripétie, ajoutée aux autres incartades du docteur, fait perdre patience aux puissances qui jusqu'ici l'ont défendu.

« On » fait comprendre à Petiot qu'il doit quitter la région sans plus discuter. Ses relations ne veulent ni ne peuvent plus le couvrir. Destitué de ses fonctions de maire et de conseiller général, il doit également renoncer à la députation. L'année précédente, en effet, candidat aux législatives, il n'avait été dépassé que d'une courte tête par un rival de choix : Pierre-Etienne Flandin.

1933, c'est l'année de l'affaire Stavisky ; c'est aussi le commencement de l'agonie de la IIIe République : la crise économique et financière, l'inquiétude des Français, la montée du nazisme en Allemagne et la prise du pouvoir par Adolf Hitler. 1933, c'est aussi l'année où Marcel Petiot décide d'aller vivre à Paris.

CHAPITRE 3

LA RUE CAUMARTIN (1933-1941)

Boulevard Haussmann, le froid de ce mois de janvier 1933 semble devenir plus agressif.

Le docteur sent son pardessus plaquer à chaque pas un peu de tissu froid contre ses cuisses. Il presse son coude sur sa hanche afin de ne pas perdre « Paris-Soir » qu'il vient d'acheter et qu'il a roulé sous son bras. A Villeneuve encore, il pouvait supporter la glace, les frimas, mais ici, à Paris, tout lui est hostile, comme si les murs de la ville voulaient enfermer l'hiver et le chasser par ses grandes artères. A cause du boulevard Haussmann, Marcel Petiot, ce jour-là, déteste Paris.

Rue Caumartin, le docteur tourne à angle droit. Le calvaire va enfin cesser. Au 66, il s'appuie de l'épaule à la porte de son immeuble. Elle s'ouvre de mauvais gré. Entraîné par son mouvement, Marcel Petiot se retourne un peu. Il aperçoit de l'autre côté de la rue le marchand de fourrures qui regarde à travers sa vitrine. Le commerçant semble dormir debout. L'œil perdu dans le vague, il ressemble à un mannequin de cire, à un grassouillet fantôme.

D'un pas leste, le médecin gravit les quelques marches

menant à son premier étage. Marcel Petiot aime évoquer son « premier étage ». Cela le situe.

A l'imprimerie, il a tenu à ce que le linotypiste rajoute cette adresse sur le prospectus annonçant que lui, le docteur Petiot, arrivait dans la grande ville, pour rénover la médecine. Bafoué, vilipendé par ceux qu'il avait cru être les siens, il avait décidé de brûler les étapes, de retrouver au plus vite l'estime qu'il avait mis tant de temps à gagner à Villeneuve-sur-Yonne ; et si peu à la perdre.

Marcel Petiot a tout de suite aimé ce cabinet de médecin situé en plein Paris, à quelques mètres des grands boulevards, de la gare Saint-Lazare, des magasins du Printemps, du Paris qui respire et ne se couche pas. Brave médecin, puisque médecin de famille, le docteur Valery avait été content de vendre contre une bonne somme les clefs de ce cabinet, où lui-même avait depuis longtemps renoncé à devenir un médecin célèbre. A part la tristesse qu'il ressentait à quitter sa fidèle et douce clientèle de quartier, le docteur Valery était satisfait de ce successeur si affable, de cet homme qui comprenait les fatigues de l'âge et n'avait pas discuté pour payer de quoi lui assurer une retraite méritée.

Lorsqu'on ne grimpe pas, on retombe. Alors au diable les rhumatismes des vieillards impotents, les rhumes, les grippes et les diarrhées. Il n'entendait pas limiter de la sorte ses bénéfices et ses activités. Le jour même il avait ôté la plaque du docteur Valery pour accrocher la sienne. Mais, il le savait, cette plaque ne suffirait pas à faire accourir les foules. Pour qu'elles viennent, il fallait tout d'abord aller à elles très vite : gagner du temps pour gagner des malades. Tous les soirs, enfourchant sa bicyclette, il se mit donc à distribuer des prospectus dans les boîtes aux lettres du quartier, aux quatre coins de Paris ensuite, dans les bars, dans les boîtes de nuit... « jusque dans les maisons closes » n'avaient pas hésité à colporter les confrères jaloux. Les médecins s'étaient plu à claironner partout que le texte de son annonce était l'œuvre d'un charlatan. Certains même l'avaient appris par cœur et le récitaient à la fin des noces et banquets.

« *Vous êtes prié de noter que le cabinet médical tenu précédemment par le réputé docteur Valery, lauréat de la Faculté, sis au premier étage du 66 rue Caumartin, sera tenu désormais par :*
> *le Docteur Marcel Petiot*
> *Diplômé de la Faculté de Paris en 1921*
> *Conseiller général de l'Yonne*
> *Ex-interne des hôpitaux et Asiles*
> *Médecin de l'Office Médical Permanent de la Seine*

« *Ce cabinet médical en plein Paris, vous offre toutes facilités d'accès (autobus, métro) Caumartin et Saint-Lazare. Il comprend un matériel des plus modernes et des plus perfectionnés avec rayons X - UV - UR; radiothérapie superficielle et profonde — subst. radio-actives — Laboratoire Calva et Fara, ionisation — Oryothérapie — Diathermie (toutes fréquences) — ondes courtes à grande puissance, etc. Bistouri électrique, outillage chirurgical — Ozonothérapie — Aérothérapie etc...*

— N'en jetez plus, s'étaient écriés les confrères furieux devant cette avalanche de titres et de techniques dignes du docteur Knock.

A l'imprimerie, un titi plus malin que les autres avait dit :

« Je suis sûr que le toubib n'a pas de machine à coudre, sans quoi il l'aurait dit ».

Les autres n'avaient même pas souri. Ils avaient un mal fou à déchiffrer l'écriture du docteur, les « d » tracés à la grecque, les « m » et les « n » et les « t » non barrés.

Le prospectus complaisamment, se poursuivait dans le superlatif :

« Promoteur en 1921-1923 d'une technique parvenant à la suppression de la douleur sans anesthésie et sans instrument. Auteur d'ouvrages originaux sur les maladies nerveuses et sur les cures de désintoxication. Directeur de deux services de cliniques. Aidé par des collaborateurs choisis dans les différents secteurs de Paris et de banlieue et disposant d'ambulances et d'un outillage portatif approprié, le docteur Petiot assume les fonctions de médecin-chef de l'Office Médical Permanent. Les particuliers peuvent y avoir recours en toute liberté lors de l'absence de leur médecin habituel. Grâce à des moyens rapides de transport, le docteur répondra promptement aux appels lancés à son téléphone : Pig. 77-11.

« Vous qui, par la suite de l'âge ou de fatigue nerveuse avez perdu la force vitale de la jeunesse...

« Vous qui cherchez à supprimer vos soucis en absorbant des drogues et qui voulez en perdre l'habitude...

« Vous, futures mamans, qui désirez vous éviter les douleurs de la parturition...

« Vous qui cherchez un remède introuvable...

Adressez-vous à un praticien qui, grâce à ses travaux et à son expérience, pourra vous venir en aide. »

Pour ceux qui ne savent jamais si « ça gratouille ou si ça chatouille », Petiot était apparu comme un docteur-miracle. Il avait fallu acheter quelques fauteuils pour la salle d'attente. La « bonne parole » avait porté ses fruits et les malades, inquiets au départ de tous les traitements possibles énoncés dans le prospectus, sortaient finalement tout ragaillardis de la visite, en constatant que leur mal n'était pas irrémédiable puisqu'il ne nécessitait pas l'emploi de rayons UV, UR et autres supplices inventés par les temps modernes.

Marcel Petiot ouvre la porte de son appartement. Depuis longtemps, il a pris l'habitude de ne jamais la fermer à clef lorsqu'il s'absente. Son raisonnement est aussi simple que logique.

— Si un voleur en veut à notre argent, a-t-il dit à sa femme, autant qu'il entre chez nous sans enfoncer la porte. Cela nous fera, au moins, l'économie d'un serrurier.

Puis il s'était lancé dans un discours sans fin, avait déballé une série d'hypothèses et de conclusions sur le vol et ses mobiles. Cela avait duré des heures. Au bout d'un moment, Madame Petiot avait haussé les épaules. Que pouvait-elle arguer contre ce coupeur de cheveux en quatre, cet époux qu'elle adorait et qui, après chaque explication dont il n'était pas dupe, riait de toutes ses épaules d'un rire qui semblait le dévorer tout entier.

Sur le seuil de son salon, Petiot lance à la volée son journal sur un fauteuil et se dirige vers la cuisine. Il aime bien cette heure de la journée, heure à laquelle il peut assister au repas de son fils Gérard. Il est content d'avoir eu un fils. Un mâle, dit-il. Il aime voir son enfant heureux. Même lorsque le tout petit frappe de sa fourchette sa timbale d'argent. Petiot se réjouit du vacarme qui prouve que l'enfant est vif, donc en bonne santé...

Depuis qu'il a rompu les ponts avec Villeneuve, tout dans sa vie est devenu plus simple. Très vite, Georgette et lui se sont coulés dans leurs nouvelles habitudes. Bouillant, exalté, gavroche, la fourchette en suspens dans les airs, il a refait comme lors des repas à Villeneuve un monde à son échelle... Tournant tout en dérision : l'affaire Stavisky, les émeutes à Paris, la cherté de la vie, beau papa et ses tics de restaurateur, rue de Bourgogne, chez « Marius ». Georgette a retrouvé sur ses joues le rose des jeunes femmes heureuses. Elle a oublié l'ambiance lourde des derniers mois à Villeneuve. Loin des batailles politiques, des intrigues mesquines comme savent en tisser les provinciaux, Georgette est redevenue une jeune épousée.

— J'ai rencontré, dit-elle pour taquiner son mari, Madame Legros, la voisine du 71. Je crois bien qu'elle est amoureuse de toi ! Elle n'arrête pas de chanter tes louanges chez tous les commerçants.

Madame Petiot n'est pas dupe. Elle sait que l'estime de Madame Legros et celle de tous les commerçants lui font plaisir. Georgette Petiot aime son mari. Elle apprécie sa bonté avec les enfants dont il sait caresser la tête pour les mettre en confiance. Elle sait la sûreté de son diagnostic, son doigté, sa douceur pour pratiquer les petites interventions chirurgicales. Est-ce cela l'osmose entre mari et femme ? Georgette en tout cas, se sent fière de s'appeler Petiot, surtout lorsque la femme de ménage lui confie :

— Votre mari c'est un brave homme, un homme comme tout le monde !

Après le déjeuner, en attendant que sonnent deux heures, le début des consultations, Marcel Petiot aime se recueillir dans le fauteuil de son cabinet de médecin. Il y retrouve l'odeur de son métier, son passé de potache. Sur une haute étagère, il a placé à l'écart les trois bocaux renfermant les sexes. Ceux-ci stagnent dans un chloroforme qui s'est opacifié avec le temps. Souvenirs de la Fac de médecine... Grivois, chahuteur, paillard, Petiot avait choqué certains de ses camarades de promotion en prélevant ces pièces, au terme des cours de dissection. Fort en chimie biologique, en psychiatrie, Petiot s'était révélé être un cancre lorsqu'il s'était agi de dépecer un cadavre fraîchement retiré à la fourche du puisard-à-macchabées. Ces sexes en bocaux qu'il avait conservés étaient sans doute sa manière de dire « Zut » aux censeurs de la Fac. On pouvait le penser, certes, mais qui aurait pu vraiment l'affirmer?

Longtemps, Marcel Petiot avait aimé taquiner ses amis avec ces « pièces à conviction » comme il les appelait. Rien ne le faisait plus rire que d'entendre ses copains dire : « C'est à vous dégoûter de l'amour. »

Ce qui l'amuse aujourd'hui, c'est qu'il vient de dénicher au hasard d'un tiroir, une statuette qu'il avait sculptée lui-même au scalpel dans un morceau de bois, lorsqu'il habitait Villeneuve...

Petiot aime ces instants de détente. Curieux de tout, il voudrait tout comprendre et tout l'intéresse.

Depuis qu'ils vivent à Paris, presque tous les soirs, il emmène sa femme au cinéma. Ce qu'il préfère par-dessus tout, ce sont les films américains dans lesquels les gangsters jouent de la mitraillette et échappent in extremis, sur les chapeaux de roues, aux flics made in U.S.A.

D'autre fois, Marcel Petiot accompagne Georgette au théâtre. Ils aiment ces sortes de rendez-vous qu'ils se donnent dans le rouge d'une salle de boulevard. Hélas, c'est bien souvent toute seule que Georgette doit assister au dénouement de la pièce, car il n'est pas rare que son mari s'échappe à l'entracte pour se rendre, toutes affaires cessantes, au chevet d'un malade.

La vie recommence avec l'heure des visites. Et si, lorsque retentit le coup de sonnette du premier client, Petiot s'arrache avec peine de son fauteuil, jamais il n'a rechigné devant ses obligations professionnelles.

Avec ce sérieux qu'impose sa profession, il se penche sur le patient, hoche la tête, prend des notes. Ses mains nerveuses explorent :

— Avez-vous mal ici... et ici?

Il cherche avec entêtement, comme si la maladie lui lançait un défi. Jamais il n'admet de ne pas triompher.

Petiot n'est pas de ces médecins qui bredouillent quelques mots, font la fortune des pharmaciens et ne bougent jamais de leur cabinet.

Qu'il grêle, qu'il vente, qu'il fasse jour ou nuit, le médecin de la rue Caumartin répond comme il l'a promis dans son prospectus à tous les appels lancés sur Pig. 77-11. Il se rend aux adresses données au bout du fil. Sa haute silhouette est connue de tous ceux du quartier. Juché sur sa bicyclette, il prend son élan. Ce n'est que lorsqu'il a tourné le coin de la rue qu'il passe le grand développement et pédale à toute force vers la gare Saint-Lazare ou vers les Grands Boulevards.

La fortune de Petiot a grandi avec sa renommée. C'est sa femme qui se charge de l'intendance. Très souvent elle doit récupérer les honoraires qu'il oublie par négligence de réclamer. Pourtant Petiot n'est pas vraiment désintéressé. Ses amis plaisantent son avarice sordide qui le pousse à ne jamais offrir de les rembourser lorsqu'ils ont pris à sa place les billets pour un spectacle auquel ils se rendent en groupe. Mais la vraie joie de Petiot c'est d'aller à la salle des ventes de la rue Drouot. Les commissaires-priseurs le connaissent et, le cas échéant, ne manquent pas de l'avertir de l'affaire du jour. Là, une curieuse fièvre de possession s'empare de lui. Il se bat jusqu'au bout pour obtenir le meuble, le tableau, le livre ou bien le bibelot qu'il désire avoir. Se battre, faire monter l'enchère, c'est sa drogue à lui. Les yeux enfiévrés, la mâchoire crispée, il ne se détend qu'au mot « adjugé » qui marque sa victoire.

Les platanes du boulevard Saint-Michel rivalisent de toutes leurs jeunes feuilles; parce que c'est le printemps, les étudiants lorgnent un peu plus longuement les croupes des filles. Les lycéens jouent à la guerre à grand coups d'écharpes torsadées. Un taxi rouge et noir baisse son drapeau à la station... C'est avril à Paris. Le 4 avril 1936, exactement.

Sur le trottoir du boulevard, à l'étalage de la librairie Gibert, Marcel Petiot compulse les ouvrages rangés sur les tréteaux : des bouquins de médecine. Il est seul. L'éventaire est désert.

Petiot louche à droite puis à gauche. Il s'empare d'un bouquin qui ne coûte que vingt-cinq francs et le glisse dans sa poche. A trente-neuf ans, il se conduit comme un potache fauché. Vite fait, bien fait, il s'éloigne maintenant à grands pas en direction de la Seine.

Pour rapide qu'il ait été, son geste n'a pourtant pas échappé à l'œil d'un vendeur caché par l'étalage. Celui-ci s'élance comme une flèche. Entendant le bruit de pas qui se rapprochent, Marcel Petiot s'enfuit, tente de traverser le boulevard Saint-Germain. Trop tard, le vendeur le ceinture :

— Monsieur, vous êtes pris la main dans le sac, je vous ai vu... Suivez-moi! On va vider vos poches.

Petiot a tort de prendre ce garçon pour un idiot.

— Dans ma poche?... Quelle poche?...

— Monsieur, veuillez me suivre ou j'appelle un agent.

Marcel Petiot cherche à se disculper. Il doit faire vite, très vite, s'il veut empêcher les poursuites.

— Ecoutez, je vais tout avouer. Je suis un inventeur. Je viens de découvrir un appareil qui va révolutionner la science. Vous pouvez m'aider. Je cherchais un livre utile à mes travaux. Je l'ai trouvé, feuilleté, emporté par distraction. Il n'y a pas de quoi fouetter un chat...

Le vendeur estime que les chats n'ont rien à voir dans cette affaire. C'est pourquoi il ramène Petiot jusqu'au magasin. Le directeur, lassé sans doute d'être trop souvent volé, appelle la police.

Devant le commissaire, Marcel Petiot s'explique :

— J'ai découvert une pompe à matières fécales pour masser les intestins. J'ai relevé certaines données dans cet ouvrage. Ce n'est que par distraction que je l'ai emprunté... Enfin, rectifie-t-il, emporté...

Devant le scepticisme du policier, il ajoute avec une exaltation qui n'est peut-être pas feinte :

— Je suis un savant, Monsieur, un artiste. J'ai découvert le mouvement perpétuel...

Persuadé qu'il a affaire à un déséquilibré, le commissaire transmet le dossier au Parquet.

Devant le tribunal, Petiot avoue sa folie et la joue; plaidant l'irresponsabilité, il exhibe les certificats des aliénistes qui lui ont valu sa réforme. Un médecin, le docteur Cuiller est commis. Son diagnostic est net :

« Accès dépressifs, déséquilibre psychique, délire d'invention, en état de démence au moment de l'action. Doit être tenu pour irresponsable. Son état nécessite de l'interner dans un asile d'aliénés ».

Petiot est-il sauvé?... Pas tout à fait.

Car, si, à la suite de ce rapport, une ordonnance de non-lieu est prononcée, il est tout de même confié aux infirmiers de la maison de santé du Docteur Dalmas, à Ivry.

Un mois après son internement, Petiot réclame sa libération. Le médecin-inspecteur de la Préfecture ne s'y oppose pas. Car une contre-expertise à laquelle Petiot a été récemment soumis conclut :

« La véritable figure du docteur Petiot est celle d'un individu sans scrupules, dépourvu de sens moral... En ce moment le sujet n'est pas atteint de troubles mentaux, mais c'est une précaution d'ordre public d'attirer l'attention sur sa situation particulière et de dire, en cas de nouvelle inculpation, que cet internement ne doit pas gouverner de façon absolue la décision des experts qui pourraient être commis; lesquels devraient reprendre, par le début et par le menu, le problème de la responsabilité pénale de Petiot ».

Le 20 février 1937, Petiot regagne son domicile; il fait nettoyer sa plaque de médecin, cirer les fauteuils de la salle d'attente, puis il regonfle les pneus de son vélo. Dans le quartier, les voisins peu surpris par l'absence du médecin, lui demandent simplement comment se sont passées ses vacances.

Les clients reviennent consulter. De nouveau, rue Caumartin on admire Petiot, le bon docteur Petiot.

A la mairie du 9e arrondissement, 6 rue Drouot, dans la salle de l'état civil, les employés s'ingénient, ce jour-là, à gagner leur retraite. Ils classent des dossiers par ordre alphabétique, écrivent *à la ronde* sur de nouveaux cartons, ce qui était écrit à la ronde sur d'autres, plus vieux. Pas un ne relève la tête lorsque Petiot entre.

— J'ai appris, dit-il en souriant, que le poste de médecin de l'état civil était vacant. Je viens poser ma candidature. Je suis le docteur Petiot, Marcel Petiot.

— Quelles sont vos références?

— Diplômé de la Faculté de Médecine de Paris... Conseiller général de l'Yonne.

Sans hésiter, Marcel Petiot se prévaut d'un titre dont il a été déchu : Conseiller général de l'Yonne! Qui donc ira vérifier?

Les employés de la mairie se contentent de ses affirmations et inscrivent à la plume sergent-major :

« Petiot, Marcel, André, Henri, Félix. Né le 17 janvier 1897 à Auxerre (Yonne) de Félix Petiot et de Marthe Bourdon son épouse... »

Ils notent également les titres du médecin, son adresse. Par acquit de conscience, l'un d'entre eux vérifie l'authenticité du diplôme.

Une heure plus tard, Marcel Petiot prend en charge le poste de Médecin de l'état civil du 9e arrondissement; un beau titre à rajouter sur sa plaque.

Ce titre officiel ajouté à sa véritable réussite financière et professionnelle suscite la jalousie de ses confrères. L'un d'eux n'hésite pas à colporter que Petiot est un drogué, un faiseur d'anges, un médecin marron.

Certaines personnes affirment l'avoir vu sortir d'un hôtel louche, d'autres d'avoir entendu dire par « l'homme qui connaît l'homme qui a vu l'ours » que Petiot est connu dans les milieux opiomanes, que son nom est un recours dans les caves où se fume la pipe, où se passent la seringue et l'ampoule, dans des maisons closes où un accident de travail est toujours possible...

Pourtant, d'après ses amis, il mène une vie de bon époux, de bon père de famille et vit bourgeoisement de ses revenus.

Car Petiot qui est un grand travailleur, gagne très bien sa vie. Par peur d'une dévaluation — la France est en effet le seul pays à ne pas avoir aligné sa monnaie après le Krach de 1929 — il a prudemment placé son argent en biens immobiliers. C'est ainsi qu'il a acheté deux belles maisons à Villeneuve-sur-Yonne, une vingtaine de petites propriétés aux environs de Seignelay, pays d'origine de sa femme, des immeubles aussi : un rue de Reuilly à Paris, et l'autre à Auxerre, rue des Lombards.

En 1939, lorsque la France déclare la guerre à l'Allemagne, elle se passe de Petiot. Réformé en 1919 pour dépression mentale, il reste donc à Paris, rue Caumartin et continue de soigner ses malades. Les nouvelles du front, de la « drôle de guerre » ne l'affectent pas particulièrement, sur le plan matériel du moins. Car, bien sûr, Petiot est anti-allemand et partisan d'une victoire écrasante de la France. Il sait que nous vaincrons parce que nous sommes les plus forts et se réjouit, avec Paul Raynaud, que la route du fer soit coupée.

Il ferme avec douleur ses volets lorsque les Allemands entrent dans Paris. Puis comme tant d'autres, il s'installe du mieux qu'il peut pour passer la longue nuit de l'occupation.

CHAPITRE 4

LA RUE LE SUEUR
(Septembre 1941-mai 1943)

En septembre 1941, Petiot se frotte les mains : il vient d'acheter un immeuble, un hôtel particulier, délabré certes, mais qui expose douze fenêtres en façade. Une ancienne résidence de la grande Cécile Sorel.

— C'est près du bois de Boulogne, confie-t-il à sa femme, l'endroit idéal pour installer une clinique.

Il s'exalte, expose ses projets. Il ne remarque pas immédiatement que Georgette Petiot boude. Elle a accepté les clients trop nombreux qui la séparent de son mari, l'incident de la librairie Gibert, ses absences ou son mutisme... Mais là, vraiment, Georgette n'hésite pas à le dire, Marcel exagère.

— Non ! Je n'irai pas voir cet immeuble, parce que je ne veux pas que tu montes une clinique, menace-t-elle... Tu ne serais jamais plus auprès de moi... Je ne veux pas avoir un époux-fantôme. Ne s'est-elle pas retrouvée toute seule l'avant-veille pour aller écouter, à la Gaîté Lyrique, Mario Salvi dans « Frasquita »? Par moments, Georgette regrette Villeneuve-sur-Yonne.

Petiot cède. Plus jamais, il promet, il ne lui reparlera de ce projet de clinique.

L'hôtel particulier est situé rue Le Sueur; au 21 d'une rue calme et bourgeoise qui relie l'avenue Foch à l'avenue de la Grande-Armée. A mi-chemin entre l'Etoile et le Bois.

Petiot a fait une affaire. Il a acheté l'immeuble en location-vente pour cinq cent mille francs, payables à raison de dix-sept mille francs par mois. Le propriétaire, le prince de Colloredo-Mansfeld, Tchécoslovaque de naissance, Parisien d'adoption, a accepté le marché, sans trop discuter.

On l'a vu, Marcel Petiot n'est pas homme à renoncer. Il a certes promis à sa femme de ne plus lui parler de ce projet, mais pas de l'abandonner.

N'ayant pas de relations parmi les entrepreneurs de maçonnerie, il va donc chercher dans son entourage qui pourrait lui donner l'adresse d'une maison susceptible de procéder aux premiers aménagements.

Ce jour-là, rue d'Amsterdam, huit jours après l'achat, Marcel Petiot retire ses pinces à vélo, pose délicatement sa bicyclette contre le mur et pénètre dans un bazar. Sur l'air du carillon de Westminster, les cinq tubes en laiton de la porte du magasin font sursauter Monsieur Millet, le directeur. Marcel Petiot le connaît bien, Monsieur Millet, car il a été pour lui une manière d'assureur-conseil et pour cela, il a reçu une commission.

Le fait d'être médecin n'interdit pas qu'on rende service dans d'autres domaines. Petiot n'a d'ailleurs jamais été homme à négliger des occasions de gagner de l'argent. Ce jour-là, le hasard fait bien les choses : deux maçons font quelques travaux dans l'arrière-boutique de Monsieur Millet. Petiot note le nom de l'entreprise qui emploie les deux ouvriers. Le soir même il téléphone.

C'est ainsi que des représentants des Etablissements Laborderie et Minaud, dont le siège se trouve 1, rue de la Porte-Blanche à Marnes-la-Coquette, sont convoqués au 21 rue Le Sueur.

Le 1er octobre 1941, deux ouvriers, Louis et Gaston Dethève se présentent. Lorsqu'ils pénètrent dans l'immeuble, ils trouvent, accroupi devant une porte, un homme en combinaison bleue en train de poser une serrure. C'est Petiot qui bricole. Après s'être essuyé les mains sur sa salopette, il les accueille :

— Salut les gars. Beau temps, hein? Venez que je vous montre! Immédiatement les deux frères Dethève se sentent bien avec le docteur. Un sacré type, original peut-être, mais bien brave et pas fier. Des gars comme ça, pensent-ils, c'est rare de les trouver dans le seizième où les bourgeois traitent les ouvriers comme « même pas des humains ». Gaston et Louis tombent d'accord :

— Ce toubib-là, on va l'aider, et sacrément!

Dans la cour, Petiot leur indique un mur recouvert d'un treillis en bois, « façon Versailles ». L'expression « façon Versailles » l'avait bien fait rire lorsque le prince Colloredo lui avait fait visiter l'hôtel pour la première fois.

— Il faudrait le surélever...

— C'est dommage, font remarquer les ouvriers.

Avec un clin d'œil complice, Petiot leur explique :

— Les voisins ennuient les malades et les malades ennuient les voisins. C'est pour les séparer que je fais bâtir. De cette manière, ils ne se verront pas.

— On a compris, répondent en chœur les deux maçons.

Marcel Petiot les fait ensuite entrer dans la grande pièce du bas.

— Là, sera mon cabinet de consultation. Je voudrais le séparer en deux. Vous construirez une cloison comme ça.

Du bout de sa semelle, il trace sur le sol l'emplacement exact. Aux deux hommes qui s'étonnent un peu de la forme triangulaire de la deuxième pièce qu'ils vont avoir à bâtir, Petiot explique :

— C'est juste pour y installer un appareil d'électrothérapie. Je veux des murs très épais. En fait ce qu'il faudrait c'est que les murs soient bourrés de liège. Car il ne faudrait pas que le bruit de l'appareil indispose les voisins. Ici je ne vais soigner que de gros malades de la tête. Cet hôtel va devenir une maison de repos pour les malades du cerveau.

Les maçons reviennent le lendemain avec la camionnette et tout le nécessaire. Pour remplacer le liège introuvable, ils montent la cloison en y mêlant du mâchefer. Puis ils en bâtissent une seconde qui forme, entre le bureau et la pièce, un tout petit couloir. Petiot assiste aux modifications. Dès qu'il dispose d'un peu de temps, il vient rue Le Sueur. Souvent il tire derrière lui une remorque remplie de meubles ou d'objets d'art. Les concierges du quartier, appuyées sur leurs balais, qui regardent les emménagements, n'arrivent pas à se convaincre que cet homme en salopette, réparant parfois sa chaîne de vélo, est vraiment un médecin. Petiot s'en moque. Seuls importent ses amis les maçons et la façon dont ils font leur travail.

Un matin, il leur demande de monter un troisième mur dans lequel il leur fera percer ensuite un trou de quinze centimètres de côté.

— Vous comprenez, les gars, par ce trou je pourrai, de l'extérieur, surveiller la marche de mon appareil d'électro-thérapie. Je ne sais pas si vous le savez, mais c'est très dangereux, l'électrothérapie.

Gaston et Louis hochent la tête. Comme ils n'y connaissent rien, ils ne posent pas de questions. De même qu'ils ne s'étonnent pas lorsque le médecin leur demande de sceller au fond de cette pièce une double porte en bois :

— Cela fera une épaisseur supplémentaire. Puisqu'on ne trouve pas de liège, cette porte évitera les radiations, commente Petiot.

Pour la première fois de leur vie, les ouvriers fixent une porte à double battant qui ne sert à rien, qui n'ouvre sur rien.

La pièce dans laquelle Petiot installe son cabinet est minuscule. Elle ne compte que deux fauteuils, un secrétaire et une toute petite armoire.

— Bah, constatent les deux hommes, c'est encore bien assez grand pour des malades du cerveau qui resteront dans leurs chambres.

Cependant, lorsque les travaux s'arrêtent le 28 octobre, Marcel Petiot n'a toujours pas demandé aux ouvriers d'entreprendre des réparations dans l'entrée de l'immeuble et dans les étages supérieurs qui sont en piteux état. Les murs suintent, les papiers sont décollés, les peintures écaillées, les boiseries vermoulues, les tuyauteries rouillées.

— Après tout, ce n'est point notre affaire, concluent les maçons en emportant leurs pelles, leurs truelles et tout le matériel.

Et ils empochent dix mille francs que leur donne Petiot en acompte sur les dix-huit mille, prix total des travaux.

— Salut patron ! crient-ils sur le pas de la porte, à l'adresse de Petiot.

— Merci les gars, réplique le médecin. Dites à votre patron que je lui expédie les huit mille balles restant la semaine prochaine.

Au « Crocodile », le bistrot de la rue Le Sueur, Gaston et Louis trinquent à la santé du docteur, auprès duquel ils viennent de passer un mois bien agréable.

Ils ne seront pas nombreux ceux qui conserveront un bon souvenir de la rue Le Sueur.

« Auteur d'ouvrages sur les maladies nerveuses et sur les cures de désintoxication ». Le docteur Petiot relit la phrase qu'il avait rédigée lui-même et fait imprimer sur le fameux prospectus destiné au cabinet de la rue Caumartin. Il soupire. Il avait presque oublié cette campagne publicitaire, car chaque jour sa salle d'attente ressemble maintenant à un wagon de métro aux heures de pointe. Elle ne désemplit plus. « Cures de désintoxication ». C'est sûrement cela : ses confrères se sont emparés de cette petite phrase pour lui nuire. Car même à Paris, dans l'anonymat de la grande cité, Marcel Petiot a retrouvé les malveillances qui l'avaient abattu à Villeneuve-surYonne. Les diffamations ont recommencé.

« On » le dit drogué. Que diable va-t-on chercher là? Petiot ne s'est jamais caché d'avoir soigné des damnés des rêves artificiels. Cela fait partie de son métier. Il n'a pas à juger ses clients. Si quelqu'un se présente en disant : « Docteur, je veux me désintoxiquer », le médecin qu'il est se doit de le considérer comme n'importe lequel de ses malades...

Et maintenant, à cause de cela, le bruit se répand que... « On » dit que dans certains bars de Montmartre et des Champs-Elysées, un certain médecin de la rue Caumartin fait sans difficultés, sous prétexte de cures de désintoxication, des ordonnances contre lesquelles les pharmaciens délivrent la drogue. De plus, les femmes les plus jolies et les plus élégantes de Paris viennent, dit-on, lui demander de petits services. Finalement ces accusations d'avortement n'inquiètent pas Petiot outre mesure.

Il n'en est pas de même de celles concernant la drogue. On ne plaisante pas avec ces choses-là. D'autant qu'il a, à plusieurs reprises, soigné au moins deux droguées : Mademoiselle Baudet, une loque qui venait s'effondrer dans son cabinet, ainsi que Madame Gaul, une déclassée, une épave. Petiot prête le flanc à l'accusation à cause de sa méthode de désintoxication. D'abord il ne supprime pas la drogue d'un seul coup. Il continue à leur administrer des doses, de plus en plus légères, mélangées à des calmants. Mais les drogués sont des truqueurs. Ils sont nombreux ceux qui exposent leurs bonnes intentions à plusieurs médecins à la fois. Cette manière de faire leur permet de conserver par voie médicale, donc légale, leur paradis artificiel.

Il arrive aussi, et c'est là le plus grave, qu'un drogué menace son médecin; qu'il tente par tous les moyens d'obtenir satisfaction... Accepter est dangereux, refuser peut l'être également, car un morphinomane ou un cocaïnomane est capable de tous les pièges pour se venger du refus d'un médecin. C'est donc cela. Marcel Petiot a du être le jouet d'un malade. C'est l'évidence même...

Le 4 mai 1942, Marcel Petiot reçoit la visite de l'Inspecteur principal Métra, le spécialiste des stupéfiants de la Brigade mondaine, chargé de perquisitionner; une simple formalité. En ouvrant un tiroir, le principal s'étonne de trouver tout un lot de bijoux : « Ils m'ont été donnés par des clients ne pouvant me régler en espèces. » — « Oh, excusez-moi », dit Métra.

Le 11 mai, il est cité devant la Dixième Chambre correctionnelle pour l'affaire Gaul et condamné à dix mille francs d'amende. Les ennuis succèdent aux ennuis puisque, le 26, il est de nouveau condamné, cette fois à un an de prison avec sursis et à dix mille francs d'amende. Un peu tard, sans doute, Petiot décide de réagir.

Il choisit son avocat, René Floriot, auquel il explique son affaire. Celui-ci fait immédiatement appel des deux jugements. Au lieu de dix mille francs d'amende, Petiot n'est condamné qu'à mille deux cents francs et son année d'emprisonnement est transformée en une amende de deux mille quatre cents francs. Mieux, en avocat avisé, René Floriot obtient la confusion des deux peines.

Marcel Petiot sort presque blanchi de ces pénibles affaires. Il remercie son défenseur.

— Maître, vous avez été fantastique. Merci d'avoir fait

comprendre que j'avais été dans cette affaire le jouet d'une abjecte machination.

Les deux hommes se séparent devant la grille du Palais de Justice.

— Au revoir, Maître.

— A bientôt, répond machinalement Maître Floriot qui ne croit pas si bien dire.

Pom, Pom-Pom... Pom! ici Londres. Les Français parlent aux Français... Les éléphants ont des ailes et ils volent... Les éléphants ont du sang bleu... Je répète...

Radio-Londres, dans le brouhaha de son fading qui fait penser à une crécelle métallique à tourniquet, égrène ses messages. Marcel Petiot, Georgette et Maurice Petiot, le frère venu d'Auxerre où il tient un magasin de T.S.F., écoutent les messages sans en comprendre le sens...

Pourtant, au travers des mots souvent sans suite, chacun peut pressentir que cela ne va plus très bien pour le « Boche » harcelé sur le front russe. Les Allemands ont perdu maintenant leur correction du début. On change de trottoir lorsqu'une patrouille allemande débouche d'une rue sur ce même côté. Dans le quartier Saint-Paul, les Juifs s'affolent. La Gestapo installe des barrages. Elle vérifie... arrête... emmène... Les Juifs se terrent. Ils ont peur de tout : du bruit, du silence, des maisons, de la pluie, peur de leur peur. Pour eux c'est l'enfer.

Comme beaucoup, Marcel Petiot s'insurge contre de telles atrocités. Humanitaire à ses jours, anarchiste à ses heures, Petiot, derrière les vitres encore teintées du bleu de la défense passive, sur une carte de l'Europe, refait en famille l'avance des Alliés, le recul des Allemands, l'historique de ce conflit général et interminable. Avec sa verve intarissable, ergotant, ratiocinant, il reprend la guerre, de la tenaille de Dantzig à l'entrée des U.S.A. dans les hostilités. Cela fait partie du jeu : de celui de Petiot, de son frère Maurice, de tous les Français de la France.

Ce soir-là, Petiot écoute Radio-Londres. Il est satisfait. Mais satisfait pour autre chose, une chose qui n'a rien à voir avec la guerre et dont il ne va pourtant pas parler à Georgette. Le tribunal vient de débouter les habitants des maisons mitoyennes au 21 de la rue Le Sueur. Ceux-ci lui avaient intenté un procès pour faire abattre son mur... Ces imbéciles n'ont pas été entendus. Le mur restera là, comme il est. Association d'idées? Petiot se souvient qu'il doit encore huit mille francs à l'entreprise de maçonnerie.

— Je verrai ça demain, pense-t-il.

Radio-Londres continue de diffuser ses messages et les Allemands de mouliner la crécelle : « Marguerite réclame à papillon le nectar de la veille... je répète... Marguerite... »

Le docteur Petiot est ravi des deux pneus ballon qu'un de ses clients vient de lui obtenir sans tickets. Devant sa maison, rue Caumartin, il tient son guidon par le milieu, légèrement, car il sent que son vélo est bien équilibré. Un vrai bonheur.

Au 69, Guschinow sort de son magasin de fourrures et vient à sa rencontre.

— Docteur, j'ai besoin d'un remontant, soupire le fourreur dont la mine épouvantable trahit l'angoisse qui le ronge.

— Il faudrait d'abord oublier vos soucis pour guérir, lui dit Petiot avec un sourire attristé.

Oublier ses soucis! Avec cette menace qui pèse sur les Juifs!

— Savez-vous s'il existe des combines pour quitter la

France, s'expatrier? Si seulement... s'enquiert Guschinow à mi-voix.

Petiot mesure le drame du fourreur. Mais que peut-il y faire? N'a-t-il pas lui-même ses propres soucis que sa pudeur naturelle lui interdit d'exposer à tout bout de champ.

Avec ses anxiétés, Guschinow a gâché, sans le savoir, sa joie de posséder deux pneus neufs, des pneus ballon. Comme Petiot est un homme de cœur, son ressentiment ne dure pas. Et c'est en souriant qu'il enfourche son vélo. Dressé sur ses pédales, il appuie de toutes ses forces.

A l'Institut médico-légal, de l'autre côté de Paris, le docteur Paul, le fameux docteur Paul, issu de familles de magistrats et de médecins, se dit que vraiment la prédisposition existe... Médecin légiste, il a vu passer sur sa table les victimes de Landru, les clochards recueillis sous les ponts, les suicidés de plus en plus nombreux en cette époque trouble. Des clients, il en a beaucoup. Alors qu'il est encore loin de l'âge de la retraite, il a déjà effectué plus de cent cinquante neuf mille autopsies. Pour lors, le docteur Paul passe ses mains fines dans le gris de sa barbe.

— Etrange, c'est étrange.

C'est le mot qui lui vient à l'esprit. La police des forces occupantes et la police française viennent de lui livrer, au matin de ce pluvieux 4 octobre 1942, un tas de débris humains récoltés dans le Bois de Boulogne, à la Muette, à Neuilly, à Asnières : en tout une vingtaine de cadavres proprement dépecés.

— C'est étrange, très étrange vraiment... se surprend-il à dire à voix haute tout en rédigeant son rapport.

De son écriture appliquée, il écrit : « le dépeçage n'a pu

être fait que par un homme d'amphithéâtre, par un spécialiste de la dissection »... Puis il ajoute : « Nous autres, médecins légistes, nous avons notamment l'habitude non de reposer notre scalpel sur la table d'opération lorsque nous interrompons nos travaux, mais de le piquer dans la cuisse du corps à autopsier. Les victimes confiées et trouvées éparpillées dans Paris présentent les habitudes de cette façon de faire. »

Et le docteur Paul en arrive à se demander s'il ne se trouve pas en présence de l'œuvre de l'un de ses élèves.

Lorsqu'on est médecin légiste, que l'on vit à longueur d'année avec des macchabées, qui ne savent pas reconnaître le talent, on a ses petites fiertés. En faisant référence à « l'un de ses élèves », le docteur Paul, d'une certaine manière, se désigne comme un grand patron. Lui aussi a des disciples qui copient son tour de main.

Dès qu'il a débarqué à la gare de Lyon, Maurice Petiot se rend aussitôt à son travail. Travail est peut-être un bien grand mot. En fait, Maurice Petiot effectue chaque mois la tournée des immeubles que son frère loue à un bon prix. Son rôle consiste à récolter pour le médecin le montant des loyers. Cela le repose de son magasin d'Auxerre. Puis, à Paris, malgré l'Occupation, il y a tellement de choses à faire et à voir... Aller au théâtre par exemple avec sa belle-sœur, accompagner son frère à la salle Drouot, donner un coup de main rue Le Sueur. Dans son hôtel de la rue de Bercy, chez Madame Alicot, Maurice Petiot compte pour la deuxième fois la liasse des billets qu'il a récoltés rue de Reuilly. Après avoir enfilé ses chaussures à semelles de bois, Maurice regarde sa montre. Bon Dieu! Il n'a que le temps...

Sur le quai du métro, Maurice Petiot se sent oppressé. Dans le dernier wagon de la rame, il a croisé le regard d'un vieux monsieur qui regardait sans voir à travers la vitre. Sur son veston de couleur sombre était cousue la croix jaune des enfants d'Israël... Maurice Petiot pense : « Quelle vacherie, cette guerre! »

A la station Etoile, Maurice descend et se rend, par l'avenue de la Grande-Armée, rue Le Sueur. C'est dimanche. Son frère lui a donné rendez-vous à l'hôtel particulier.

— Je risque d'être en retard, a-t-il dit, je dois aller voir un malade.

Même si de temps en temps il est un peu jaloux de lui, Maurice Petiot admire son frère qui, tous les dimanches, va donner ses soins gratuitement à un ouvrier qui ne peut se rendre libre dans la semaine.

Penchée à sa fenêtre, la concierge du 29, prend l'air. Apercevant Maurice Petiot, elle s'écrie, en faisant de grands gestes :

— Docteur, docteur, j'ai du courrier pour vous!

Interloqué, Maurice va à sa rencontre. C'est alors que s'apercevant de sa méprise la concierge s'exclame :

— Excusez-moi, Monsieur, je vous avais pris pour le docteur Petiot!...

— Je suis son frère, sourit Maurice.

— Vraiment! Excusez-moi encore. De loin j'ai vraiment cru que c'était le docteur. Tenez, voici sa lettre... Le facteur me l'a donnée par erreur. Vous la lui remettrez vous-même.

Malgré son envie évidente, la concierge n'ose pas parler à Maurice de son frère le médecin. Avec la famille il faut toujours faire attention. Elle ne peut tout de même pas dire à cet homme que son frère est bizarre, que les voisins se sont plaints des coups de marteau qu'il a donnés toute la nuit de Noël dans son hôtel particulier qui, malgré les derniers travaux effectués, ressemble de plus en plus à une maison

84

abandonnée. Elle ne peut pas non plus insinuer qu'il est bien étonnant que les Allemands ne l'aient pas encore réquisitionné.

La concierge du 23 — mais c'est sans doute réflexe de concierge — s'étonnerait volontiers encore de tas d'autres choses si elle le pouvait; cet homme misérablement vêtu, coiffé d'un béret ou d'un vieux chapeau mou qui arrive en traînant avec sa bicyclette une remorque bâchée, ressemble davantage à un ouvrier qu'à un docteur. Lorsqu'elle y réfléchit, tout dans le docteur inquiète la brave femme : ses allées et venues la nuit, ses visites à l'hôtel particulier avec des inconnus portant de pesantes valises, tous ces visiteurs qui entrent et qu'elle ne voit pas sortir. Au début, elle avait pensé qu'il s'agissait d'amis invités à dîner ou de malades venant à la nuit tombée; elle avait supposé ensuite que c'étaient des trafiquants de marché noir. A en croire ses locataires qui s'arrêtaient parfois dans sa loge, il aurait fallu considérer le docteur du 21 comme Satan lui-même. Untel avait entendu des cris de femmes dans la nuit, des appels au secours. Un autre avait vu, tous les soirs à vingt-trois heures trente, passer sous les fenêtres une voiture à cheval dont les essieux grinçaient.

Un jour, elle avait pu se rendre compte elle-même que tout cela n'était que des histoires à faire peur. N'avait-elle pas elle-même visité l'hôtel particulier? Et même en ouvrant bien les yeux, elle n'avait rien remarqué de bizarre. C'était en février 1943. Elle avait signalé au docteur que des réparations devaient être effectuées au mur de l'immeuble contigu et que pour cela les ouvriers devraient emprunter l'escalier de son hôtel pour monter sur le toit. Avec beaucoup de courtoisie, Petiot lui avait remis les clefs.

Lorsque le commis de Monsieur Fidler, l'architecte de l'immeuble voisin, 32 rue Duret, avait visité l'immeuble pour établir d'où venait l'humidité qui gâchait les murs de son client, la concierge était entrée derrière lui. Elle n'avait vu que du désordre, ce qu'elle détestait, des boiseries vermoulues, ce qui était bien malheureux « au prix où sont les choses » et une pièce sommairement meublée contiguë à un réduit triangulaire.

C'était à mourir... Non point de peur, mais de banalité...

Une roue de remorque à la main, Marcel Petiot rentre chez lui, lorsque Madame Legros, sa voisine du 71 rue Caumartin l'arrête dans la rue.

— Alors, docteur, vous avez des ennuis de bécane?

— Non, juste la roue de ma remorque... dit en riant le médecin, en cherchant du bout des doigts un mouchoir dans sa poche pour essuyer ses mains tachées de cambouis.

— Avez-vous remarqué que Monsieur Guschinow a fermé son magasin? On ne le voit plus dans le quartier. J'ai croisé sa femme avant-hier, elle avait l'air préoccupé.

Marcel Petiot hoche la tête. Oui, il a remarqué en effet que depuis quelque temps le fourreur n'a pas ouvert sa boutique.

— Pourvu, soupira Madame Legros, qu'il n'ait pas eu d'ennuis avec les Allemands. Vous savez, il est Juif...

— Je sais qu'il avait envie de quitter la France... peut-être a-t-il réussi à le faire? suggère Petiot.

— Si c'était ça, je crois qu'il aurait emmené sa femme avec lui... A moins qu'elle soit restée pour garder le magasin...

— Qui sait? conclut Petiot qui s'éloigne.

Le 24 mai 1943, Tunis, Bizerte, toute l'Afrique du Nord est libérée. La presse collabo essaie de minimiser la nouvelle, mais, par Radio-Londres, puis par le bouche-à-oreille, Petiot comme tout Paris l'apprend.

Rue des Mathurins, le coiffeur Fourrier, arqué sur ses genoux, couronne son œuvre d'un dernier coup de peigne. Le mauvais hiver passé à Paris, la station debout, tout cela lui donne au creux des reins une douleur lancinante qui ne le quitte plus. Tout à l'heure, à dix-neuf heures, il verra son ami Petiot, le médecin qui le soigne depuis 1937.

Dans le même salon, Edmond Pintard, Monsieur Edmond pour ces dames, raconte pour la millième fois ses années de théâtre, lorsqu'il était maquilleur de vedettes avant d'être visagiste. La sonnette de la porte le fait se retourner. Un homme avec qui il est en affaires vient d'entrer. Après avoir serré la main du coiffeur, il s'avance vers lui :

— Alors on est prêt? Tout va bien, Monsieur Edmond?

Ils n'ont pas le temps d'en dire davantage. La Gestapo envahit le salon.

— Que personne ne bouge!

Un bruit sec de portières, un démarrage en trombe, le coiffeur, le maquilleur et l'homme, un nommé Beretta sont embarqués pour la rue des Saussaies.

Dans les locaux de la police allemande, le coiffeur, interrogé sur un certain « Docteur Eugène » soupçonné d'être le chef d'un réseau de passages clandestins pour l'Argentine, donne, sans trop se faire prier, une adresse et un nom : Docteur Marcel Petiot, 66, rue Caumartin.

Rue Caumartin, Marcel Petiot se prépare devant la glace de la cheminée de la salle à manger. Georgette Petiot, elle, se donne un dernier coup de peigne. Ils attendent leur ami René Nézondet... Tout en se hâtant, celui-ci se demande si les billets qu'il a pris pour le spectacle de Bobino où triomphe le comique Champi dans une revue intitulée « Ah! la belle époque », vont lui être remboursés par ce vieux grigou de Marcel.

Un coup de sonnette, trois coups brutaux contre le battant de la porte, la Gestapo s'annonce chez le docteur Petiot.

— Gestapo! Vous êtes le docteur Petiot? On vous arrête.

C'est à cet instant précis que Nézondet arrive, tout essoufflé d'avoir monté l'escalier quatre à quatre.

— Qui êtes-vous? Un complice? demandent les policiers.

Nézondet essaie d'expliquer Bobino, ses amis, montre ses papiers, les billets de théâtre.

— Suivez-nous, concluent les deux policiers.

La petite Citroën démarre sur les chapeaux de roues. Dans la voiture, Nézondet tente à nouveau d'expliquer qu'il s'agit d'une regrettable erreur. Les Gestapistes ne veulent rien entendre.

— De quoi t'accuse-t-on?

— Passages clandestins!

— C'est grave? demande Nézondet qui est embarqué dans la même galère que son ami.

— Douze balles dans la peau!

Un long frisson parcourt l'échine de Nézondet.

Petiot a étendu ses jambes. Le corps renversé contre la banquette, sa tête repose sur la plage arrière de la voiture. Les yeux mi-clos, il donne l'impression de rêver.

En voyant ses mains tressauter sur ses cuisses avec les cahots de la voiture, Nézondet qui, lui, est tendu comme un arc, admire secrètement le pouvoir étonnant que Petiot possède sur lui-même. Parvenir à une telle détente de chacun de ses muscles, contrôler à ce point ses nerfs, lui semble tenir du prodige.

Nézondet est sûr que si Petiot qui risque, il vient de le lui dire, douze balles dans la peau, voulait s'endormir, il y parviendrait sur-le-champ.

— A quoi penses-tu? demande-t-il pour dire quelque chose.

Petiot hausse un sourcil, ouvre la bouche comme pour parler puis il se ravise.

Avant ce saut dans l'inconnu d'où il risque fort de ne jamais revenir, Petiot, à la vérité, se demande ce que les Allemands savent exactement sur lui.

Des noms dansent dans sa tête qui font surgir des visages : Guschinow, Jean-Marc Van Bever, Marthe Khaït (quand on s'appelle Fortin et que c'est l'Occupation, quelle idée idiote de s'affubler d'un nom pareil!), Denise Hotin, le docteur Braunberger, les Kneller, tous les salauds : Jo-le-Boxeur, François-le-Corse, Adrien-le-Basque, leurs putes, la Kahan et ses Allemands déguisés en Juifs pourchassés, et pour finir Yvan Dreyfus...

Très vite, Petiot détermine quelle va être sa stratégie. Tout nier, ou plutôt ne rien savoir. Il n'y a que lui qui puisse rassembler tous les morceaux du puzzle dans lequel toutes ces personnes ont joué un rôle. Monsieur Loyal de ce cirque, lui seul sait ce qui s'est vraiment passé de l'autre côté du miroir.

Il y aurait bien des manières de raconter sa vie au passé depuis qu'il a acheté la rue Le Sueur. Laquelle serait la vraie?... Celle-ci? ou une autre?

CHAPITRE 5

L'AUTRE VIE
(Septembre 1941-mai 1943)

Guschinow jugeait d'autant plus commode de se faire soigner par le docteur Petiot qu'il trouvait son voisin sympathique. C'était avant tout une question de personnalité — Guschinow appartenait à cette catégorie de patients rêvés que guérit déjà à demi la prise en charge affective par un médecin bienveillant, rapide et autoritaire — mais il avait autre chose. Petiot était loin d'être antisémite et il le prouvait. Petiot n'avait peur ni des Allemands, ni des collaborateurs. Il avait une manière bien à lui de traverser la rue à grandes enjambées, en faisant déjà de grands gestes d'amitié depuis l'autre trottoir. Puis il entrait en coup de vent dans la boutique, chatouillait le menton de l'employée, donnait une grande tape dans le dos de l'associé de Guschinow, M. Guédo, et serrait chaleureusement la main du fourreur. Tout le monde avait le sourire, oubliait la guerre, l'Occupation, les restrictions, les arrestations, les disparitions, les attentats, les interrogatoires.

— Ah, vous, alors, Docteur! disait Guschinow. On peut dire que vous êtes un ami de la joie!

Il faisait un froid de loup. Le ciel, les murs, les pavés, les gens, les choses de la terre et les choses du ciel, tout était grisâtre comme l'uniforme allemand.

— Alors, plaisantait rondement Petiot. Cette piqûre, je vous la fais à la fesse ou à l'improviste?

Avec de grands gestes de magicien, un instant souriant, un instant menaçant, il fixait son aiguille au bout d'une seringue et, dans un dernier éclat de rire général, passait dans l'arrière-boutique à la suite de Guschinow.

Pourtant, la maladie de Guschinow n'était pas drôle. Elle était même honteuse. Ce sont des choses qui arrivent. D'être un Israélite Polonais extrêmement soigné de sa personne ne changeait rien à l'affaire. Mais personne n'était au courant. Guschinow aurait donné sa tête à couper que le fringant médecin du 66 ne trahirait pas le secret. La confiance régnait, dans l'estime réciproque et la bonne humeur.

L'été précédent, le camp de Drancy avait été rempli d'Israélites. Puis, à Noël, les Allemands en avaient fusillé quarante, comme ça, pour faire peur aux autres. Ils avaient réussi. En cette fin d'année 1941, Guschinow ne vivait plus.

Le Dr Petiot ne venait pas tous les jours au magasin de fourrures. Le plus souvent, c'était Guschinow qui passait son pardessus à col de velours, nouait son « cache-nez » — c'était bien le mot qui convenait — coiffait son chapeau, traversait la rue et montait chez le médecin pour recevoir sa piqûre. Il y avait toujours du monde dans la salle d'attente, mais le docteur avait le chic pour vous donner l'impression de vous faire passer avant votre tour, alors qu'on attendait autant que les autres.

Et ce qui devait arriver arriva. Un beau jour, Guschinow avait confié son angoisse à Petiot comme un petit garçon effrayé s'accroche aux basques d'un adulte fort et chaleureux.

Il y avait de plus en plus de rafles, de crimes raciaux, de disparitions, de départs en wagons à bestiaux. Les Allemands devenaient de plus en plus nerveux, à cause sans doute du front de l'Est. Et lui, Joachim Guschinow se sentait de plus en plus Juif. Chaque fois qu'une traction-avant freinait dans la rue Caumartin, il sursautait, avalait sa salive. Il imaginait les sbires en chapeau mou, le départ pour « vérifications » sans retour, le froid, la faim, la maladie, la torture, la mort. Tout ce qu'il avait réussi à construire jusqu'ici en dépit des pires difficultés s'effondrerait alors. Tout le monde avait des poux, à Drancy. Tout le monde toussait et se grattait. Guschinow en avait déjà des haut-le-cœur.

— Mais oui, dit Petiot. Vous avez raison! C'est une excellente idée! Prenez l'initiative! Vous m'entendez? L'initiative! Il n'y a que ça de vrai! Filez, mon vieux, je vous y aiderai, vous allez voir!

Quand le Dr Petiot lui parlait comme ça, Guschinow ne sentait même pas la piqûre. Son traitement nécessitait une injection quotidienne. Guschinow avait donc toutes les occasions voulues pour remettre la question sur le tapis, jour après jour, dans le cabinet de Petiot ou à la boutique.

Un soir, il annonça à sa femme :

— Chérie, on part! Le Docteur s'occupe de tout!

Malgré ses airs de timide effarouchée, la petite blonde potelée qu'était Mme Guschinow avait la tête bien posée sur les épaules. Peut-être aussi avait-elle moins peur que son mari. Quoi qu'il en soit, elle demandait à voir. On ne l'embarquait pas aussi facilement. Au fil des jours, elle dut se rendre à l'évidence. Le docteur s'occupait de tout et Guschinow du reste. Le départ se préparait bel et bien.

Guédo, l'associé, fut lui aussi mis dans le secret. Et pour cause : Guschinow lui revendit sa part de l'affaire. 75 000 francs 1941 (environ trois millions de francs légers actuels). Guschinow lui expliqua que le Dr Petiot dirigeait une organisation de « passage ». Décidément, quel type, ce Petiot! Un véritable héros de roman, mieux, de film! Le médecin débordé, généreux, qui vous soigne au moral comme au physique, et qui ne vous juge pas, à qui on peut donc tout dire avec la certitude qu'il cherchera à vous venir en aide, et qui trouve encore le temps d'avoir une glorieuse, dangereuse et infiniment utile vie secrète! Et avec cela, désintéressé...

— Ça vous coûtera 25 000 francs, avait-il dit à Guschinow. Et surtout, n'allez pas croire que c'est cher. Vous n'imaginez pas ce que ça coûte, par les temps que nous vivons, la liberté. Les intermédiaires se régalent. Si vous saviez le prix que coûtent les faux papiers, vous n'en reviendriez pas... Il y a des gens qui s'engraissent sur le dos des malheureux. Et des gens haut placés, qui plus est, qui n'arrêtent pas pour autant de faire des discours de morale politique! Enfin!... Vous serez bientôt en Amérique du Sud, vous y ferez fortune. Vous oublierez tout ça, vous m'oublierez...

— Ah, Docteur, je...

— Vous m'avez bien compris, n'est-ce pas? Vendez tout. Convertissez tout votre avoir en bijoux, papier-monnaie, lingots d'or, tout ce que vous voudrez. Je prends personnellement la responsabilité de faire parvenir ce petit trésor à destination.

Guschinow était radieux : ainsi, l'occasion lui était donnée de prouver, lui (de la même façon que le docteur prouvait par ses actes qu'il n'était pas antisémite), qu'il lui vouait une confiance absolue.

Il était convenu que Guschinow partirait en premier, et qu'il ne ferait venir sa femme qu'une fois installé à Buenos-Aires.

— A partir du moment où vous aurez disparu de la circulation, il faudra que vous passiez encore trois jours à Paris avant le départ. Je vous logerai. Pas ici, bien entendu... Avec les bonnes, ma femme, la clientèle, ce n'est pas possible... Vous logerez dans un endroit où je compte installer une clinique après la guerre. Une pièce toute spéciale vous y attend. Vous y serez comme un coq en pâte. Je m'occuperai de vous. Il y aura encore mille petites choses à faire. C'est que cela se prépare minutieusement, une telle affaire. Comme un crime parfait, en quelque sorte ! Et pour atteindre à la perfection, il faut vraiment s'efforcer de penser à tout ! Mais rassurez-vous, on y arrive, on y arrive, il suffit pour cela d'être un peu plus intelligent que tout le monde. Ce n'est pas si difficile. Je vous remettrai vos papiers, je vous donnerai toutes les directives pour le voyage.

— Oui, Docteur.

Le jour du départ, ou plutôt de la « disparition de la circulation » fut fixé au 2 janvier 1942. Jean Guédo aida son compère à boucler ses valises.

— Vous voyez, lui expliqua Guschinow en lui montrant son linge de corps, le docteur pense à tout : il a bien recommandé que mon linge ne soit pas marqué. Ma femme a décousu toutes les initiales.

Guschinow disait cela avec le sourire, non sans une certaine fierté un peu naïve. Jean Guédo s'abstint de lui dire que cela évoquait pour lui les cadavres que l'on retrouve au fond des fleuves, une pierre au cou, sans aucune marque distinctive.

— Voyez, poursuivit Guschinow, des brillants, des perles, des montres. Il y en a pour deux millions, négociables absolument n'importe où. Mais de toute façon j'ai aussi des dollars : deux billets de cinq cents, cousus dans mes épaulettes.

Il emportait aussi cinq magnifiques peaux de zibeline, pour ouvrir une boutique en Argentine.

Mme Guschinow accompagna son mari jusqu'à l'Etoile. Il lui avait dit qu'il avait rendez-vous rue Pergolèse, entre l'avenue Foch et l'avenue de la Grande-Armée. Et ce fut là qu'ils se quittèrent, au coin d'une autre petite artère un peu triste et très bourgeoise : la rue Le Sueur.

Au bout de deux mois, en mars 42, comme elle était

toujours sans nouvelles de son mari, Mme Guschinow traversa la rue et monta chez le Dr Petiot. Il lui annonça que son époux avait finalement réussi à rejoindre Buenos-Aires, via Dakar, et il ajouta qu'il se demandait bien pourquoi elle ne prenait pas le même chemin.

— Mais enfin! argua timidement la petite dame blonde. Pourquoi ne m'écrit-il pas? Pourquoi me laisse-t-il sans nouvelles?

En un certain sens, le sujet était un peu délicat.

— Parce qu'il ne veut pas mettre votre vie en danger. Mais à moi, il a écrit. Vous tombez bien, je viens de recevoir une lettre qui vous est destinée. Tenez, attendez, où est-ce que je l'ai mise? Voici!

Et de lui remettre une lettre de Guschinow en précisant :

— Elle vient d'arriver... Vous voyez, il habite l'Alvear Palace Hôtel à Buenos-Aires.

D'une écriture tremblée, malhabile, pas difficile à lire mais fatigante, Guschinow écrivait à sa femme : *Suis arrivé. Ai été malade pendant la traversée mais suis parfaitement guéri. Tu peux venir.*

Mais Mme Guschinow, pour des raisons qui ne concernent qu'elle, avait décliné cette invite sibylline. Elle revint plusieurs fois demander des nouvelles de son mari à Petiot qui continuait à servir de boîte-à-lettres. Elle en eut. Mais chaque fois que celui-ci l'avait engagée à rejoindre son mari, elle avait refusé :

— La boutique, disait-elle, qui gardera la boutique?

Par un triste jour de février 1942, les inspecteurs de la mondaine effectuèrent une banale descente, sur renseignements, dans un meublé du XXe arrondissement : ils embarquèrent une prostituée et son souteneur : Mlle Jeanne Gaul et M. Jean-Marc Van Bever.

A vrai dire, « souteneur » était un bien grand mot pour un pauvre lascar de quarante ans au physique de cancre prolongé : oreilles décollées, cheveux en bataille, nez en l'air, regard à la fois trop brillant, trop fixe et trop vague. Fils de famille honorable et cultivée (son père fréquentait Paul Léautaud et dirigeait une collection littéraire chez un éditeur parisien), il avait fini comme livreur de charbon et vivait en meublé avec une ancienne prostituée complètement intoxiquée. Dès qu'on l'avait interrogé, il avait déclaré que Jeanne Gaul se fournissait chez cinq médecins différents — il donna les noms — dont le docteur Petiot, chez qui il lui était arrivé d'accompagner sa maîtresse.

En insistant, en l'aidant à faire un effort de mémoire, on l'amena à préciser, notamment, que le docteur Petiot avait récemment délivré cinq ordonnances de chlorhydrate d'héroïne à ladite Jeanne Gaul en l'espace de vingt-deux jours, plus deux ordonnances semblables au nom de Van Bever, par complaisance, quand l'ancienne prostituée avait traîné le charbonnier rue Caumartin. Il fit remarquer en toute objectivité que la troisième fois cela n'avait pas marché : le docteur avait refusé. Il ajouta enfin que ce dernier ne prenait vraiment pas cher : cinquante francs [1].

— La malade, avait déclaré Petiot, m'a présenté M. Van Bever comme un grand intoxiqué. Cela n'était pas pour m'étonner, monsieur le Commissaire, étant donné qu'ils vivaient ensemble. Vous connaissez le prosélytisme des intoxiqués. Sans doute voulaient-ils s'aider mutuellement à s'en sortir. En tout cas, c'est ce que je me suis dit. Ils m'ont eu deux fois de suite. Mais pas trois!

— Ça c'est passé comme dit le docteur, avait affirmé

[1] Environ vingt francs actuels.

Jeanne Gaul, (non sans une certaine noblesse, prenant ainsi tous les risques pour elle).

Van Bever renchérit :

— Je me rappelle que j'ai été très surpris quand mon amie a dit au docteur que j'étais un intoxiqué. Mais je n'ai rien dit. J'ai laissé faire l'ordonnance.

Cela aurait pu se passer bien plus mal. Mais, de toute façon, Petiot ne s'étonnait que lorsque les choses ou les gens lui résistaient. Il traversait la vie aussi rapidement qu'il le pouvait mais sur des rails. Quand son affaire avait mal tourné, à Villeneuve, il avait considéré cela comme un accident de parcours, pas plus. Petiot faisait face à tout. Il se demandait d'ailleurs ce que la police pouvait bien comprendre à la condition physiologique d'un intoxiqué? Rien. Que signifiait pour elle l'état moral d'une pauvre fille comme Jeanne Gaul ou d'un malheureux comme Jean-Marc Van Bever? Rien. Il ne laisserait personne le prendre, lui, Petiot, pour un petit médecin marron avide de billets de banque sans odeur. Il avait quarante-cinq ans, en 1942. Il n'avait pas atteint cet âge pour se laisser prendre en faute comme un petit garçon.

Seulement, un mois plus tard, dans le bureau du juge d'instruction Olmi, lors d'une nouvelle confrontation, Van Bever était revenu sur sa première déclaration :

— J'ai dit au docteur que je n'étais pas moi-même un intoxiqué, monsieur le Juge!

Et Jeanne Gaul lui emboîta aussitôt le pas :

— Le docteur savait très bien que les deux ordonnances étaient pour moi, monsieur le Juge!

Bien entendu, Petiot prit la chose de très haut. Entre la parole d'une épave humaine et celle d'un médecin brillant et dévoué, libre au juge de choisir...

— Vous maintenez cette dernière déclaration? demanda le juge Olmi à Van Bever. Vous la maintiendrez devant le

Tribunal correctionnel? Vous savez que vous accablez le Dr Petiot, et que votre attitude est lourde de conséquences?

— Je sais! Je maintiens! cria Van Bever en fixant le médecin.

Tout le monde fut inculpé, mais, seule, Jeanne Gaul resta en prison : le 15 mars, Van Bever était remis en liberté provisoire. Il décida de retourner vivre dans son ancien meublé, tout seul. Pas tout à fait, car il savait qu'il retrouverait là, sinon un ami, du moins un camarade de travail, du nom de Papini. Une fois débarbouillés de toute leur poussière de charbon, ils se retrouvaient le soir au café-bar de l'hôtel.

C'est ainsi que, le 22 mars, alors qu'ils buvaient un verre ensemble, quelqu'un vint demander Van Bever. Ce dernier se leva et alla discuter au comptoir avec un homme assez fort, bien rasé, âgé de quarante-cinq ans environ, et qu'on n'avait encore jamais vu à Belleville. Mais Van Bever le connaissait, indubitablement. Papini vit les deux hommes tenir conciliabule. Puis son camarade revint vers lui en prenant un air un peu gêné, celui du lâcheur. Pardessus la table, Van Bever posa la main sur l'épaule de Papini :

— Il faut que je m'en aille, vieux. Je dois accompagner ce gars-là. Tu m'excuses, hein, mais c'est le mari d'une amie de Jeannette, tu sais, il doit lui faire passer une lettre...

— Je comprends... avait dit Papini.

Van Bever quitta immédiatement le bar avec ce « mari d'une amie de Jeannette ». Son copain dut rechercher une autre compagnie pour passer la soirée.

Le lendemain aussi.

Van Bever n'était pas venu au travail et n'avait pas reparu à l'hôtel. Il n'avait pas couché dans sa chambre. Sa clé n'avait pas bougé du tableau. Etonné, inquiet peut-être, Papini avait décroché la clef et s'était rendu dans la chambre de Van Bever. Et là, il avait constaté que son camarade avait laissé toutes ses affaires. Il n'avait rien emporté, pas même son tabac. Un grand fumeur, comme Van Bever, ne serait jamais parti sans avoir emporté son tabac. Il se roulait, avec une grande facilité d'ailleurs, au moins trente cigarettes par jour. Tout cela était bien bizarre.

Papini attendit tout de même quatre jours avant de réagir. Quelque chose lui disait que son ami n'avait aucune raison de ne pas revenir à l'hôtel et de ne pas reprendre son travail. Quatre jours, c'était trop long pour le genre de bonne fortune auquel pouvait s'attendre le pauvre diable. Trop long pour une cuite également. Et si Van Bever avait simplement voulu lever le pied en l'absence forcée de sa concubine, il n'aurait peut-être prévenu personne mais il aurait emporté son tabac. Rien d'autre, d'accord, mais son tabac. C'était de l'or, en 1942, du tabac... Il valait encore plus cher que le charbon. Papini écrivit au Procureur de la République pour lui signaler l'étrange disparition du citoyen Van Bever, Jean-Marc.

Ce même 26 mars, quelqu'un se présenta chez Me Pavie, l'avocate de Jeanne Gaul, et déposa deux lettres signées « Jean-Marc Bever ». Dans l'une, celui-ci demandait à Me Pavie de prévenir son propre avocat qu'il n'avait plus besoin de ses services. Ce dernier, à qui fut transmise cette lettre, ne reconnut pas l'écriture de son client. L'autre lettre était destinée à Jeanne Gaul : *A présent que je pars, tu dois dire la vérité : je suis un toxicomane moi aussi, à quatre ampoules par jour.*

Van Bever fut activement recherché, tant à Paris qu'en province, tant dans les milieux de la drogue et de la prostitution que dans les hôtels et les hôpitaux. En pure perte. Lorsqu'on interrogea Petiot, celui-ci déclara qu'il ne l'avait jamais plus rencontré après la confrontation. Il n'était pas le seul d'ailleurs. Nul n'avait revu Jean-Marc Bever...

Allez donc savoir pourquoi nul ne revit non plus jamais Madame Khaït, née Marthe Fortin...

Elle disparut le 25 mars 1942, c'est-à-dire trois jours après Van Bever. Et sans crainte de se tromper on aurait pu affirmer qu'ils n'étaient pas partis ensemble. Quoiqu'ils se soient trouvés dans la même situation vis-à-vis de la police : des ordonnances de produits stupéfiants avaient été délivrées à leur nom par le Dr Petiot...

Mme Khaït était « mécanicienne en confection ». Elle devait ce dangereux nom israélite qu'elle portait à son troisième mari, David Khaït, « tailleur en chambre ». Ils habitaient rue de la Huchette à deux pas du boulevard Saint-Michel. Elle avait un fils et une fille, de deux précédents mariages : Fernand Lavie et Raymonde Baudet.

C'est Raymonde qui se droguait et qui, sous le nom de Khaït, se faisait délivrer des ordonnances par le Dr Petiot, sous le prétexte d'une cure de désintoxication.

Déjà deux fois condamnée, à vingt-neuf ans, pour usage de stupéfiants, Raymonde Baudet ne plaisantait pas avec son approvisionnement en délictueuses mais délicieuses ampoules injectables. Le jour où le Dr Petiot lui refusa son ordonnance, ce fut la panique.

Petiot avait peut-être estimé prudent de mettre un frein à sa complaisance envers les toxicomanes. Il demeurait certes partisan d'une médecine fonctionnelle, mais l'histoire Van Bever ne lui laissait présager rien de bon. En ce début de mars 1942, alors qu'il devait déjà convaincre le juge Olmi de sa bonne foi, il lui fallait prendre en considération, de gré ou de force, l'empiètement des agissements de la police sur le domaine de la chose médicale. Ce fut à la cinquième visite de Mlle Baudet qu'il refusa catégoriquement de jouer plus longtemps les pourvoyeurs.

Raymonde se précipita chez son amant, un certain Desrouët. L'état de manque de Raymonde ne souffrait aucune bonne parole, aucun ajournement.

— Tu vas voir, dit Desrouët, c'est facile, je connais un produit, attends-moi une minute.

De fait, il ne mit pas longtemps à se procurer ce produit-miracle : du Corrector. Desrouët trafiqua une ancienne ordonnance de Petiot prescrivant un somnifère que Raymonde n'avait même pas pris la peine d'aller acheter; il effaça le mot *Sonéryl* et le remplaça par *14 ampoules de chlorhydrate d'héroïne*.

— Et voilà le travail!

Raymonde courut à la pharmacie et se retrouva au commissariat, puis en prison. Elle passa des aveux complets et fut inculpée de trafic de stupéfiants. Complets et davantage car, sans doute dans l'intention d'alléger les charges qui pesaient sur elle, elle déclara que les ordonnances délivrées par Petiot au nom de Khaït étaient à la vérité destinées à sa mère, gravement intoxiquée elle aussi.

C'est par le pharmacien que Petiot avait appris l'affaire. Elle le mit hors de lui. Maquiller une ordonnance! Vraiment les intoxiqués se croyaient tout permis. Où allait la France?... Il avait descendu l'avenue de l'Opéra à toute allure. Et à midi et demie, il sonnait au domicile de la mère, rue de la Huchette.

— Je suis le docteur Petiot!

On lui avait ouvert aussitôt. Il y avait là le fils, Fernand, le mari David et Mme Khaït. Ils ne connaissaient pas le Dr Petiot mais savaient que Raymonde se faisait « suivre » par lui. Et qu'elle venait de se faire arrêter. L'atmosphère était au tragique. Le docteur leur fit les gros yeux :

— Comment! J'ai fait tout ce que je pouvais pour votre fille et voilà ma récompense! Ah, mais ça ne va pas se passer comme ça! Et d'abord, on va lui trouver un avocat, à cette petite! Ah, ne discutez pas, hein! Je prends tous les frais à ma charge.

Incorrigible. Il fallait toujours qu'il prenne tout le monde sous son aile. Mais dans ce rôle-là il demeurait irrésistible, inégalable.

La famille Khaït ne comprenait rien à cette histoire d'ordonnances. Petiot expliqua que la seule façon d'aider Raymonde consistait à admettre que Mme Khaït, elle aussi, se droguait, ou du moins qu'elle était malade et usait de stupéfiants. Bref, que les ordonnances à son nom étaient bien pour elle et non pour sa fille.

— Mais ce n'est pas vrai! dit la mère, une main sur le cœur, de plus en plus catastrophée.

— Non, ce n'est pas vrai, reconnut Petiot avec un sourire grave et profondément humain. Il vous faudra mentir, madame, si vous êtes appelée à témoigner devant la police. Dans l'intérêt de votre fille...

Le mari n'en menait pas large. Il était israélite. Qu'il dise la vérité ou qu'il mente, la police n'était pas de son côté.

Quant au fils, toute cette affaire en général l'exaspérait et ce médecin en particulier. Mais il n'osait trop rien dire.

— C'est entendu, docteur, balbutia au bout d'un moment Mme Khaït. Je dirai que c'était moi.

— Je ne sais pas si l'on vous croira sur parole, reprit doucement Petiot. Vous comprenez, c'est leur métier de ne pas croire les gens. Mais nous allons remédier à cela.

Chez Petiot, l'homme autant que le médecin adoraient « remédier ». Tout s'arrange dans la vie, si on le veut bien.

Et puis, encore une fois, cela lui donnait le bon, le beau rôle. Il « savait ». Il « sauvait ».

— Mais comment, docteur?

— J'ai apporté ma trousse, vous voyez. Je vais vous faire quelques piqûres sans injection. Ainsi, vous aurez les marques. C'est là-dessus que se base la police en matière de toxicomanie.

Déjà, il imbibait un coton d'alcool. Mme Khaït ne devait-elle pas en passer par là — une espèce de sacrifice physique — pour sauver sa fille? Ce fut presque une cérémonie. Elle et le Dr Petiot passèrent dans une pièce voisine, laissant les deux autres hommes se morfondre dans un curieux sentiment de culpabilité.

Après le départ du médecin, le fils, Fernand se rebella.

— Maman, jamais tu n'aurais dû écouter ce type. De quel droit il nous donne des ordres?

— Tais-toi, Fernand. J'ai déjà fait beaucoup pour ta sœur, c'est vrai, mais je ferai encore cela.

Cependant, dans la dizaine de jours qui suivit, Mme Khaït sembla moins désireuse de se faire passer pour une droguée devant la loi. Elle alla se confier à son médecin habituel, le Dr Trocmé, qui examina les petits points rouges des piqûres fictives et conseilla vivement à sa cliente de dire toute la vérité au juge d'instruction et, surtout, rien de plus.

Quand Fernand revint voir sa mère, elle lui avoua qu'elle avait changé d'idée. Elle ne comptait pas suivre les directives du Dr Petiot.

Pourtant, à d'autres moments, elle avait peur pour sa fille; davantage que pour elle-même. Elle se disait qu'il fallait faire quelque chose au lieu de s'en remettre aveuglément aux décisions de la police ou de quiconque décidait de garder Raymonde en prison ou de la libérer. Seulement il lui fallait un culot qu'elle n'avait pas. Le Dr Petiot avait beau trouver cela tout simple, elle savait bien que le moment venu de montrer son bras aux inspecteurs, elle flancherait.

Un soir, elle eut une idée :

— Si je pouvais partir en zone libre, dit-elle à son mari, cela pourrait arranger bien des choses, pour Raymonde...

— Toi, dit David Khaït, je parie que tu as revu le Dr Petiot !

— Mais non, je t'assure...

— Oui, eh bien il n'en est pas question ! Tu ne vas pas te lancer sur les routes parce que Raymonde a fait des bêtises, quand même ! C'est insensé. Tu ferais mieux d'écouter le Dr Trocmé.

Ce fut Petiot qui revint rue de la Huchette. Il était furieux. Il venait de recevoir une lettre de Raymonde Baudet, dans laquelle celle-ci lui reprochait les piqûres fictives faites à sa mère. Une fois de plus, il pouvait entonner le même refrain : « J'essaie de vous venir en aide, et voilà ma récompense ! » D'autant plus qu'il avait bien notifié à Mme Khaït de ne mettre sa fille au courant sous aucun prétexte. La mère fut donc obligée de se laisser réprimander sans mot dire. Petiot repartit aussi vite qu'il était venu, en claquant la porte.

Deux jours plus tard, c'est-à-dire le 25 mars, vers sept heures du soir, Mme Khaït s'habilla pour sortir, à la grande surprise de son mari.

— Il faut que j'aille voir le Dr Petiot. Il m'a dit de venir, et qu'on irait chez l'avocat de Raymonde. Ça ne va pas être long, ne t'inquiète pas. J'ai mis le couvert. Je laisse la lessiveuse sur le feu.

Elle n'emportait aucun papier d'identité, aucun argent, aucune carte d'alimentation. Eût-elle fumé qu'elle eût probablement laissé son tabac...

Et David Khaït se retrouva dans la même situation que Papini trois jours plus tôt, à cette différence près que ce n'était pas un camarade de travail qui le laissait en plan, mais sa femme. Ce soir-là, elle ne rentra pas coucher rue de la Huchette.

Le lendemain matin, alors qu'il s'apprêtait, la mort dans l'âme, à se rendre au commissariat, il découvrit une grande enveloppe glissée sous la porte. Elle contenait deux lettres, l'une pour Fernand, l'autre pour lui. Marthe leur demandait à tous les deux de ne pas s'inquiéter : elle partait en zone libre pour échapper au tracas de la police (qu'il ne fallait donc pas prévenir). Elle ajoutait pour son mari qu'elle avait réellement usé de stupéfiants sans le lui dire, « pour calmer des douleurs de cœur ».

Ces lettres impressionnèrent David Khaït, car il était convaincu que sa femme les avait apportées elle-même. D'une part, la porte cochère était très difficile à ouvrir, la nuit, à qui ne la connaissait pas. D'autre part, le chien n'avait pas bronché, alors que d'habitude il aboyait chaque fois que quelqu'un passait devant leur porte. Il n'alla donc pas trouver la police.

Il attendit quelques jours avant de se rendre chez le Dr Petiot, qui se montra aussi étonné que lui :

— Non mon vieux, non, je n'ai pas revu votre femme depuis le 25 mars ; c'est la veille, le 24, qu'elle est venue me voir. Cela dit, je savais qu'elle comptait passer en zone libre, en dépit de tous mes conseils. Comme elle ne savait pas très bien où aller, je lui ai donné l'adresse de cousins à moi, dans le Cantal. Je vais leur écrire. Je vous tiendrai au courant.

Peu après, on apprit par Me Veron, l'avocat choisi par Petiot pour défendre Raymonde Baudet, que le lendemain de la disparition de Mme Khaït, le 26 mars, une femme était venue déposer chez lui deux lettres — une pour lui, l'autre pour Mlle Baudet — et une somme de 300 francs[1] « pour

---

[1] Environ 120 francs actuels.

complément d'honoraires ». La domestique qui avait reçu cette femme disait avoir reconnu Mme Khaït.

Le 26 mars, c'était aussi le jour où un homme — qui pouvait être Van Bever — avait déposé également chez un avocat deux lettres dont le contenu innocentait Petiot.

Le 15 avril, David Khaït retourna voir le Dr Petiot. Celui-ci ne savait toujours rien de nouveau. Il lui remit 300 francs en lui demandant d'aller les porter à Me Véron, l'avocat de Raymonde.

Le 7 mai, la disparition de Mme Khaït fut enfin signalée aux autorités par son fils, Fernand Lavie. Le juge d'instruction chargé de l'affaire était encore M. Olmi, qui ne pouvait pas ne pas faire le rapprochement avec l'affaire Van Bever. On montra à Fernand Lavie l'une des lettres de ce dernier, en lui dissimulant la signature. Lavie déclara que la lettre de sa mère glissée sous la porte semblait être de la même écriture.

Une perquisition eut lieu chez Petiot, qui reçut les inspecteurs avec des sarcasmes mais les laissa faire leur travail.

On ne put rien retenir contre lui.

Le juge d'instruction eut ce mot : « Vous ne l'avez tout de même pas brûlée dans votre chaudière ».

Durant le mois de mai, David Khaït avait eu l'occasion de rencontrer de nouveau le docteur au Palais de Justice, et d'apprendre par lui que les cousins du Cantal n'avaient pas vu Mme Khaït.

— Et vous, cher monsieur, avez-vous eu de ses nouvelles? s'enquit amicalement Petiot.

Elle s'appelait Denise, elle était vendeuse chez Lancel, elle avait coiffé sainte Catherine. Une vraie petite parisienne des faubourgs. Et finalement, à vingt-sept ans, elle avait fait un beau mariage : aux premiers jours d'été de 1941, elle épousait M. Jean Hotin, gros cultivateur et fils du maire de La Neuville-Garnier, une bourgade de l'Oise. Aux premiers jours d'été de 1942, elle fit le voyage de Paris pour aller voir le Dr Petiot. Elle ne revint pas.

Il faut dire que bien trop tôt avant son mariage, elle s'était retrouvée enceinte. Quand ils furent mis au courant, peu après la cérémonie, le mari et les beaux-parents prirent très mal la chose et mirent Denise en demeure de se faire avorter. Ça coûterait ce que ça coûterait. Mais ce serait en tout cas moins cher que le déshonneur.

Début juillet 41, Denise et son mari se rendirent donc à Paris dans cette intention. Lui fit du tourisme et elle rechercha une faiseuse d'anges. Par une dame Mallard, âgée de quatre-vingts ans, elle obtint le nom d'un médecin : le docteur Petiot.

Là-dessus, le ménage Hotin rentra à La Neuville-Garnier et, quelques jours plus tard, Denise Hotin, seule, reprit le train pour Paris. Elle logea chez Mme Mallard, où Petiot vint la soigner, en principe d'une grosse bronchite ou d'une congestion pulmonaire, avec ventouses et enveloppements sinapisés.

Elle rentra sans histoires à La Neuville-Garnier avant la fin du mois de juillet 1941 et l'été passa lentement. Denise avait toujours aimé la campagne, mais de loin, dans ses rêves. Y vivre, c'était une autre histoire. On mangeait bien — elle engraissa vite — mais on ne pouvait pas faire autrement que d'être sale du matin au soir, et travailler, toujours travailler. Pas d'heure de sortie. Pas d'amoureux à la porte..., pas de cafés, pas de dancings, pas de boutiques, pas de boulevards. Denise avait le mal de Paris. Elle n'essaya même pas de s'intégrer. Il n'y avait rien de commun entre ces bouseux et elle. Dans le pays, les gens se mirent à l'appeler

« la Parisienne », d'un air qui en disait long. Les bruits commencèrent à circuler. Quand on eut assez dit que la Parisienne craignait sa peine et passait son temps à faire des embarras, on se mit à parler du voyage à Paris et de la machine à dégonfler les citrouilles. Pour la belle-fille du maire, ça marquait mal. Nouveau conseil de famille clandestin. Denise fut priée de retourner à Paris chercher un certificat de maladie. On ne sait pas si le maire comptait faire lire le papier par le garde champêtre pour laver de tout soupçon le linge sale de sa famille, mais selon l'instituteur retraité, Denise Hotin quitta La Neuville-Garnier nu-tête, avec ses habits de la semaine. Cela se passait le 5 juin 1942, juste un an après le mariage. La jeune femme devait se rendre chez le Dr Petiot pour lui demander de certifier par écrit qu'il l'avait soignée d'une bronchite en juillet 1941. Elle alla d'abord voir Mme Mallard. Puis, mystère. On ne retrouva ni son corps ni son âme.

Jean Hotin laissa passer tout l'été avant de s'inquiéter du sort de sa femme. Il alla à Paris, ne la trouva pas.

En 1945, grâce à une astuce juridique, il obtint son divorce. Cela tombait bien, il avait envie de se remarier.

Mme Braunberger, elle aussi, laissa passer tout l'été 42 avant de signaler la disparition de son mari, datant également du mois de juin. Ce n'étaient pas les raisons de Jean Hotin qui l'incitaient à attendre, mais celles de David Khaït. Le Dr Braunberger était israélite. Par suite des lois d'exception, il avait été frappé d'interdiction de clientèle à compter du 22 juin 1942. Vu son âge — soixante-six ans — il ne considérait pas cela comme une catastrophe capitale. Il se disait simplement qu'il prendrait sa retraite un peu plus tôt que prévu. Peut-être était-ce pour rassurer sa femme, car on sentait que les actes de discrimination suivaient une sourde progression et correspondaient à une volonté bien arrêtée d'aller jusqu'au bout.

Le 20 juin 1942 — deux jours avant l'entrée en vigueur de cette sinistre « mise à mort » professionnelle — le premier coup de téléphone de la matinée sonna à 8 heures et demie dans l'appartement du Dr Braunberger, rue du faubourg Saint-Denis. Ce fut le docteur lui-même qui décrocha; Marguerite Braunberger entendit son mari répondre en prenant des notes, comme d'habitude, sa serviette du petit déjeuner coincée sous le bras.

— ... Oui... oui... Rue Duret?... Oui... bien... d'accord, au métro Etoile... oui, à 11 heures précises...

Mme Braunberger connaissait presque tous les clients du docteur.

— Qui était-ce? demanda-t-elle machinalement.

— Je ne sais pas exactement. Je n'ai ni le nom ni l'adresse exacte. Mais cette personne doit me connaître, étant donné que nous sommes convenus d'un rendez-vous au métro Etoile, pour aller ensuite rue Duret, à deux pas de là.

La rue Duret est l'une des trois rues convergentes qui aboutissent avenue de la Grande Armée, près de l'Etoile. Les deux autres sont la rue Pergolèse (où le fourreur Guschinow avait quitté sa femme, le 2 janvier 1942) et la rue Le Sueur.

— C'est bizarre, ne trouves-tu pas?

— Ma chère Maguy, dit le Dr Braunberger en tapotant délicatement sa belle moustache grisonnante, ce n'est pas à quarante-huit heures de la fin de ma carrière que je vais commencer à m'étonner du comportement de mes patients... Allons! Soyons optimistes! Tu verras comme nous serons bien à la campagne!

Il n'avait jamais été question d'aller vivre à la campagne,

mais enfin c'est l'image que l'on se fait d'une belle retraite. C'est l'optimisme.

A 10 heures et demie, le docteur mit le beau chapeau chiné qu'il s'était fait faire sur mesures chez Gélot en 1937, et partit pour son rendez-vous. Même en plein mois de juin, il redoutait les refroidissements.

C'est ainsi qu'il franchit la porte de son appartement pour la dernière fois.

Une heure plus tard, un client et ami du docteur, Raymond Vallée, assureur-conseil, apporta un pneumatique qu'il venait de recevoir à son domicile. Mme Braunberger ne le connaissait pas très bien, mais ce fut elle qu'il demanda à voir.

« J'ai failli être arrêté et y ai échappé de justesse, disait le pneumatique. Prévenez ma femme que je ne rentrerai pas, qu'elle prépare deux valises, qu'elle y mette ce qu'elle a de plus précieux pour partir en zone libre puis à l'étranger. Je la ferai prévenir où elle pourra me rejoindre. Qu'elle ne dise rien à personne, qu'elle dise aux clients que je suis tombé malade en banlieue et n'ai pu rentrer. »

— Je ne comprends pas..., murmura Raymond Vallée. Je ne comprends vraiment pas pourquoi le Dr Braunberger m'a choisi pour remplir cette mission. Croyez, madame, que je...

Effectivement, ce n'était pas un ami intime de Paul Braunberger, dont la secrétaire devait dire par la suite : « Le docteur n'aimait pas beaucoup M. Vallée. Il le faisait toujours attendre très longtemps quand il venait en consultation. »

Le ménage Braunberger avait cependant été reçu chez les Vallée, rue Condorcet, en même temps qu'un autre médecin et sa femme qui venaient de s'installer à Paris : les Petiot. Georgette Petiot était une cousine de Mme Vallée. Les deux médecins avaient eu une conversation sur le traitement du cancer et Braunberger avait dit à Vallée, après le départ de

111

Petiot : « J'ai fait la connaissance d'un prodige ou d'un fou ! »

— Est-ce bien l'écriture du docteur? demanda Raymond Vallée à Mme Braunberger qui demeurait interdite, les yeux fixés sur la petite feuille de papier à ordonnances.

— Oui, oui, absolument... Je ne comprends pas non plus...

Elle ne déjeuna pas. Tenaillée par l'inquiétude, elle prépara deux valises, en s'éloignant le moins possible du téléphone. Elle fit renvoyer les clients qui attendaient la consultation de l'après-midi. Il ne se passa rien. La soirée et la nuit furent longues.

Le lendemain matin, au courrier, elle avait enfin une lettre personnelle de son mari, sur le même papier à en-tête :

« Ma chère amie, j'ai failli être arrêté. J'ai pu échapper à une arrestation et à tout ce qui s'ensuit. Nous ne pouvons nous revoir maintenant car cela serait dangereux. Tu dois être surveillée, par conséquent méfie-toi de tout, ne dis rien à personne. Je te ferai dire ce qu'il sera nécessaire de faire, il faudra sauver tout ce que l'on peut. Ecris des lettres pour prévenir de notre départ qui seront délivrées après notre départ. Je t'embrasse. »

C'était toujours son écriture, mais vraiment pas son style. Outre qu'il s'exprimait mieux que cela, il commençait toujours ses lettres à sa femme par : « Ma chère Maguy ».

Le 23 juin, nouvelle lettre péniblement déconcertante :

« Ma chérie, je n'ose t'écrire, ayant trop peur que mes lettres ne soient lues, sois courageuse, j'ai écrit à mon ami Vallée ce qu'il faut faire, laisse-toi conduire, prépare ton départ pour samedi prochain, ne dis rien à mon frère ni à personne, agis pour le mieux. A bientôt, je t'embrasse très fort. P.S. — Détruis toutes mes lettres ».

Elles étaient toutes timbrées du bureau de poste de la rue La Boétie, et toutes non datées.

Le 24 juin, Raymond Vallée se manifestait de nouveau

112

et communiquait à Mme Braunberger la lettre recommandée qu'il venait de recevoir :

« Mon cher ami, je sais que votre cousin qui est docteur a acheté un petit hôtel du côté de l'avenue du Bois, qu'il n'habitera qu'après la guerre, voulez-vous me rendre le service de tout arranger avec lui pour y faire transporter tout mon mobilier et tout ce qui est chez moi. Je compte sur votre obligeance pour que ce soit fait dans les quarante-huit heures. Je vous remercie ».

Mme Braunberger releva la tête, catastrophée.

— Il n'est pas question de tenir compte des instructions de cette lettre, dit-elle simplement.

— Je partage tout à fait votre avis, dit Vallée.

— Je vous remercie infiniment de votre attitude.

— Avez-vous prévenu la police?... Non?... Je comprends... Peut-être devriez-vous...

— Il y a quelque chose, en particulier, que je ne m'explique pas, Monsieur Vallée, dit Mme Braunberger. Comment mon mari connaissait-il l'existence de cet hôtel près de l'avenue du Bois?

— Je ne sais pas. Je ne lui en ai jamais parlé. Je n'avais aucune espèce de raison à cela. Je suis l'assureur du cousin de ma femme... enfin, cousin par alliance... et je connais en effet cet immeuble. Mais je gère des dizaines et des dizaines de polices semblables, et il n'est pas dans mes habitudes de m'étendre sur la question. Mon métier exige de la discrétion.

— C'est inouï!...

Une semaine passa encore, sans lettres. Puis, le 30 juin, la femme de chambre des Braunberger prit une communication téléphonique.

— C'est pour donner des nouvelles du docteur, dit une voix d'homme assez bourrue. Je l'ai passé en zone libre, il était un peu dingo! Déjà dans le métro, il avait commencé à faire l'idiot, et au passage il a failli nous faire prendre. Alors que votre patronne se débrouille comme elle voudra, moi je ne la passerai pas! »

— Où est-il? demanda la femme de chambre. Où l'avez-vous laissé?

— Je l'ai mis en direction de l'Espagne et du Portugal.

— Venez donc, on vous dédommagera.

— Plus souvent que je viendrais! D'ailleurs j'ai une lettre de lui que je devais vous apporter, mais je préfère la mettre à la poste!...

Sur ce dernier point tout au moins, l'homme ne mentait pas : le lendemain 1er juillet, une lettre arriva, postée quai de Valmy :

« Ma chérie, suis la personne qui te remettra cette lettre, elle te donnera des instructions pour venir me retrouver. A très bientôt, je t'embrasse. »

Le 3 ou 4 juillet, la police allemande vint demander à la concierge de l'immeuble si elle avait comme locataire « un médecin-capitaine de l'autre guerre » (c'était le cas du Dr Braunberger). La concierge répondit qu'elle ne connaissait pas.

En septembre, Mme Braunberger se rendit au commissariat du quartier et signala la disparition de son mari.

Mais un Juif de plus ou un Juif de moins...

Margareth Kneller avait laissé toutes les fenêtres ouvertes. Au deuxième étage, on avait l'impression d'habiter dans les arbres de l'avenue du général Balfourier, artère très large et très courte entre le boulevard Exelmans et la rue Erlanger, tout près du Bois de Boulogne et du champ de courses d'Auteuil. René jouait avec son « Assemblo » sur le tapis.

Margareth chantonnait en préparant la machine à coudre. L'été, on semblait avoir moins faim. On se sentait moins accablé par les petites misères et les grandes angoisses.

Quand ils avaient fui le régime hitlérien, en 1933, Kurt et Margareth Kneller ne se doutaient pas que la domination nazie, ses outrances morbides et ses persécutions racistes, les rejoindraient si vite à Paris. Au début, la vie avait souri au jeune ménage de réfugiés israélites allemands. Ils avaient eu la chance de dénicher ce petit appartement, tellement agréable dans ce quartier calme et aéré. Kurt avait trouvé un bon emploi dans une firme d'appareillage électrique. Ils s'étaient fait des amis. Ils avaient eu un petit garçon pour lequel ils avaient obtenu la nationalité française. Ils essayaient de ne pas trop penser à l'Allemagne et à ce qui s'y passait. Il leur arrivait souvent d'éteindre la radio à l'heure des nouvelles.

En 39, Kurt n'avait pas hésité : il s'était présenté au plus proche bureau de recrutement de la Légion, et c'est dans les rangs français qu'il avait fait la drôle de guerre. Démobilisé en septembre 40, il avait retrouvé sa femme et son fils, âgé de quatre ans. Mais la vie ne souriait plus.

En cette belle et douce journée d'été, le 16 juillet 1942, Margareth Kneller préparait sa machine à coudre pour poser une étoile jaune à un veston de son mari.

Depuis son retour, depuis la victoire des Allemands, Kurt était repris par l'idée de fuir. Mais cette fois, ils passeraient de l'autre côté de l'océan. En Amérique, non seulement on avait le droit d'être israélite, mais cela vous valait, disait-on, le respect de vos voisins. Ce serait le seul moyen d'oublier, et de reprendre encore espoir et confiance.

Cela faisait plus d'un an qu'il cherchait une filière pour quitter clandestinement la France. Il voulait quelque chose de sûr. Et comme il ne roulait pas sur l'or, c'était difficile. Tout récemment, son médecin lui avait parlé d'un réseau. La possibilité d'un départ se précisait.

Margareth pensait à tout cela en s'installant à sa couture. Elle dut se relever car elle avait oublié la rallonge électrique. En passant devant la fenêtre, quelque chose attira son attention. Elle fit un pas en arrière, tout en se dressant sur la pointe des pieds, comme une personne qui désire voir, sans être vue, ce qui se passe en bas.

Le petit René avait sept ans et était déjà lourd, mais Margareth l'attrapa brusquement sous les bras, le souleva comme un paquet de linge et l'emporta. Elle lui mit la main sur la bouche pour l'empêcher de parler, tout en lui expliquant quelque chose à l'oreille. Le petit garçon sembla comprendre. En l'espace de quelques secondes la mère et le fils avaient quitté l'appartement — en refermant la porte sans bruit — monté un étage sur la pointe des pieds, sonné discrètement au troisième. La porte s'ouvrit assez vite. « Chut! » fit Margareth. En bas de l'escalier, on entendait la concierge parlementer avec des Allemands aussi corrects qu'autoritaires. Gestapo!

Mlle Roart fit prestement entrer chez elle ses voisins du dessous. Célibataire chaleureuse et dynamique, elle avait adopté les Kneller dès leur arrivée dans l'immeuble. C'était la marraine de René — car il avait reçu le baptême de la religion catholique.

Les deux inspecteurs de la Gestapo montèrent au deuxième, sonnèrent, patientèrent un petit moment, retournèrent voir la concierge, remontèrent avec elle et lui firent ouvrir la porte avec son passe. Ils entrèrent dans l'appartement mais ne s'y attardèrent pas.

Christiane Roart risqua un œil à la fenêtre pour les voir monter en voiture et filer. Déjà, Margareth téléphonait à Kurt. Il fallait partir coûte que coûte. Les événements se précipitaient. A la nuit tombée, Margareth se glissa seule hors de l'immeuble et alla retrouver son mari chez une autre amie qu'ils avaient dans le quartier, Mme Noé, 19 rue

Erlanger. Le lendemain, jeudi 16, Kurt Kneller prévint Mlle Roart qu'un homme, — un médecin — passerait la voir vendredi pour prendre des affaires, et il lui demanda de leur rendre le service de préparer des valises. Il lui demanda aussi de garder René jusqu'à samedi et de le leur amener alors chez Mme Noé.

Le vendredi matin, les époux Kneller allèrent séparément se faire faire des photos d'identité. Ils en avaient besoin pour les faux papiers que le médecin devait leur fournir et qui feraient d'eux un Belge et une Alsacienne. En revenant chez Mme Noé, Kurt rencontra un ami, M. Jorin, à qui il confia qu'il allait quitter la France avec sa famille, grâce à son médecin. Il devait partir dans la soirée du samedi, avec les bagages et les bijoux, sa femme et son fils suivraient le dimanche matin.

Des bruits terribles couraient depuis la veille. La grande rafle du Vel' d'Hiv' était en train de s'effectuer. Plus de douze mille Israélites arrêtés, parqués, évacués, condamnés...

Le vendredi après-midi, le médecin qui avait pris en charge les intérêts des Kneller sonna chez Mlle Roart. Elle lui avait préparé sept valises.

— Comment allez-vous emporter tout cela?

— J'ai un homme en bas, avec une voiture à bras. Je dois aussi emporter les meubles des Kneller.

— Mais ce n'était pas prévu! Il faudrait que vous vous adressiez à la concierge. Pour ma part, je...

— Bien, laissez, laissez, je reviendrai une autre fois...

Durant cette petite conversation, l'homme s'était assis sur un coin de chaise et avait pris René sur ses genoux. Il ne s'en serait pas fallu de beaucoup qu'ils ne se missent à jouer à « Je te tiens, tu me tiens, par la barbichette ». Ce médecin devait faire merveille avec les enfants.

Il s'en alla avec les sept valises contenant tous les biens des Kneller

Le samedi, vers dix-huit heures, Christiane Roart amena son filleul chez Mme Noé. Tout cela se passait dans une atmosphère lourde. Le petit René, lui-même, semblait par moments en proie à de graves préoccupations d'adulte.

A dix-neuf heures trente, le médecin vint chercher Kurt Kneller. Il ajouta encore au dramatique de la situation en déclarant avec des mines de conspirateur que Mme Noé devrait les suivre à vingt pas jusqu'au métro Jasmin, pour vérifier s'ils n'étaient pas eux-mêmes suivis par la police allemande. Mme Noé s'exécuta. Elle suivit les deux hommes jusqu'au métro Jasmin. A sa grande surprise, ils ne s'y engouffrèrent pas, mais continuèrent à remonter à pied l'avenue Mozart.

Le dimanche matin, Mme Noé sortit de chez elle pour essayer de trouver un peu de lait dans le quartier. Pendant son absence, le médecin vint chercher Margareth Kneller et le petit René.

Quelques jours plus tard, Mlle Roart revit le médecin. Il était venu jusqu'à l'avenue du Général-Balfourier avec sa voiture à bras. Il demanda à emporter les meubles. La concierge ne voulut rien savoir. Alors il se mit à gesticuler et à vociférer dans l'escalier.

— Je vous préviens ! Si je n'emporte pas les meubles, je ne fais pas passer les Kneller !

En fin de compte, on le laissa embarquer la literie. Il se radoucit un petit peu avant de s'en aller.

— Je leur ai interdit de vous écrire, lança-t-il à Mlle Roart, mais je suis sûr qu'ils le feront quand même !

Il est vrai qu'elle reçut une lettre signée « Margareth », une quinzaine de jours plus tard. Postée à Paris. Disant que M. Kneller avait été très souffrant, qu'elle-même se sentait très fatiguée, mais qu'ils espéraient pouvoir partir bientôt.

Mlle Roart brûla cette lettre.

Elle reçut ensuite trois cartes postales de Castres, d'où

« Margareth » écrivait — d'une petite écriture plus fine, plus serrée — que son mari ne se rétablissait pas très bien, et qu'il n'avait peut-être plus toute sa raison. D'autre part, l'enfant semblait constituer un sérieux handicap pour le passage de la frontière. Le cœur serré, Christiane Roart brûla les cartes.

Mme Noé en avait reçu une également, ainsi que M. Jorin :

« Monsieur, nous sommes partis très vite parce qu'il fallait, que mon mari est devenu malade. Je ne sais ce que nous deviendrions. Gardez-vous affaires mon mari parle toujours de vous mon bon... santé mais... Marguerite. »

En août 1942, on repêcha dans la Seine les membres dépecés d'un enfant de sept à huit ans. Un petit garçon, aux dires du Docteur Paul.

Charles Fourrier avait fait la connaissance de Petiot bien avant la guerre. Et tout ce qui datait « d'avant-guerre » était excellent ; les chaussures comme les amitiés.

Ils ne s'étaient pas perdus de vue car ils travaillaient à moins de cent mètres l'un de l'autre : Fourrier était posticheur rue des Mathurins — la fameuse rue des théâtres — qui coupe la rue Caumartin à la hauteur du Printemps.

Vieux Parisien d'une soixantaine d'années, Fourrier connaissait tout le monde, attrapait au vol tous les bruits qui couraient, histoire de les déformer un peu plus et de les colporter. Vers la fin de 1941, il avait raconté à Petiot l'histoire des lascars qui avaient essayé de franchir la ligne de démarcation en peloton groupé, sous prétexte d'une course cycliste. Les Allemands ne s'y étaient pas laissé prendre, et les téméraires de la petite reine avaient eu des ennuis à n'en plus finir. Petiot avait apprécié l'anecdote en talentueux pince-sans-rire. Puis, en décochant une bourrade à Fourrier :

— Blague à part, je connais un réel moyen de passer en zone libre, et de là, en Amérique... 25 000 francs, faux papiers fournis, tout compris.

— Tiens, dit négligemment Fourrier à Pintard, son vieil ami de vingt ans, je connais un médecin qui peut faire passer des gens aux U.S.A., le docteur Eugène. Je te dis ça, c'est un faux nom, évidemment.

Pintard avait eu son heure de gloire, à la Belle Epoque, sous le nom de Francinet, comme chanteur de café-concert. Il connaissait encore plus de monde que Fourrier, à qui il ne manquait jamais d'adresser les comédiens en mal de moumoute.

Dans ce petit bar de la rue de l'Echiquier, les enfants de chœur ne se bousculaient pas. Le badaud parisien non plus ne s'y aventurait guère. Non que ce fût un coupe-gorge, mais simplement un rendez-vous d'habitués aux allures assez avantageuses. On y rabattait volontiers le bord du chapeau, et les dames n'économisaient pas le rouge-à-lèvres.

Jo-le-Boxeur, par exemple. Il avait toujours porté beau, les femmes avaient toujours été très chic avec lui, mais depuis quelque temps, il semblait vraiment ne plus savoir que faire de ses billets de banque. Il en avait dans toutes les poches. On disait en riant beaucoup qu'il ne savait même plus où mettre son mouchoir. Il laissait dire, en arborant son bon sourire lumineux, juvénile en dépit de son visage massif et de son nez cassé.

On disait aussi, quand il n'était pas là, qu'il venait de faire un coup splendide avec Adrien-Le-Basque et Abel Danos : grâce à leurs cartes de police allemande, ils avaient effectué une brutale descente-éclair dans un château en Dordogne et mis la main sur un magot étonnant. Des dollars, des louis d'or à tire-larigot. Seulement ils avaient négligé d'offrir une part de gâteau à quelqu'un. Funeste erreur : la Gestapo cessait de les couvrir et la police française leur cherchait noise.

Jusqu'alors, en dépit d'une déjà belle carrière pour ses trente-quatre ans, Jo-le-Boxeur — de son vrai nom Jo Réocreux — vivait en bonne entente avec la maréchaussée. Vagabondage spécial, usurpation d'identité, vols et agressions, son casier judiciaire faisait de lui un authentique truand et donc un indicateur de choix. A cause de la prolifération des polices, engendrée par l'Occupation, Jo était protégé de toute part. Ce qui lui avait permis de protéger en toute quiétude ses deux flirts du moment, la bonne Claudia et Annette qui ne rendaient pas souvent la monnaie. Sa vraie régulière travaillait pour lui à Londres.

Mais voilà que le vent tournait. Une expatriation s'imposait.

— Tu vois, petit, dit-il un jour à Pintard (quand même âgé de cinquante-cinq ans), je sens qu'on me veut du mal, dans beaucoup d'endroits que je connais à Paris.

— Ne vous frappez pas, Monsieur Jo, vous savez bien comme les gens sont jaloux.

— Tu ne m'as pas compris. Il faudrait vraiment que je me natchave. Et loin, encore !

— Ah... (Pintard n'aimait pas trop jouer les confidents). Ne me dites pas que vous seriez en peine pour trouver une organisation de passage, Monsieur Jo !...

— Tu en connais, toi ?

— Ben... oui... Je connais un docteur qui vous fait passer en Amérique pour 50 000 francs. Très sérieux, paraît-il.

— Ça va. Prends-moi un contact. Il y aura quelque chose pour toi.

— Oh, Monsieur Jo...

C'est dans son salon de coiffure que Pintard-Francinet présenta Jo Réocreux à Charles Fourrier. Celui-ci l'emmena dans une autre pièce où il le présenta à Petiot.

En sortant de là, Jo le Boxeur faisait grise mine.

— Tu me fais un bout de chemin? dit-il à Pintard. (C'était un ordre.)

Ils prirent par la rue Auber. Jo marchait en regardant le bout de ses chaussures de croco.

— Alors tu as voulu me doubler, petit? dit-il entre ses dents. C'était 25 000!...

— Ah non, Monsieur Jo, je vous assure, il m'avait dit cinquante.

— On en reparlera. En tout cas, je ne voudrais pas être à ta place. Parce que lui aussi, il va t'en reparler! Il a un regard qui me fiche le trac, ton Dr Eugène!

Ainsi, Jo-le-Boxeur n'était pas très chaud pour confier sa chère personne au réseau du Dr Eugène. Il ne digérait pas cette contradiction entre ces manières de cave — refuser 25 000 francs de mieux — et ce regard, cette attitude, cette voix... Cet homme lui fichait le trac, de la même façon qu'il devait, lui, Jo, terroriser Pintard.

Mais il connaissait un autre garçon qui désirait partir. François Albertini, dit François-le-Corse, soi-disant croupier de cercle mondain, en fait souteneur. Jo le persuada de bénéficier le premier de l'organisation du Dr Eugène.

— Tu pars avec Claudia, je te suis avec Annette et ta femme, comme ça on est forcés de se retrouver à l'arrivée, il n'y a pas d'embrouille!

C'était correct. Rendez-vous fut pris avec Petiot, l'argent versé. Le premier départ eut lieu en août 1942. François Albertini et Claudia Chamoux (la plus âgée des deux drôlesses dévouées à Jo) dirent adieu à Paname.

Quelques jours plus tard, au bar de la rue de l'Echiquier, Pintard communiqua à Jo Réocreux une lettre sans enveloppe : d'une écriture laborieuse mais limpide, François Albertini assurait à son ami que toute la première partie du voyage s'était très bien passée. Rassuré, Jo prépara son propre départ, prévu pour septembre. Son problème, c'était de répartir sur lui un bon million et demi de francs [1]. Il s'arrangea ; il vissa des plaques d'or à l'intérieur des talons de ses belles chaussures.

Un beau soir, enfin, après avoir dîné au restaurant, Jo-le-Boxeur et Annette revêtus de leurs plus richissimes atours, se rendirent chez Fourrier, où devait les rejoindre l'autre prostituée appartenant à François-le-Corse. Et le Dr Petiot, alias Eugène, les prit en charge.

A quelque temps de là, Pintard rencontra Petiot, du côté de la Madeleine.

— Bonjour docteur ! Vous ne m'en voulez plus ? Je vous jure que je croyais que c'était cinquante mille !

— Allons, allons, n'en parlons plus !

Ils se serrèrent la main.

— Mais c'est la montre de Jo, que vous avez là, docteur !

Un chrono pareil, cela ne pouvait pas se confondre. D'autant moins que Jo en avait minutieusement expliqué le fonctionnement à Pintard. Il y avait des boutons-poussoirs de tous les côtés.

— Mais oui ! dit fièrement Petiot. Figurez-vous qu'il était si content de partir qu'il m'en a fait cadeau en souvenir. Elle est belle, hein ? Et elle ne bouge pas d'une minute par semaine, vous pouvez téléphoner à l'horloge parlante ! Allez, au revoir !

Décidément, Pintard ne comprenait pas ce qui pouvait intimider Jo-le-Boxeur dans le regard du Dr Eugène. Il était très sympathique, cet homme, en fin de compte. Et puis, un

---

[1] Environ soixante millions légers actuels.

de ces jours, on parviendrait bien à lui faire passer quelqu'un à cinquante mille, sinon à soixante-quinze. A son insu de préférence.

Il aimait beaucoup ces relations de bar, Pintard. On ne parlait ni politique ni affaires, ce qui laissait la porte ouverte à toutes sortes de possibilités.

Au mois d'octobre (1942), il fit une nouvelle connaissance, Henri Guintrand, dit le Marseillais, proxénète de son état. Ils furent tout de suite assez intimes pour que Pintard lui confie tout naturellement qu'il connaissait un réseau de passage en zone libre et en Amérique du Sud.

Une quinzaine de jours plus tard, dans un autre bar du faubourg Saint-Martin, Guintrand dit à Pintard, comme sans y penser, au cours de la conversation :

— Tiens, j'y pense, je connais un docteur qui a des amis qui connaît des gens qui voudraient passer en zone libre. J'aimerais vous le faire connaître, il vous plairait.

Le médecin en question vivait dans une chambre d'hôtel et avait une réputation d'avorteur et de receleur. L'amie en question était une Roumaine du nom d'Eryane Kahan. Elle fut mise en relation avec Pintard, puis avec Fourrier, puis avec Petiot. Il s'avéra qu'elle connaissait pas mal de gens désireux de passer la ligne de démarcation.

Tout d'abord les Wolff, Israélites allemands qui fuyaient les persécutions. Marcel et Lina et la mère de Marcel, Rachel. En 1933, ils avaient quitté Berlin pour la Hollande. En juin 42, ils s'étaient précipitamment réfugiés en France. Ils s'étaient cachés sous le nom de Valbert dans les hôtels pour ecclésiastiques du quartier Saint-Sulpice, jusqu'à ce qu'une bonne âme les ait adressés par l'entremise d'un dentiste à

Eryane Kahan et que celle-ci leur obtienne un logement dans
l'immeuble qu'elle-même habitait, rue Pasquier (à deux
minutes de chez Fourrier et de chez Petiot). C'était l'époque
qui voulait cela. On passait pour ainsi dire de mains en
mains, des inconnus vous prenaient en charge, on se réveillait
chez des gens qu'on n'avait jamais vus à la lumière du jour.
Dévouement, intérêt, racisme, générosité, délation, héroïsme,
on ne comprenait plus très bien. On risquait chaque fois le
tout pour le tout.

— Ces Valbert, demanda Petiot, ont-ils des biens à faire
passer?

L'entrevue Kahan-Petiot avait lieu chez Fourrier.

— Pas grand-chose, docteur, dit Eryane Kahan de sa
belle voix rauque aux intonations typiquement slaves. Suffisamment cependant pour faire face au prix du passage.
A eux trois, ils possèdent un peu plus de 150 000 francs [1].

— Comment cela, 150 000 francs? demanda Petiot.

Il se croisa les mains, sourit. Fourrier avait l'impression
que le regard du docteur plongeait aisément dans les yeux
de la belle femme blonde qui n'avait pourtant pas quitté un
seul instant ses épaisses lunettes noires.

— Mais oui, docteur, dit-elle avec simplicité. Trois fois
cinquante mille.

Petiot pivota instantanément sur son fauteuil de coiffeur.

— Fourrier! tonna-t-il. C'est la dernière fois que je vous
répète qu'on ne demande pas plus de 25 000 francs par
personne! Nous avons une cause à servir, vous m'entendez?

— Oui, docteur, dit humblement Fourrier. (Quand Petiot
lui parlait comme ça, cela lui donnait l'impression de faire
vraiment partie d'un réseau de résistance.) J'avais pensé
qu'avec tous ces frais...

— Pas question! Jamais! (Petiot respira, pivota, sourit.)

[1] Environ six millions légers actuels.

Fourrier a bien fait de vous amener, Madame. Nous avons besoin de femmes comme vous dans notre organisation. Je veux dire, avec votre intelligence, votre connaissance des langues... Nous allons vous embaucher, n'ayez aucune crainte.

Eryane Kahan avait alors quarante-six ans, mais beaucoup d'hommes se retournaient sur elle dans la rue et semblaient la juger au moins aussi désirable qu'une jeune fille. Assise très droite sur une petite chaise de salon, les jambes haut croisées sans souci de pudeur, sac à l'épaule, lunettes noires, cigarette aux lèvres, les cheveux bouclant sur la gorge, elle avait énormément d'allure dans ce réduit obscur et faussement luxueux.

— Moi aussi, docteur, je suis d'origine israélite, et moi aussi j'aimerais m'en aller.

— Oui, je comprends. Mais de toute façon, je ne peux pas faire passer plus de trois personnes à la fois. Enfin, c'est très possible, lors d'une autre occasion. Et maintenant, parlons un peu de vous. Je voudrais savoir comment vous vivez, qui vous voyez, vos projets, vos espoirs.

Eryane Kahan rejoignit donc les rangs des petiotistes sincères et convaincus. En l'espace de quelques minutes, Petiot-Eugène apprit tout ce qu'il désirait savoir sur les Wolff-Valbert, et surtout sur Eryane Kahan : elle avait fait trente-six métiers, voyagé partout, connu toutes sortes d'hommes et de femmes. En ce moment, elle sortait crânement avec un sous-officier autrichien de la Luftwaffe, sans aucune crainte d'être prise soit pour une collabo, soit pour une espionne. Financièrement parlant, c'était les montagnes russes.

— Retrouvons-nous demain chez les Valbert, dit Petiot pour clore l'entretien. Non seulement je veux voir de mes propres yeux à qui j'ai affaire, mais je veux leur donner moi-même toutes les consignes.

Rue Pasquier, devant les candidats au passage clandestin,

126

le mystérieux Dr Eugène se montra particulièrement intransigeant. Il ne fallait surtout pas emporter de bagages : le bateau qu'ils allaient prendre pouvait sauter sur une mine. Dans ce cas, qu'il fallait envisager, ils perdraient tout. Il ne fallait ressembler ni à des réfugiés ni à des touristes, ni à aucune espèce connue de voyageur. Pour l'argent et les valeurs, il fallait confectionner des pochettes imperméables et les coudre à l'intérieur des vêtements. En dehors des faux papiers qu'il allait leur fournir, ils ne devaient conserver aucune marque sur leur linge, aucun nom, aucune adresse. Rien ne devait permettre de les identifier avant leur arrivée en Amérique. Une fois là-bas, ils ne pourraient donner de leurs nouvelles à leurs amis que par l'intermédiaire du Dr Eugène et de Mme Kahan.

Les Wolff se le tinrent pour dit et, comme ils donnaient toute satisfaction, le Dr Eugène vint les chercher à domicile, en novembre 1942, et ils se perdirent dans un brouillard qui ne se dissipa jamais.

Ils laissaient un appartement libre, qui fut immédiatement occupé par un sympathique jeune ménage, les Basch, Allemands réfugiés eux aussi, et eux aussi se cachant derrière un faux nom à consonance plus chrétienne : Baston. Ils eurent vite fait de se lier d'amitié avec leur voisine Eryane Kahan. Le Dr Eugène ne tarda pas à faire son apparition. On parla des Wolff qui, aux dires du docteur, avaient gagné sans encombre de plus riants rivages. A peu près à l'époque de leur départ, le 11 novembre, les Allemands avaient envahi la zone libre et démontré, si besoin était, qu'ils ne comptaient reconnaître aucune limite à leur domination. Justement les Basch-Baston avaient de la famille à Nice — leurs parents respectifs, en fait deux couples d'un certain âge, les Stevens et les Anspach. Tout ce monde-là était riche. Le Dr Eugène s'offrit à les faire tous partir. Les jeunes Basch n'en croyaient pas leurs oreilles.

— Quel homme épatant! dirent-ils à Eryane Kahan. Venir ainsi en aide à des Juifs qu'il ne connaît même pas. Ils sont vraiment chic, ces Français!

Les Stevens et les Anspach vinrent de Nice par leurs propres moyens, chargés d'une petite fortune en bijoux. Début janvier 43, ils logeaient tous dans l'appartement de la rue Pasquier en attendant le grand départ. Petiot vint d'abord chercher les quatre parents. Et huit jours plus tard — on était encore en janvier — ce fut le tour du jeune ménage...

Petiot avait toute confiance en Eryane Kahan. Sa déception fut grande et se manifesta sous forme d'une explosion de colère quand il s'aperçut qu'à l'image d'un Fourrier, d'un Pintard, elle essayait de faire payer double tarif à des candidats au grand voyage. C'est bien simple, il les remboursa et les renvoya.

Il s'agissait d'un couple de Français, les Cadoret de l'Epinguen, qui désiraient partir pour l'Amérique avec leur enfant. Ils avaient été adressés à Eryane Kahan par un petit passeur professionnel — celui-là même qui avait aidé les Stevens et les Anspach à monter à Paris. Quand M. Cadoret apprit que le Dr Eugène refusait de les faire partir, il fut d'autant moins déçu qu'il avait décidé de son côté de se passer des services de ce bizarre personnage. Sa femme et lui avaient eu un entretien avec le Dr Petiot, rue Pasquier, et en avaient retiré une impression de malaise.

— Mais où aboutirons-nous exactement? avait demandé M. Cadoret.

— Mais je ne puis vous le dire à présent, avait rétorqué Petiot avec humeur. Il faudra vous laisser faire!

— Mais enfin...

— Vous serez conduits en Amérique du Sud, et vous verrez bien!

— Les faux papiers seront à quels noms?

— Vous aurez des papiers de diplomates, lâcha Petiot de plus en plus énervé. Je vous les remettrai au dernier moment. Il faudra que vous restiez quelques jours au secret dans une maison qui m'appartient.

— Où? A Paris?

— Oui, à Paris. Et pendant ce temps je vous ferai les piqûres nécessaires pour entrer en Argentine et vous soustraire aux yeux du monde.

Décontenancé, M. Cadoret n'avait pas jugé utile de demander de nouvelles précisions.

— Ma décision n'est pas encore totalement arrêtée, docteur. Je vous ferai connaître mes intentions.

En sortant, Mme Cadoret avait glissé à son mari :

— Tu as vu comme il avait les mains crasseuses... Pour un médecin, quand même!...

— Oui, cela m'a frappé aussi.

Les Cadoret s'adressèrent ailleurs, trouvèrent une filière. Ils quittèrent vraiment la France en juin 43. Si bien qu'ils purent y revenir, après la Libération.

Janvier 43, qui avait vu la disparition des neuf malheureux locataires de la rue Pasquier, c'était aussi Stalingrad délivrée et la rencontre Roosevelt-Churchill à Anfa. C'était le grand tournant, mais on ne le savait pas encore. On pensait que la guerre, comme l'hiver, ne finirait jamais.

Dans le petit bar de la rue de l'Echiquier, on ne s'en plaignait pas outre mesure. Le whisky coulait normalement.

— Dis-moi un peu! fit Adrien-le-Basque. Dis-voir un peu, Francinet, qu'est-ce qu'ils deviennent, le Boxeur et le Corse? On a des nouvelles? Ça va bientôt faire six mois qu'ils doivent se défendre à Caracas, non?

— A Buenos-Aires, Monsieur Adrien, répondit Pintard. Ils sont à Buenos-Aires! Regardez, j'ai même un télégramme!

Il tira orgueilleusement de son portefeuille un petit bleu qu'il fit lire à la ronde : *Bien arrivés à Buenos-Aires.*

— Le réseau fonctionne toujours? demanda Zé.

— Je veux! dit Pintard qui, un instant, se prit lui-même pour un dur.

Si Jo-le-Boxeur avait une belle tête de voyou, Adrien Estebétéguy, dit le Basque (il était de Bayonne) arborait une sinistre physionomie de flic tabasseur, tandis que Joseph Pierreschi, dit Zé, ressemblait plutôt à un amoureux de carte postale trop bien nourri. C'étaient de très dangereux individus. Tueurs, souteneurs, rançonneurs. Le Basque avait travaillé pour la Gestapo française de la rue Lauriston, sous la coupe du tristement célèbre Laffont. Zé, lui, avait dirigé une maison close pour Allemands, dans le Nord. Ils en avaient tellement fait, chacun de leur côté, que plus personne ne les reconnaissait pour sien. Ils ne savaient jamais s'arrêter. Ils devenaient rapidement compromettants pour tout le monde. Sans compter qu'ils ne voulaient jamais partager. La pègre de la pègre, en somme. A côté d'eux, Jo-le-Boxeur faisait figure de brave garçon, dans le souvenir de Pintard.

— Oui, dit le Basque. Avec Zé, on voudrait passer aux States. On a deux femmes avec nous. On part dès qu'on trouve un réseau de confiance. Alors à toi de jouer, Francinet.

Ce coup-ci, le Dr Eugène ne fit peur à personne, mais lui-même ne sembla pas autrement impressionné. Fin mars 1942, il prit livraison des voyageurs chez Fourrier, comme à l'ordinaire. Deux par deux, à vingt-quatre heures d'intervalle. D'abord Estebétéguy et Joséphine Grippay, dite Paulette-la-Chinoise — et maîtresse de l'autre homme — puis Pieresschi et Gisèle Rosmy — maîtresse du premier de ces messieurs. A lui seul, Estebétéguy emportait un million [1] dans ses épaulettes.

Ce fut à partir de ces événements que plus aucune police au monde n'eut d'ennuis avec Adrien-le-Basque ni avec le beau Zé aux yeux bleus. S'étaient-ils « rangés » définitivement?

Cela avait fini par se savoir. Non que les gens ne refaisaient jamais surface quand le Dr Eugène venait les chercher rue des Mathurins pour les emmener en Amérique, mais qu'il y avait moyen d'aller en Amérique en passant par la rue des Mathurins.

A la Gestapo, rue des Saussaies, on commençait à prendre cette histoire très au sérieux. Et si on laissait Fourrier et Pintard tranquilles, pour le moment, c'est que l'on voulait surtout mettre la main sur ce Dr Eugène dont le réseau semblait si bien fonctionner. Les services de l'officier de police Robert Yodkum (que l'on appelait docteur, comme tous les civils allemands revêtus de quelque importance) furent tout particulièrement chargés de neutraliser dans les plus brefs délais cette organisation clandestine qui permettait aux Juifs de filer avec leur argent.

Après une étude minutieuse du dossier dans lequel les détails abondaient sur le réseau de rabattage du Dr Eugène, mais où l'on ne trouvait rien sur la filière de départ proprement dite — le Dr Yodkum jugea qu'une affaire de ce genre se traitait au moyen d'un mouton : un Israélite fortuné serait

[1] Au moins quarante millions légers actuels.

131

adressé à Fourrier et demanderait à quitter la France par le réseau du Dr Eugène. Et ainsi, non seulement ce dernier se retrouverait bientôt ligoté sur une chaise dans un bureau de la rue des Saussaies, mais on remonterait tout le processus. On enverrait le mouton jusqu'en Amérique s'il le fallait, mais toute l'organisation serait définitivement démantelée.

Restait donc à trouver le mouton idéal, susceptible d'inspirer toute confiance à ceux qu'il perdrait.

Yvan Dreyfus, détenu au camp de Compiègne, s'attendait à partir pour l'Allemagne en wagon à bestiaux. Chaque jour, d'une heure à l'autre. Sa famille était très riche, et sa femme devait certainement tenter l'impossible pour le sortir de là, mais si jamais elle y arrivait, ce serait sans doute trop tard.

Cependant, il n'avait pas peur. Les risques, il les connaissait, quand il avait essayé de passer en Angleterre (synonyme à l'époque de « France Libre »). Il les avait acceptés aussi en approvisionnant les maquis de la région lyonnaise et grenobloise en valises-radios, par le canal de l'entreprise de matériel électrique qu'il dirigeait. Enfin et surtout, il avait su prendre ses responsabilités avec un courage indiscutable, en août 39, quand il avait rejoint le territoire français dans le seul objectif de se battre pour sa patrie. Il vivait alors aux Etats-Unis, où il avait fait ses études d'ingénieur. Démobilisé en 40, il s'était installé à Lyon avec sa femme. Un homme comme Pierre Mendès-France le tenait en très haute estime.

Un petit passeur l'avait vendu aux Allemands, avec neuf autres personnes, près de Montpellier.

Madame Dreyfus avait consulté tous ses parents et ses amis, pris contact avec toutes ses relations, frappé à toutes les portes. C'était très délicat, car il ne fallait pas frapper trop fort. Il fallait demander à demi-mot, offrir sans en avoir l'air. Et surtout, trouver la bonne personne : quelqu'un d'assez moche pour avoir ses entrées à la Gestapo et être capable de vendre la libération d'un Juif contre espèces sonnantes, et en même temps d'assez honnête pour tenir ses engagements.

Cela lui sembla enfin être le cas d'un sieur Dequeker, directeur de théâtre, marchand de ferraille, administrateur de biens séquestrés ; bref, trafiquant, collaborateur et homme du monde. Il reconnut être en relations d'affaires et autres avec les autorités allemandes et promit de faire son possible pour sauver la situation d'Yvan Dreyfus. Là-dessus, il demanda cent mille francs [1] « pour ouvrir le dossier ». Apparemment, il avait pris la peine de se documenter sur les disponibilités de la famille Dreyfus.

La femme du prisonnier paya peut-être un peu trop facilement, car peu après Dequeker redemanda de l'argent : cette fois-ci 700 000 francs. Mme Dreyfus paya encore.

— Cela dit, j'ai une excellente nouvelle à vous annoncer, chère madame. J'ai transmis le dossier à mon ami Guélin, qui entretient des rapports très étroits, j'insiste, très étroits, avec certains services de la Gestapo !

C'était le moins, pour 700 000 francs !

— Qu'est-ce que cela signifie concrètement ? demanda Mme Dreyfus en s'imposant le calme.

— Guélin est un de ces hommes-miracles, à la fois très introduits et très adroits, comme on en rencontre fort peu. Il touche de près un certain Yodkum, qui dirige tout un secteur de la Gestapo. J'ajoute : le secteur qui nous intéresse.

---

[1] Quatre millions légers actuels.

Si Guélin consent à se pencher sur le cas de votre mari, il m'étonnerait que les choses ne se mettent pas à aller vite, très vite.

Dequeker voulait sans doute dire : « que les prix ne se mettent pas à monter haut, très haut ». En effet, lors de l'entretien que Mme Dreyfus eut avec les deux hommes, sur les Champs-Elysées, Guélin déclara qu'une somme de quatre millions serait nécessaire à la libération d'un homme comme Yvan Dreyfus. Mme Dreyfus aimait son mari et aucun chiffre ne lui semblait vraiment trop élevé. Mais c'était une femme intelligente. Elle s'indigna, discuta, donna enfin son accord de principe pour une somme de 3 500 000 francs [1].

Yodkum, Guélin et Dequeker s'entendaient comme larrons en foire. Le double et riche projet prévoyait d'une part, de rançonner sévèrement la famille Dreyfus, et d'autre part, d'utiliser le prisonnier de Compiègne comme mouton dans l'affaire du réseau du Dr Eugène. Car c'était justement Guélin qui avait le premier indiqué aux Allemands l'existence d'un réseau opérant à partir d'un premier étage de la rue des Mathurins. Il s'était même arrangé pour faire la connaissance de Fourrier dans un café.

Dans un premier stade, il s'agissait donc de libérer plus ou moins régulièrement Yvan Dreyfus. A cette fin, on envoya d'abord à Compiègne une sorte de mouton au second degré, avec mission de faire entendre à Dreyfus que sa libération requérait beaucoup de tact et de docilité.

Un dimanche, à l'heure de la promenade, Dreyfus vit venir à lui un individu en imperméable qui sentait son policier marron à trente mètres. A vrai dire, le dénommé Péhu était un ancien commissaire révoqué (il essayait de réintégrer les rangs de la police au moyen d'une intervention de Guélin).

[1] Pas moins de 150 millions légers actuels.

134

— Faisons quelques pas, dit-il à Dreyfus. Et ne parlez pas trop fort. Je suis venu avec un laissez-passer à peine valable. Je ne pourrai pas m'attarder beaucoup. Allons tout de suite à l'essentiel. Je viens de la part de votre femme.

— Bon, prouvez-le, rétorqua froidement Dreyfus. Si ma femme vous envoie, elle vous aura certainement remis une lettre. Allons, donnez!

— Vous n'y êtes pas, monsieur Dreyfus. Heureusement, votre femme est plus prudente que vous ne l'imaginez, et que vous ne semblez l'être vous-même. Elle m'a simplement communiqué un mot de passe à votre intention : « pomme ».

— Pomme, le fruit? demanda Dreyfus en avalant sa salive.

— Pomme! répéta Péhu d'un ton assuré.

Yvan Dreyfus connaissait personnellement une toute petite fille surnommée « Pomme » par sa maman. Lui, c'était le père.

— Je vous écoute, dit-il à Péhu en réprimant un soupir.

— Votre femme est parvenue à soudoyer l'un des dirigeants de la Gestapo, à Paris. Vous allez être libéré.

— Aujourd'hui?

— Doucement! Il faut que vous y mettiez un peu du vôtre. L'argent ne fait pas tout. Cet Allemand haut placé a tout de même besoin de justifier votre libération. Mais c'est finalement très simple. Vous n'avez qu'à signer ces deux lettres.

Dreyfus parcourut rapidement la prose que lui proposait l'ancien commissaire. En somme, on lui demandait dans la première lettre de prendre l'engagement écrit de ne se livrer à aucune activité hostile à l'Allemagne. La seconde stipulait expressément qu'il devait fournir aux autorités d'occupation tous renseignements susceptibles de les intéresser, concernant notamment les organisations clandestines de passages de Juifs à l'étranger qu'il pourrait connaître.

— Qu'est-ce que cela signifie?

135

— Mais rien! Je vous dis, ce n'est qu'une formalité! Signez! Dreyfus réfléchit un moment en regardant Péhu dans les yeux, sans le voir, et celui-ci gêné finit par détourner la tête.

— Vous avez un stylo?

Dreyfus signa rapidement les feuillets dactylographiés.

En rentrant à Paris, Péhu remit les lettres à Guélin, qui s'empressa de les montrer à Mme Dreyfus. Elle en fut épouvantée.

— Rassurez-vous, madame, dit courtoisement Guélin. Ce sont des documents de pure forme, mais dont le Dr Yodkum a besoin. Nous aurons également besoin de fonds. 500 000 francs [1] dès à présent. Oui, les choses se précisent. Votre mari sera libéré sous peu, vous avez ma parole d'honneur. Et 200 000 francs pour le commissaire Péhu, pour ce dimanche et le déplacement à Compiègne.

Mme Dreyfus hésita ostensiblement. Ce fut à Dequeker qu'elle remit finalement la somme. Et ce dernier l'appela au téléphone, quelques jours plus tard.

— Il est libéré? demanda-t-elle fébrilement.

— Un nouveau versement est nécessaire, dit gravement Dequeker. Un million.

— Je me vois dans l'obligation de refuser, dit Mme Dreyfus.

— Vous avez tort. Réfléchissez.

On transigea à 400 000.

Enfin, à la mi-mai 43, Guélin annonça à Mme Dreyfus que son mari avait quitté Compiègne et se trouvait dans les locaux de la Gestapo, rue des Saussaies. C'était donc le moment de verser le solde des trois millions et demi convenus.

— Accompagnez-moi rue des Saussaies, si vous le désirez.

---

[1] Vingt millions légers actuels.

136

— Non, je n'irai pas. Voici l'argent. J'attends mon mari.

— Madame, permettez-moi de rendre hommage à votre sang-froid. Vous dînerez ce soir avec votre mari.

Guélin avait dit vrai. Yvan Dreyfus rejoignit sa femme le soir même dans un hôtel, du côté de la République.

Il avait l'impression de revenir de loin. Tout à la joie des retrouvailles — avec sa femme, avec Paris et la liberté — il ne se rendit pas compte immédiatement que la bande Dequeker-Guélin-Péhu, manœuvrée par Yodkum, le tenait à l'œil.

De toute façon, il n'avait plus aucun papier d'identité. S'il voulait prendre le large, il lui fallait trouver une organisation de passage clandestin. Et cela lui rappela la lettre qu'il avait signée à Compiègne. De temps en temps Guélin téléphonait, montait en passant, promettait de nouveaux papiers, une filière sûre. Mme Dreyfus avait peur, à présent. Il lui semblait que le moins diabolique de l'équipe était encore Dequeker. Elle lui téléphona pour le supplier de laisser son mari hors de leurs combinaisons. Car Guélin avait partiellement dévoilé à Yvan Dreyfus ce qu'on attendait de lui : attirer un certain Dr Eugène chez un coiffeur du nom de Fourrier, rue des Mathurins, en se faisant passer auprès de celui-ci pour un riche candidat à l'exil.

En dépit des pressentiments de sa femme, Yvan Dreyfus faisait mine de se prêter au jeu. Il eut plusieurs entrevues avec Petiot chez Fourrier, en présence de Guélin qui, lui, jouait les rabatteurs. C'est même la Gestapo qui avait fourni l'argent du passage!

Dreyfus se fit faire les photos d'identité demandées par le Dr Eugène. Mais il avait si peu l'intention d'utiliser réellement ce mystérieux réseau que le jour du prétendu départ, le 19 mai, il annonça à sa femme qu'il allait enfin avoir des papiers : Guélin lui avait donné rendez-vous pour les lui remettre.

En réalité, Guélin emmena Dreyfus chez Fourrier. Pour faire plus vrai, Guélin avait apporté des valises.

Dreyfus sortit de chez Fourrier en compagnie de Petiot. Les deux hommes étaient suivis par un certain nombre d'inspecteurs de la Gestapo — des professionnels de la filature — qui se firent semer comme de petits apprentis détectives. Ainsi le Dr Eugène emmena-t-il impunément Dreyfus « dans un lieu secret où il devait attendre le moment du départ, fixé au dimanche suivant »[1].

Un homme qui n'apprécia pas la performance, ce fut le Dr Yodkum. Tout était donc à recommencer. Le Dr Eugène se payait la tête du Grand Reich. Et non seulement le Dr Eugène, mais ce finasseur de Dreyfus qui, en filant doux, avait tranquillement levé le camp pour de bon. Du moins Yodkum en était-il persuadé.

« Pomme » allait grandir en attendant son papa. Jusques à quand?

La Gestapo n'était pas du genre à s'admettre vaincue par un seul échec. Elle pensait qu'une bataille perdue n'impliquait pas qu'elle eût perdu la guerre.

Une autre opération anti-Dr Eugène fut donc montée, par un autre service, dirigé par un vaillant militaire, l'Hauptsturmführer Friedrich Berger, et avec un autre mouton : Beretta, ancien prisonnier français, magiquement rapatrié et immatriculé au fichier allemand comme « agent occasionnel ». Cet individu obtint rendez-vous avec Petiot chez Fourrier le 24 mai à 19 heures. A 19 heures 05, la Gestapo fit irruption en force dans les petits salons et embarqua tout

[1] Selon les termes d'un rapport allemand.

le monde. Le docteur Eugène n'était pas dans le lot, certes, mais Fourrier et Pintard n'étaient pas gens à se taire longtemps.

Le trajet de la rue Caumartin aux bureaux de la Gestapo de la rue des Saussaies s'achève. Un feld-gendarme arrête la circulation pour permettre à la traction avant de pénétrer dans la cour d'un des immeubles occupés autrefois par le ministère de l'Intérieur.

Sans ménagements, Nézondet et Petiot sont extraits de la voiture et projetés vers les étages où ils sont impatiemment attendus...

Alors?

Est-ce cette version de sa vie que Petiot vient de se projeter au cours de ce trajet de réflexion, de ce retour sur lui-même?

C'est logique et vraisemblable, ce n'est pas certain. Le film que nous venons de passer n'est certes pas de la fiction, mais raconte-t-il l'exacte vérité? Il est en tout cas incomplet et pour une raison bien simple : Petiot a toujours agi dans le secret, le silence et la solitude.

Paradoxe des paradoxes, et c'est bien dans la nature profonde du personnage d'être à la fois lui et son double, le mystère et sa clé : ou bien il a vraiment fait passer des gens qui, pour diverses raisons, voulaient fuir la France occupée, et il risque la mort dans les locaux de la Gestapo; ou bien il a fait disparaître pour les voler des êtres aux abois, et il risque de par la loi française d'avoir la tête tranchée.

CHAPITRE 6

LA DÉCOUVERTE DU CHARNIER
(Mai 1943-mars 1944)

A la Gestapo, les ordres partent sec.

— Asseyez-vous! Debout! Au garde-à-vous! Vous êtes le docteur Eugène! Avouez!

— Eugène? Quel Eugène?

— Vous êtes le chef de la bande!

— Quelle bande? Non, je travaille pour le compte d'un nommé Robert.

— Et Dreyfus?

— Je ne connais pas de Dreyfus!

Yodkum, le chef de la Gestapo pour les questions juives, connaît la manière de faire parler les traîtres. Yodkum est furieux. L'arrestation de Petiot ne lui suffit plus. Il veut tout savoir sur le réseau clandestin chargé de faire passer les Israélites en Amérique du sud, l'organisation du docteur Eugène. Yodkum fulmine. Il avait cru avoir trouvé en Dreyfus un mouton efficace. Non seulement ce salaud de Juif a échappé à la filature de la Gestapo, mais en plus il a disparu dans la nature; il est sans doute parti pour l'Argentine comme tous les autres. Friedrich Berger, le chef de la Sécurité sur le territoire occupé, autre section de la Gestapo, ne manquera pas de profiter de son échec s'il n'arrive pas à faire parler Petiot. Alors, au quatrième étage de la rue des Saussaies, c'est maintenant à coups de cravache et de matraque que Yodkum interroge Marcel Petiot.

— Avouez que vous êtes le docteur Eugène. Comment se fait le « franchissement »?

Petiot joue les abrutis.

— Eugène, connais pas!

Alors Yodkum et Berger vont se liguer pour le faire parler, coûte que coûte...

Petiot est transféré à Fresnes. Lorsqu'il est ramené à Paris, il passe du bureau de Berger à celui de Yodkum par la salle spéciale : la salle à la baignoire, aux appareils à serrer le crâne. Là, les bourreaux liment les dents du médecin. Les nerfs à vif au sens propre, Petiot hurle mais il tient tête à ses tortionnaires. Ni le courant électrique, ni le seau où on plonge la tête jusqu'à étouffement ne parviennent à lui délier la langue. Jour et nuit les questions le traquent; les supplices se succèdent.

— Qu'est devenu Dreyfus?

— Demandez à Zola! Qu'est-ce que ça peut vous faire? Les Juifs ne m'intéressent pas! Vous non plus, d'après ce qu'on m'a dit. Votre Dreyfus, je ne sais pas ce qu'il est devenu. Vous en trouverez bien un autre pour jouer les moutons.

Pourtant Petiot ne nie pas son rôle dans l'organisation du Docteur Eugène.

— Je ne suis qu'une pièce de la machine. J'étais en relations avec un certain Martinetti. Mon rôle consistait à conduire vers lui, au métro Concorde, les clients munis de leurs bagages.

— Alors, avouez, Docteur Eugène!

— Je ne suis pas le Docteur Eugène... Je n'étais qu'un rouage.

Transporté avenue Henri-Martin, au centre de contre-espionnage allemand, retransféré à Fresnes, crachant le sang, souffrant le martyre de ses dents mises à vif, Marcel Petiot résiste. Il avoue des broutilles pour être enfin tranquille.

Entre deux matraquages, après chaque inquisition, il retrouve heureusement ses compagnons de la cellule 440. Dans l'ombre de leur nuit, ils soutiennent de la voix ce héros, ce médecin de quartier qui fait front aux monstrueux nazis. Il y a là l'ingénieur La Teulade, un étudiant, Cournot et le lieutenant Richard Lhéritier, qui, venu de Londres, a sauté en parachute en Normandie et s'est fait prendre par les Allemands.

— Heureusement qu'il y a encore en France des hommes de ta trempe!

Rue Caumartin, les meubles ont été renversés, les matelas éventrés. La Gestapo n'a rien trouvé. Rue de Reuilly, les policiers ont questionné les locataires de Petiot. Eux non plus ne savaient rien. Rue Le Sueur, la police allemande n'est pas descendue. Pourquoi? On ne le sait.

A Fresnes, Petiot à bout de souffrance exhorte sans cesse ses camarades et réussit lui-même à survivre. Après sept mois d'un régime d'enfer, la Gestapo n'a pas réussi à le confondre; il est relâché contre caution. Il n'y a pas de petits bénéfices pour le docteur Yodkum.

En ce mois de janvier 1944, dans les cellules des politiques, les prisonniers, dont Richard Lhéritier, estiment que cet élargissement n'est qu'une ruse un peu grosse. Ils ont confiance : ils sont sûrs que le docteur Eugène saura protéger son réseau, même s'il est constamment filé. Et, de fait, Marcel Petiot va continuer à se moquer de la police allemande, comme il l'a fait superbement au cours de ces sept mois de détention. Arrivé rue Caumartin, Petiot fait semblant de ne pas voir les deux hommes qui gardent son immeuble, tout comme il a ignoré ceux qui l'ont suivi depuis sa sortie de Fresnes.

A Auxerre, Georgette Petiot, Maurice et les amis s'interdisent de questionner Marcel Petiot sur son séjour à Fresnes. Le médecin a parfois dans le regard une bien étrange fièvre. Lorsqu'il en est ainsi, on part sur la pointe des pieds afin de le laisser se reposer.

Pendant une semaine, Petiot vit dans un état de semi-prostration. Puis il parvient à se lever, à faire quelques pas, à prendre des repas plus substantiels. Lentement, il se remet sur pied. Dans le train qui le ramène vers Paris, il manifeste sa joie de rentrer dans son cabinet de la rue Caumartin et de retrouver ses malades.

Avec le temps, il en arrive à oublier de se retourner dans la rue pour voir si quelqu'un le file. Il a bien d'autres choses à faire qu'à jouer à cache-cache avec ces salauds de Boches qui d'ailleurs sont foutus.

— Tenez bon, dit-il à ceux qui se découragent, c'est le commencement de la fin.

Maurice Petiot relit la lettre que son frère vient de lui envoyer.

« Envoie-moi de la chaux, quatre cents kilos. C'est pour rafraîchir un peu la façade de la rue Le Sueur et supprimer les punaises qui ont envahi l'hôtel particulier. De la chaux vive. »

De la chaux? Faire passer de la chaux à Paris sans « Ausweiss » des autorités allemandes? Vraiment son frère est devenu fou. Où va-t-il, lui Maurice, se procurer cette chaux et surtout comment va-t-il ensuite la transporter jusqu'à Paris? Quatre cents kilos ne se trouvent pas sous le pas d'un cheval... Heureusement, Maurice Petiot connaît trois fours dans la région. C'est à l'issue de sa troisième démarche, auprès d'un entrepôt de Joigny, que Maurice obtient satisfaction. Il se réjouit de pouvoir faire ce petit plaisir à son frère.

Le 19 février, Eustache, le chauffeur de la camionnette louée par Maurice Petiot aux transports Auger d'Auxerre,

144

nettoie, comme il faut, sa plaque minéralogique 290 ZU 4...
Elle est couverte de boue. Le moteur tourne bien. Un commis
s'assure une dernière fois du verrouillage des ridelles et
range dans le fond du plateau le charbon de bois nécessaire
au gazogène pour accomplir sans ennui l'aller et le retour.

Sous le morceau de chiffon, la boue part peu à peu... Une
saloperie d'argile recueillie à Joigny où ils ont embarqué les
trente sacs de chaux vive. Eustache et son commis Massonière ont pris mille précautions pour opérer le chargement.
C'est que ça brûle rudement cette vacherie-là.

Après avoir vérifié une dernière fois l'arrimage du mobilier
qu'il transporte en plus de la chaux, Eustache s'installe au
volant.

— Allez, on y va...

Maintenant, ils sont installés à trois dans la cabine :
Maurice Petiot, Massonière et Eustache.

En conduisant sur la nationale 7 déserte, Eustache pense
à Paris. Il n'aime pas cette ville aux sens interdits stupides.
La dernière fois qu'il y est venu, il a chargé rue Le Sueur
quarante-sept valises pour le compte de Maurice Petiot,
après s'être perdu un long moment place de la Concorde.
Il avait tourné et retourné avant d'avoir pu, miraculeuse-
ment, retrouver sa route pour Courson-les-Carrières où il
avait déposé son chargement.

Maurice Petiot se demande, lui, s'il n'a pas oublié à
Auxerre le reçu des huit mille francs qui ont réglé le solde
des travaux de la rue Le Sueur...

Porte d'Italie, avenue des Gobelins, la Bastille. Rue de
Reuilly, devant l'hôtel de Mme Alicot, calaminée par ce
voyage interminable, la camionnette tousse puis s'arrête.
Maurice Petiot saute de son siège.

— A demain les gars... 157 rue Parmentier... à 11 heures.

C'est là qu'Eustache et Maurice doivent prendre un chargement d'outillage de T.S.F. pour le magasin d'Auxerre.

— A demain.

Le soir même, Maurice Petiot reçoit un coup de fil d'Eustache chez Mme Alicot :

— Nous sommes tombés en panne sur le boulevard Saint-Germain. Je vous téléphone pour vous dire de ne pas passer rue Parmentier. Où peut-on passer vous prendre demain matin?

— Métro Concorde, répond Maurice Petiot après avoir bien réfléchi. Passez par le boulevard Saint-Michel et les quais. Bon! A demain.

Le lendemain, Maurice retrouve Eustache au rendez-vous fixé. Ensemble, ils montent dans le camion et se rendent rue Le Sueur. Devant la porte cochère, le docteur Petiot les attend. Les hommes déverrouillent les ridelles et déchargent les sacs de charbon contenant la chaux vive. Chacun se dépêche. Il fait froid. Froid et humide.

Lorsque tout est fini, Eustache et son commis remontent dans la cabine. Maurice Petiot, lui, reste à Paris avec son frère à qui il vient de rendre le double des clefs de l'hôtel particulier qu'il avait gardées pendant l'incarcération du docteur à Fresnes.

Marcel Petiot est très content. Enfin, il va pouvoir se débarrasser de toutes ces punaises...

— Il y a des gens, tout de même, qui exagèrent!

Ce 9 mars 1944, Mme Marçais qui habite, 22 rue Le Sueur, un coquet cinquième étage, en veut à la terre tout entière et surtout à cette satanée cheminée du 21 qui lâche vers le ciel d'épaisses volutes de fumée noire.

— Ça sent la puanteur, disait-elle.

Son mari lui a vainement expliqué que l'on ne disait pas

« sentir la puanteur », que c'était là une tautologie et que, d'ailleurs, lui ne sentait rien.

— Tout au plus, avait-il admis, une vague odeur de caramel brûlé.

Le samedi 11 mars, le vent a tourné; la fumée de la rue Le Sueur se rabat maintenant dans la rue. Mme Marçais triomphe. Tous les voisins sont d'accord avec elle. Ça sent vraiment très mauvais. Il doit être dix-huit heures lorsque M. Marçais rentre chez lui.

— Je t'en prie, fais quelque chose, implore son épouse. Je vais mourir... Toute la journée, j'ai eu envie de vomir... Va voir.

M. Marçais descend les cinq étages quatre à quatre, va sonner au 21. Cette fois, sa femme a raison. Toute la rue empeste.

— Ça doit être un feu de cheminée, dit-il en observant un moment la calotte de fumée noire qui s'échappe de l'hôtel particulier.

C'est après avoir appuyé à quatre reprises sur le bouton de la sonnette que M. Marçais aperçoit, punaisée sur le large et haut portail, une pancarte quelque peu délavée. Il lit : « Absent pour un mois. S'adresser et faire suivre le courrier 18 rue des Lombards à Auxerre ».

Désappointé, il rentre chez lui. Comme les choses ont l'air de s'aggraver et que l'odeur est devenue intolérable il décroche son téléphone et appelle le commissariat de police du quartier.

Envoyés par leur chef, deux agents à petits pas débouchent rue Le Sueur en poussant leurs bicyclettes.

— Pas chaud, remarque Teyssier.

— Même froid, répond Fillion.

Devant le 21, les deux fonctionnaires constatent en écho que le portail est fermé, que les persiennes le sont également et que conséquemment il ne doit y avoir personne. En pareil cas, les hommes savent ce qui leur reste à faire. Ils se renseignent auprès de la concierge du 23.

— Le locataire est le docteur Petiot. Il habite 66 rue Caumartin. Son téléphone est Pigalle 77 11. Il vient ici tous les soirs à bicyclette. Il traîne une remorque bâchée, leur dit-elle sur le ton de la confidence. Dites-moi, vous ne trouvez pas que ça sent très mauvais?

Rue Caumartin, Marcel Petiot avait eu une journée bien calme. Comme à l'accoutumée, il avait reçu ses bons malades. Il avait ausculté et prescrit. La routine... Puis il avait déjeuné de fort bon appétit avec sa femme. Après avoir replié sa serviette, il était sorti. Georgette Petiot ne lui avait rien demandé. Lorsqu'il était rentré vers six heures, elle lui avait désigné la porte de la salle d'attente.

— Il y a là un client qui t'attend depuis trois quarts d'heure.

Elle n'avait encore jamais vu ce malade mais, compte tenu de l'importance de la clientèle de son mari, ce n'était pas là chose extraordinaire. Marcel Petiot avait reçu l'homme et, après une très longue consultation, l'avait reconduit à la porte. Puis ils s'étaient installés pour dîner. Encore très affaibli, le médecin préférait prendre ses repas de meilleure heure.

Lorsque la sonnerie du téléphone retentit à sept heures et demie, c'est Georgette Petiot qui décroche.

— Police! Puis-je parler à M. Petiot?

Inquiète, elle reste près du téléphone après avoir passé le récepteur à son mari.

— Allo, docteur Petiot? Il y a un feu de cheminée chez vous rue Le Sueur, c'est assez grave...

— Avez-vous pénétré dans l'immeuble? questionne le docteur.

— Non, pas encore, tout est fermé.

— Bon! j'arrive. J'apporte les clefs. Je serai là dans un quart d'heure tout au plus.

Le docteur raccroche et part sur-le-champ. Mme Petiot s'avance pour aider son mari à enfiler son pardessus... Déjà Marcel Petiot descend les marches quatre à quatre. Georgette ouvre la fenêtre : elle le voit disparaître à bicyclette au coin de la rue Caumartin dans la direction du boulevard Haussmann.

Teyssier et Fillion font les cent pas devant la rue Le Sueur.

— Tu as l'heure? demande Teyssier.

— Non, mais il me semble qu'il met un sacré temps, le toubib!

Les voisins maintenant se font de plus en plus nombreux dans la rue. Chacun donne son opinion sur la façon d'éteindre un feu de cheminée.

Las d'attendre, Teyssier et Fillion se décident à téléphoner aux pompiers. Ils ne peuvent tout de même pas laisser brûler cette maison. Quelques minutes après, les pompiers sont là.

Trois hommes sortent l'échelle et sautent sur les barreaux. Au premier étage, la tête rejetée en arrière pour éviter les éclats des vitres qu'il brise, un pompier enjambe les dormants et pénètre dans l'immeuble. Un autre le suit.

De l'extérieur on distingue un moment le faisceau lumineux de leurs lampes torches. Puis on ne voit plus rien.

Les deux pompiers, rejoints par un troisième, traversent une première pièce puis une seconde semblable à la première.

Un grand désordre règne partout... Les meubles sont recouverts d'une épaisse couche de poussière. Sur le palier, les trois pompiers s'arrêtent. Par la cage de l'escalier monte une odeur atroce. Guidés par cette odeur, les hommes descendent au rez-de-chaussée.

Ils aboutissent dans un vaste salon, en traversent un autre, une salle à manger. Partout, ils découvrent le même bric-à-brac, baignant dans des toiles d'araignées. Ils passent sous l'escalier et descendent au sous-sol. Un bruit de chaudière s'enfle à mesure qu'ils progressent. Leurs torches fouillent l'obscurité et s'immobilisent soudain. Horreur!

Tout autour d'un petit calorifère sont amoncelés des débris humains. D'un autre plus important dont la fonte a été portée au rouge sort un bras humain; il pend par la porte restée entrouverte. Tout autour, des crânes, des troncs s'éparpillent. Plus loin, un cadavre découpé dans le sens de la longueur semble attendre son tour d'être enfourné comme une miche de pain. Les hommes se sont maintenant habitués à l'obscurité mais pas à la puanteur qui leur brûle la poitrine. La lueur des foyers donne à cette scène une couleur démoniaque.

Dans la rue, sous l'unique réverbère capuchonné sur ordre de la défense passive, les badauds attendent. Ils sont maintenant plus nombreux. Dans un bruit de chaînes et de verrous, un des panneaux de la porte cochère s'ouvre en grinçant. Le plus jeune des pompiers débite des paroles sans suite, s'appuie contre le chambranle et se met à vomir... Le caporal chef Avilla Boudringhin, c'est son nom, interpelle l'agent Fillion d'une voix blanche.

— Venez, il y a du boulot pour vous.

Fillion suit le caporal. Au bout de quelques minutes il remonte, l'œil hagard, puis court à toutes jambes jusqu'au bout de la rue et se précipite dans le bistrot de la rue Le Sueur.

150

— Où se trouve la cabine?

En tremblant, il compose son numéro.

— Allo, le commissariat! Venez vite, prévenez le chef, on vient de découvrir une cave pleine de cadavres. Ils brûlent dans un calorifère! C'est au 21 rue Le Sueur... Je n'en ai jamais vu autant de ma vie... Quelle histoire!

Après avoir raccroché, Fillion retourne à l'hôtel particulier rejoindre son collègue Teyssier :

— Dis donc, et le docteur, toujours pas là?

A eux deux ils font évacuer les curieux tassés devant le 21.

— Circulez! Circulez!

A regret les badauds obéissent mais ils ne vont pas loin. Ils se plantent sur le trottoir d'en face.

C'est à ce moment-là que Marcel Petiot arrive devant l'hôtel particulier. Essoufflé, transpirant à grosses gouttes, il écarte les curieux et pénètre dans l'hôtel.

— Eh, vous! Où allez-vous? lui demande Teyssier.

— Je suis le frère du propriétaire... il me suit.

— Dans ce cas, répond Teyssier, vous pouvez entrer.

Marcel Petiot entre sous le porche et se dirige vers l'escalier qui mène aux étages supérieurs. Alors qu'il vient déjà de gravir quelques marches, l'agent l'interpelle.

— Non, non! Ce n'est pas là.

Du menton, il désigne le sous-sol.

Marcel Petiot descend les marches... En bas il sort un mouchoir de sa poche et le porte à son nez. Sans l'ombre d'un tressaillement, il contemple un moment le spectacle. Puis il remonte et rejoint en quelques enjambées Teyssier qui se tient au haut des marches.

— Mon vieux, dit-il à l'agent de police, je risque ma vie ici.

En l'agrippant par la manche, il l'entraîne à l'écart. Petiot sort une cigarette d'un étui :

— Merci, refuse Teyssier d'un geste de la main, je suis en service.

— Pardon, dit le médecin.

Intrigué par l'aparté de ce civil et de Teyssier, Fillion s'approche. Petiot prend les deux hommes par les épaules. Levant vers eux un regard entendu, il questionne à voix basse :

— Vous êtes de bons Français?

— Pour sûr! Cette question! répondent les deux hommes.

— Alors, je vais vous dire... Ces cadavres que vous avez trouvés là, ce sont des Allemands, des collabos... je suis le chef d'un groupe de résistance! J'ai chez moi plus de trois cents dossiers qui concernent ces traîtres. Ce foutu incendie tombe mal. Il va falloir que j'aille détruire ces dossiers. Les gars, cette histoire met en danger plusieurs patriotes, les membres de mon réseau. Je suis sûr que vous avez déjà prévenu la police de Vichy?

— Eh oui! Nous l'avons fait, bafouillent les policiers.

— Je le savais. Il faut que je m'en aille avant qu'il ne soit trop tard. Vive la France!

— Vive de Gaulle, s'écrient Teyssier et Fillion. Partez vite. Nous, on n'a vu personne.

Marcel Petiot applique deux tapes sur les épaules des agents, comme pour dire « Français, je suis fier de vous ».

— Après la Libération, on boira un coup ensemble. Allez, salut les petits gars.

Dès que Petiot a disparu, derrière, par le coin de la rue, Fillion dit à son collègue :

— Décidément, ces résistants, ils sont drôlement gonflés...

152

CHAPITRE 7

LA VIE CLANDESTINE
(11 mars-31 octobre 1944)

Une heure après, le Commissaire Massu arrive sur les lieux. Il est de fort méchante humeur. Son fils, un jeune étudiant en droit, l'accompagne.

Suivi de plusieurs policiers, le commissaire descend les marches de la cave. Au bout du faisceau des lampes électriques, le spectacle est horrifique... Ici, deux squelettes en morceaux, des crânes et des troncs; plus loin un pied noirci comme une bûche qui se serait lentement consumée; plus loin encore tout le côté gauche d'un corps posé négligemment contre la chaudière, une hachette maculée de sang sec, contre le mur une pelle sur le tranchant de laquelle s'accrochent encore des lambeaux de chair... Passant sur ce décor de Grand Guignol, une puanteur de viande brûlée...

Le commissaire Massu, l'homme aux trois mille deux cent cinquante-sept arrestations, traverse le charnier, avec les précautions de quelqu'un qui ne veut pas se mouiller les pieds. Il pénètre dans une vaste cuisine, bien éclairée. Sous une longue fenêtre s'étalent deux grands éviers de comblanchien comme on en trouve à la campagne.

Passant ensuite par la cour intérieure, il entre dans l'étroit bureau du docteur et contemple un moment les fauteuils de cuir, le secrétaire et la minuscule armoire. Il passe ensuite par un étroit couloir dans la petite pièce réservée aux appareils d'électrothérapie à laquelle ont travaillé Gaston et Louis, des établissements Laborderie et Minaud ; la porte est armée à l'extérieur d'une solide chaîne de sûreté qui pend à hauteur de serrure le long du chambranle. Massu entre dans le réduit triangulaire moquetté de beige — étrange pour une pièce destinée à accueillir des appareils radio-électriques — et va jusqu'à la porte à double battant soi-disant destinée à arrêter les rayons dangereux.

Près de la porte une sonnette est vissée dans le mur. Massu appuie deux fois, trois fois sur le bouton... Rien. En dévissant le couvercle, il s'aperçoit que ce bouton est un leurre ; aucun fil électrique ne s'y raccorde. C'est le fils du commissaire Massu qui repère le trou de quinze centimètres de côté dans lequel est enchâssé un viseur. Pensif, Massu sort. En longeant le mur de la courette, il arrive dans une sorte de hangar où sont entassés en désordre de vieux sommiers métalliques, des planches, des seaux de peinture, une remorque de bicyclette à laquelle il manque une roue... Montant sur un vieux poêle placé contre le mur, Massu se hisse jusqu'au viseur et aperçoit, debout dans la pièce triangulaire, déformé par l'objectif à grand angle, son fils Bernard. Au-dessus de la tête du jeune homme, il remarque, vissés assez haut, plusieurs pitons suffisamment solides pour y accrocher un homme. Cette idée le fait frémir...

Massu maintenant court partout, prend des notes, jette des ordres à ses hommes. Il est d'une humeur de chien. Il avait promis à sa femme de ne pas rentrer tard et de passer la soirée avec elle.

154

Massu fait coulisser sur son rail la porte à glissière du garage. Là, dans un fouillis de vieilles tuyauteries, de vieux morceaux de fer, il découvre pire encore.

Du plafond pend une poulie parfaitement graissée autour de laquelle s'enroule une grosse corde terminée par une lourde chaîne de fer munie d'un crochet. La poulie surplombe une fosse béante, une ancienne fosse d'aisance semble-t-il, de deux mètres à deux mètres et demi de longueur. Appuyée sur le bord, une échelle en fer descend dans le fond. Malgré le froid humide qui glace les os, le commissaire Massu transpire à grosses gouttes.

Il retire son pardessus, le confie à un inspecteur et descend dans ce trou de plus de trois mètres de profondeur. Arrivé en bas, son pied dérape... Il dirige le faisceau de sa lampe sur ses chaussures, couvertes d'une bouillie blanchâtre. L'odeur est intolérable. Il en a assez vu. Parvenu hors du trou, il s'appuie sur l'épaule d'un policier. Celui-ci a un mouvement de recul. Les vêtements du chef empestent le cadavre.

— C'est un coup de la Gestapo!

Telle est la première impression de Massu au soir de ce 11 mars 1944. Trop de cadavres. Trop de technique. Jamais un homme seul n'aurait pu monter une telle officine de mort. Et puis, pense le commissaire, la rue Le Sueur se trouve à deux pas de l'avenue Foch, le quartier général de Knochen et d'Oberg... La Gestapo française menée par Bony et Lafont est tout près elle aussi, rue Lauriston.

Tout le pousse à penser que la Gestapo a choisi cet hôtel particulier comme annexe. Mais alors quel jeu joue Petiot? Pourquoi n'est-il pas venu? Le commissaire se méfie des déductions trop hâtives. D'accord le docteur n'est pas accouru. Mais cela ne veut rien dire ; peut-être a-t-il été au chevet d'un malade... D'autre part, Petiot ne pouvait pas ignorer ce charnier. Faut-il en conclure qu'il fait partie de la Gestapo ? Le commissaire Massu en est là de ses réflexions lorsqu'un gardien de la paix apporte un télégramme.

Le policier défait le pli et lit à mi-voix : « ordre des autorités allemandes — stop — procéder arrestation du docteur Petiot — stop — fou dangereux ». Marcel Petiot ne fait donc pas partie, de près ou de loin, de la Gestapo française ou allemande ? Massu ne comprend rien. Il lui est pour l'instant impossible de tirer la moindre conclusion.

Se tournant vers deux inspecteurs, il leur dit :

— Je rentre chez moi. Demain, à la première heure, allez au domicile de Petiot. Priez-le de venir au Quai des Orfèvres pour que je puisse l'entendre.

Avec une telle affaire sur les bras, il convient d'être prudent. Massu prend des gants.

A l'aube de ce dimanche 12 mars, les deux inspecteurs de police gravissent les escaliers menant à l'appartement du docteur Petiot. Au passage, ils jettent un coup d'œil sur la plaque. C'est Georgette Petiot qui leur ouvre.

— Police judiciaire ! annoncent en chœur les deux hommes, nous désirons voir le docteur.

— Mon mari est absent, messieurs ; il a été appelé hier au soir au téléphone. Il est parti tout de suite et n'est pas encore revenu.

— A quelle heure a-t-il été appelé ?

— Vers huit heures du soir environ.

Aucun doute, Marcel Petiot était bien parti après le coup de téléphone de l'agent Fillion qui l'avait informé du feu de cheminée.

Ce même jour, au cimetière de Passy, une famille éplorée écoute une longue oraison funèbre célébrant les mérites du cher défunt; le cercueil a été mis en terre par quatre robustes fossoyeurs.

— Faudrait qu'ils se dépêchent, murmure l'un d'eux à l'adresse de ses copains, on n'a pas que ça à faire...

A la fin de la cérémonie, les quatre hommes filent rue Le Sueur; ils ont un charnier à vider. Policiers et pompiers ont refusé ce travail peu ragoûtant. Devant le préfet Bussière, le directeur de la police judicière Tanguy, les inspecteurs Schmitt et Battu de la Brigade Criminelle, le procureur, le juge, un substitut, le substitut du substitut, les quatre hommes en sueur remontent à la pelle des crânes, des bras, des scalps. Malgré leur grande habitude de ce genre de travail, ils sont écœurés. Ils font leur besogne de mauvaise grâce, d'autant plus qu'elle est mal rétribuée par l'administration.

Sur le bord de la fosse, les hommes de l'Institut Médicolégal recueillent avec soin dans de grandes calebasses les restes humains qu'ils auront à analyser. Souriant, l'œil candide, le docteur Paul, qui, lors de l'affaire Landru avait par conscience professionnelle fait brûler une tête humaine dans une cuisinière pour voir « combien de temps ça prenait » regarde les pièces de ce fantastique puzzle que l'on a déposées à ses pieds.

Deux détails lui sautent aux yeux. D'abord les sourcils ont été rasés et les lèvres découpées au scalpel; il note sur

157

son carnet : « Le ou les meurtriers ont défiguré leurs victimes pour empêcher toute identification. » Ensuite, dans une cuisse de femme, il a remarqué une fine entaille.

— Comme il y a deux ans, murmura-t-il.

Il vient en effet de retrouver ces marques caractéristiques qu'il avait constatées sur les cadavres découverts à Paris en octobre 1942 et qui déjà l'avaient incité à consigner sur son rapport : « le dépeçage n'a pu être fait que par un spécialiste de la dissection ».

Le commissaire Massu est fou de rage. Il vient d'apprendre que Fillion et Teyssier ont, au soir de l'incendie, laissé échapper Petiot et que les deux inspecteurs chargés de le cueillir à son domicile ont fait chou blanc. Un journaliste se présente pour l'interviewer ; il tombe mal. Massu appelle un de ses inspecteurs.

— Je ne veux pas le voir. Dites-lui n'importe quoi, mais ne lui dites rien.

« Paris-Midi » va donc évoquer l'affaire de la rue Le Sueur dans un agglomérat de détails inventés :

« En recherchant à colmater une fuite qui leur avait été signalée, deux employés du gaz ont pénétré dans les sous-sols d'un hôtel particulier au 21 rue Le Sueur. Là, ils ont découvert, auprès d'une chaudière allumée, les restes calcinés de deux hommes. L'enquête a établi que plusieurs clochards avaient trouvé asile dans l'hôtel et que l'un d'eux avait mis le feu à ses vêtements en procédant à l'allumage de la chaudière. »

A dix heures, Radio-Paris « grille » « Paris-Midi » en annonçant la découverte du charnier et la disparition du docteur Petiot. Mais comme tout en ce printemps 1944 doit servir d'arme à la propagande, le speaker ajoute : « Petiot a fui Paris pour rejoindre les bandes terroristes de Haute-Savoie qui doivent l'incorporer comme médecin-chef. »

Petiot vient à point pour faire diversion. La France vit

des jours particulièrement sombres. Les restrictions s'aggravent : le pain est rare et immangeable ; deux cents grammes de viande par semaine ; peu ou pas de lait : la mortalité chez les nourrissons a doublé en deux mois. Le gaz et l'électricité sont coupés sept heures par jour. Plus de métro à partir de dix heures du soir. Depuis le début du mois, le Service du Travail Obligatoire accentue ses exigences. Les hommes de seize à cinquante ans et les femmes de dix-huit à quarante-cinq ans y sont soumis. La guerre prend une tournure désastreuse pour les Allemands. Sur le front russe, ils sont écrasés à Vitebsk. En Italie, les Alliés se battent le long d'une ligne Rome-Capoue. En Allemagne et en France, les bombardements se succèdent à une cadence sans cesse croissante.

La découverte du charnier rue Le Sueur est donc bien accueillie par la Propaganda Staffel : les gens vont parler d'autre chose que de la guerre...

Le lendemain, lundi 13 mars, ayant besoin d'un complément d'information, les hommes de Massu se présentent de nouveau rue Caumartin. Après avoir sonné, tambouriné, les policiers tournent machinalement la poignée. Surprise, la porte s'ouvre. Dans la chambre de Petiot, ils découvrent un désordre effarant : celui de quelqu'un qui a dû faire à toute vitesse ses bagages pour s'enfuir.

— Curieux, cette porte ouverte, devait répéter plus tard Massu.

Le commissaire ne se doutait pas que c'était là une manie du bon docteur.

La presse se déchaîne. Dès le 13 mars, le journal l'Œuvre titre : « Une nouvelle affaire Landru. Vingt-cinq et peut-être trente femmes assommées et brûlées ». Les autres feuilles rivalisent d'adjectifs : « Petiot : un fou sadique » « Petiot, un avorteur, un lubrique, un drogué, un mégalomane... »

Un journaliste affirme que Petiot est un fou sexuel. Dans les cabarets, l'horreur se colore d'humour. Les chansonniers font rire avec « Madame vos os ont besoin de chaux », « La femme au foyer »... « Une chaudière et un cœur »... D'autres quotidiens racontent tous, en exclusivité, la façon d'agir du médecin. On a le choix. Le docteur Satan jetait ses victimes vivantes dans la chaux. Non ! Il les empoisonnait. Non ! Il les asphyxiait. Non ! Il les matraquait, les piquait à mort, les violait, les...

Les sceptiques, ceux à qui on ne la fait jamais, racontent, à pernod-que-veux-tu, que c'est un coup monté par les services allemands pour créer une diversion... Il faut dire que l'histoire arrive à point nommé. Tous les matins les « canards » créent du neuf. « Petiot a été arrêté à Vichy. » « Petiot a violé une petite fille aux environs de Nice », « Petiot a été surpris alors qu'il achetait son journal. » Partout, dans la rue, dans le métro, les Parisiens se dévisagent. Malheur à qui porte une barbe ou dissimule ses yeux derrière des lunettes noires.

Les Français se précipitent sur les journaux où, pour une fois, on parle d'autre chose que de tickets qui ne seront pas honorés. La midinette frémit, le fonctionnaire s'en ronge les ongles, la concierge en bavarde avec le coiffeur sur le pas de sa boutique. Les informations touchant la guerre sont, elles, réduites au minimum. En Allemagne même la presse hitlérienne imprime : « Voilà l'exemple type de ce qu'un pays démocratique déchu et corrompu peut produire d'êtres tarés et livrés à la perversité juive. » De Hollande, un fou écrit au Quai des Orfèvres : « Regardez bien dans la fosse si elles n'y sont pas... ici on a perdu plusieurs riches familles. »

Le docteur Cueiller, ravi de recevoir ces messieurs de la presse, raconte avec complaisance comment il avait dès 1936 découvert la folie et le sadisme de Marcel Petiot. A Villeneuve-sur-Yonne, on exhume l'histoire de la croix du cimetière, la disparition de Louisette, le chat jeté dans l'eau bouillante, la laitière et même tous ses pots à lait. La librairie Gibert évoque le livre volé à sa devanture, Madame Arika, graphologue, se fait une renommée éclatante en analysant l'écriture du « monstre »... Les radiesthésistes parcourent la campagne, pendule en main.

Un chroniqueur plus lucide que les autres écrit que, « dans la tête des Français, ça chauffe beaucoup plus qu'au 21 de la rue Le Sueur ».

Dès le 12 mars le central téléphonique dont dépend le 66 rue Caumartin a signalé au commissaire Massu une communication interurbaine demandée par le numéro du Dr Petiot dans la soirée du 11 : l'abonné a appelé Auxerre, dans l'Yonne.

D'autre part, le commissaire n'a pas oublié l'écriteau placardé sur la porte de l'hôtel de la rue Le Sueur : « Absent un mois. S'adresser et faire suivre le courrier 18, rue des Lombards à Auxerre. »

Enfin, Massu a appris que Maurice Petiot, le frère du docteur, demeurait dans cette même ville.

Le lundi 13, en fin de matinée, le commissaire Massu et deux de ses hommes franchissent la Porte d'Italie à bord d'une voiture de service, munis de bons d'essence pour parcourir 500 kilomètres. Cela suffit amplement pour l'aller-retour Paris-Auxerre.

Arrivés dans l'après-midi, ils se rendent directement rue du Pont, où Maurice Petiot tient un commerce de cycles.

Les policiers de Paris sont reçus poliment. Il y a là Maurice, sa femme et leur neveu Gérard, le fils du docteur, qui fait ses études au lycée d'Auxerre. Cette petite famille provinciale fait bonne impression au commissaire Massu. Maurice répond posément et simplement aux questions posées. Non, il n'a pas vu son frère, ces jours derniers. Oui, il a lu les journaux, mais il n'envisage pas une minute que son frère ait pu être le tortionnaire, le Landru que la presse décrit.

— Nous ne sommes pas là pour perquisitionner, dit le commissaire. Il s'agit d'une simple visite domiciliaire...

Maurice prouve qu'il ne manque ni d'intelligence ni de bonne volonté :

— Si vous voulez me suivre...

On visite les pièces d'habitation : on descend à la cave, on monte au grenier, on regarde sous les lits, on ouvre rapidement les armoires. Massu cherche non Petiot mais un indice de son éventuel passage ; le fugitif a quarante-huit heures d'avance.

— Bien, dit le commissaire. Puis-je vous demander de bien vouloir nous accompagner rue des Lombards?

Visiblement, Maurice Petiot ne s'attend pas à cette demande. Habilement formulée, l'invitation ne peut souffrir ni hésitation ni refus.

— Qui habite au 18, rue des Lombards? demande-t-il à Maurice Petiot dans la voiture.

— Personne, monsieur le Commissaire.

— C'est une maison qui appartient à votre frère? Y vient-il les dimanches et fêtes?

— Non... non... Elle est à moi... Je l'ai achetée...

162

Le modeste commerçant qu'est Maurice Petiot a beaucoup acheté ces dernières années dans le pays. Mais cela, on ne le saura que plus tard; il ne s'en vantait pas.

La maison en question donne d'un côté rue des Lombards, de l'autre rue Sous-Murs. Elle est donc bâtie, au flanc d'une forte déclivité. Sous-sol d'un côté, vieille cour pleine de soleil de l'autre. Lorsqu'on arrive au deuxième étage, on se retrouve au jardin. Massu s'en rend compte très vite, manifestement personne n'habite là. Tout n'y est que poussière et bric-à-brac. Les frères Petiot donnent l'impression de partager une même passion pour la brocante. On pourrait croire que Maurice n'a acquis cette maison que pour y entasser de vieux meubles achetés en vente publique. C'est un vrai capharnaüm, comme l'hôtel de la rue Le Sueur...

— Patron, venez voir!

Massu tressaille involontairement : va-t-on encore découvrir des cadavres?

La maison est-elle une annexe du charnier parisien? Au point où il en est, le commissaire s'attend à tout.

Un inspecteur vient de pénétrer dans une chambre habitable. Le lit est défait et on jurerait qu'il est encore tiède.

— Quelqu'un a couché ici cette nuit, dit Massu. Qui?

Maurice Petiot paraît embarrassé.

— Je vais vous expliquer, ça me sert de chambre d'ami pour les gens qui n'habitent pas Auxerre. Cette nuit, c'est un confrère, un marchand de radio de Courson, qui...

— Son nom, son adresse.

— M. Neuhausen à Courson-les-Carrières.

Le commissaire envoi illico un de ses inspecteurs aux renseignements. Une demi-heure plus tard, par l'intermédiaire du commissaire de police d'Auxerre, on connaît la vérité : la nuit précédente, ce M. Neuhausen a couché avec sa femme, à Courson.

— Je suis navré, Monsieur Petiot, dit Massu. Vous m'avez

menti. Je vous accuse de recel de criminel. Je dois vous mettre à la disposition de la justice. Veuillez nous suivre au commissariat.

Pendant les premières formalités, Massu a une intuition de policier chevronné.

— A quelle heure passe le dernier train? demande-t-il à son confrère auxerrois. Peu importe la direction...

— Dans... sept minutes.

Les portières claquent, la voiture fonce vers la gare. On entend siffler une locomotive : le dernier train s'arrêtant à Auxerre va entrer en gare...

Massu et son équipe le précèdent de quelques secondes. En débouchant sur le quai, ils n'ont aucune peine à repérer Georgette Petiot qui s'apprête à déguerpir. Elle est dans un état pitoyable physiquement autant que moralement. Dès son arrivée au commissariat, elle s'évanouit; le commissaire Massu juge inutile de procéder à un interrogatoire sur place; après l'avoir ranimée, deux inspecteurs la soulèvent comme une plume et la transportent dans la voiture où son beau-frère a déjà pris place. En route pour Paris.

Immobile et muet, Maurice soutient du mieux qu'il le peut sa belle-sœur sanglotante. Il fait nuit lorsque la voiture arrive à Paris. Dieu sait comment les journalistes ont appris que Massu ne rentre pas bredouille d'Auxerre. Toujours est-il qu'ils sont nombreux à battre la semelle devant l'entrée de l'immeuble du Quai des Orfèvres. Le commissaire et tout son monde ont beaucoup de mal à atteindre le célèbre escalier qui mène à son bureau. Massu s'enferme avec Georgette Petiot.

D'emblée, celle-ci déclare qu'elle ignore tout des agissements criminels imputés à son mari. C'est tout juste si elle a su, en son temps, l'achat de l'hôtel particulier qu'elle ne connaît d'ailleurs que pour y être allée une fois.

Elle parle de son mari comme d'un homme très agréable

164

à vivre, mais qu'elle ne voit pas souvent car il est débordé. Le soir du samedi 11 mars, vers sept heures, son mari avait raccroché en marmonnant « police » et avait filé avec les mêmes gestes que lorsqu'on l'appelait d'urgence auprès d'un malade. Elle avait pressenti qu'il se passait quelque chose de grave : elle avait attendu toute la nuit dans un fauteuil. Donnons ici deux précisions indispensables : en mars 1944, le mot « police » prenait toutes sortes de significations, et Petiot venait de passer plusieurs mois dans les geôles allemandes.

C'est donc à juste titre folle d'inquiétude que Georgette avait décidé d'aller à Auxerre voir son fils et son beau-frère. Elle s'était rendue gare de Lyon, pour apprendre qu'il n'y avait aucun train avant le lendemain lundi. Revenue rue Caumartin et voyant deux agents devant la porte, elle n'avait pas osé entrer. Elle était donc repartie avec sa valise. Elle avait passé le dimanche matin dans une église à écouter toutes les messes et l'après-midi dans le hall de la gare Saint-Lazare. Puis, instinctivement, elle s'était rendue dans un immeuble de la rue de Reuilly, appartenant à son mari et y avait passé la nuit recroquevillée sous l'escalier. Comme le seul train pour Auxerre ne partait qu'à 17 heures 20, le lundi elle était allée attendre que le temps passe dans un café-restaurant proche de la gare de Lyon dont elle connaissait vaguement les propriétaires.

Une chose chiffonne Massu. Au policier qui l'interrogeait, Neuhausen avait répondu avec beaucoup de courtoisie; « trop peut-être », a insinué l'inspecteur. Pour en avoir le cœur net, Massu dicte sur-le-champ une demande de mandat de perquisition chez Neuhausen à Courson-les-Carrières.

Tourné et retourné sur le gril, Maurice Petiot est en train de craquer... il craque; il avoue tout. Oui, c'est lui qui a procuré quatre cents kilos de chaux vive à son frère. Il les a achetés dans l'Yonne et fait livrer par deux transporteurs nommés Eustache et Massonière.

— Maurice Petiot, je vous arrête, annonce Massu exténué, lui aussi, par l'interrogatoire.

Le commissaire Massu détient Maurice et Georgette Petiot. Maintenant qu'il en sait davantage, il va pouvoir prendre un train pour Courson-les-Carrières.

Blasés par cette affaire chaque jour plus énorme, Massu et ses deux adjoints ne sont pas tellement étonnés de découvrir une montagne de cinquante-trois valises sous les combles du grenier des Neuhausen. A l'exception de trois valises en pleine peau et recouvertes d'une housse, les autres n'ont rien de luxueux. Toutes, en tout cas, sont très lourdes. Sur une grande échelle dressée contre le mur, les agents font la chaîne pour les descendre. A Courson-les-Carrières les distractions sont très rares. Cet insolite déménagement devient une fête.

Interrogés à la gendarmerie, les époux Neuhausen jurent les grands dieux ne rien savoir du contenu des valises. Ils ont rendu service à un ami, un point c'est tout. Massu commence à s'impatienter.

— Savez-vous que vous pourriez être inculpés comme receleurs?

S'apercevant qu'il n'en apprendra pas plus dans l'immédiat il décide de faire écrouer le couple. Au passage, il arrête un infortuné brocanteur qui avait acheté des meubles aux Neuhausen. Il embarque également Nézondet, le malheureux ami de la famille Petiot.

Nézondet résiste pendant soixante-douze heures d'affilée à la pression que les enquêteurs exercent sur lui; et puis soudain, il craque; il raconte.

166

Un si long temps de silence le rend bavard; il se perd dans les détails.

— Il y a plus de vingt ans, dit Nézondet, alors que je disposais de 15 000 francs, j'avais acheté à Villeneuve-sur-Yonne la charge de greffier de la Justice de paix. C'est à cette époque que je connus le docteur Marcel Petiot. Plus tard, ayant eu la main mutilée, je dus abandonner ma charge; au Moulin de la Fontaine Rouge, j'installai un centre de culture de cresson et un élevage de truites. Ce n'est qu'en 1932 que je suis venu travailler à Paris comme garçon de bureau.

— Au fait, au fait, gémit Massu.

— J'y viens, j'y viens, sanglote Nézondet. J'ai connu la monstrueuse entreprise du docteur de la bouche même de son frère. Voici comment : au mois de novembre ou décembre 1943, j'ai rencontré Maurice Petiot à l'hôtel où il avait l'habitude de descendre, rue de Bercy. Je venais simplement pour y prendre livraison d'un haut-parleur de TSF. Je vis Maurice. Il était livide. Blanc comme un linge. Je lui demandai d'où il venait. Il venait de chez son frère, rue Le Sueur. Immédiatement, je crus qu'il avait découvert chez Marcel un poste émetteur clandestin, car il me déclara, atterré. qu'il y avait là-bas « de quoi être tous fusillés ». « Un émetteur? me dit Maurice; ce ne serait pas grave. Mon frère est un tueur. C'est épouvantable. Il a tué cinquante ou soixante personnes. »

Gardant son sang-froid malgré l'effarante révélation, le commissaire demande à Nézondet de préciser davantage les choses.

— Le frère de Petiot m'a confié, reprend l'interrogé, qu'il avait trouvé les cadavres dans une fosse. Toutes les victimes avaient les cheveux et les sourcils rasés.

Sur la machine à écrire, les feuillets de la déposition se succèdent; René Nézondet confesse maintenant qu'il a mis lui-même Georgette Petiot au courant.

— Elle est venue me voir chez moi, rue Pauly, en janvier dernier, un peu avant que son mari ait été libéré par les Allemands. Je détenais le secret de Maurice depuis un mois. Tenez, c'est en présence de ma femme que je l'ai mise au courant des agissements de Marcel; elle s'est trouvée mal. Ma femme a d'ailleurs pensé que sa syncope était simulée.

Dès que Nézondet a signé cette déposition sensationnelle, Massu le conduit au Juge d'instruction Georges Berry qui l'inculpe de non-dénonciation de crime en application de la loi du 7 octobre 1941.

Trois jours plus tard, Nézondet et Maurice Petiot se retrouvent face à face. D'entrée, les deux hommes s'insultent copieusement et il faut l'intervention de deux policiers pour les empêcher de se battre.

— Tu n'es qu'un voyou! hurle Maurice Petiot. Et un menteur. Je ne t'ai jamais rien dit.

— Tu as un sacré toupet! Comment oses-tu? Et la chaux, hein? la chaux... c'était pour quoi faire?

— C'est faux! Je ne savais rien, je n'ai jamais rien su des activités de mon frère. Bien sûr, je suis allé rue Le Sueur, mais c'était en compagnie d'un architecte. Il y avait une fuite d'eau. Quant à la chaux, mon frère m'avait dit qu'il voulait blanchir la façade. Et puis aussi qu'il y avait des punaises...

Nézondet et Maurice restent sur leurs positions. Ce qui n'arrange pas les affaires du Commissaire Massu.

Quelques jours plus tard, le policier reçoit par la poste ces quelques mots, écrits de la main de celui qu'il recherche : « Il court, il court, le Petiot ! »

Depuis des mois, l'enquête piétine, tandis que les événements historiques, de par le monde, se succèdent à vive allure.

L'offensive aérienne alliée sur l'Europe a débuté le 11 janvier en prélude au débarquement. Le 3 mars, ouverture à Alger du procès Pucheu. Le 25 mars en France, l'attaque du maquis des Glières. Le 11 avril à Alger, Giraud est évincé. Le 21 avril, bombardement de Lens et de Paris. Pétain évoque alors le « mirage de la Libération ». Le 6 juin, le débarquement... Le 15 juillet, Rommel demande à Hitler la cessation des hostilités. Le 25 août, Von Choltitz capitule à la Gare Montparnasse : Paris est libéré. Le lendemain, de Gaulle descend de l'Etoile à Notre-Dame. L'ère de l'épuration commence. Qu'est devenu pendant ce temps l'insaisissable Petiot ? Mystère.

L'hiver et le printemps ont vu l'extension en France d'une curieuse maladie : la « Petiotomanie ». Chaque jour, plusieurs dizaines de personnes écrivent ou téléphonent à la Police judiciaire, persuadées d'avoir retrouvé le docteur. Des recherches sont entreprises dans l'Yonne entre Saint-Martin-du-Tertre et Noilly pour retrouver non plus les victimes de Petiot mais bien le cadavre de l'assassin. Une pythonisse aurait, en effet, « localisé » son corps dans cette région. Elle précise même : « Petiot s'est empoisonné ». Seul le manque de documentation cartographique ne lui a pas permis de situer très exactement l'endroit...

Certains radiesthésistes assurent qu'il vit avec une femme ; et que lui-même se travestit en femme !

On le voit partout :

« C'était sur le quai du métro, raconte une journaliste de « l'Œuvre », à la fin du mois de mars. Il était bien là, les yeux exhorbités et passait machinalement la main droite dans son opulente chevelure (...); il ressemblait si bien au personnage de la photo publiée dans les journaux qu'il était impossible de s'y tromper... On l'imaginerait plutôt actuellement moustachu, les yeux cachés par des lunettes en vrai verre à vitre ou déguisé en curé ou en employé de la SNCF...

« J'en étais là de ma contemplation quand une petite voix toute proche me fit tressaillir. Elle appartenait à une toute petite vieille dame, très agitée, qui me disait :

— N'est-ce pas que c'est bien lui?

« Or, en me retournant, je m'aperçois que ma voisine fixait un grand monsieur à la barbe fleurie, qui lisait son journal avec une attention soutenue...

« Son » Petiot n'était pas le mien. »

La vieille dame avait peut-être réellement reconnu Petiot qui a effectivement laissé poussé sa barbe; il a un peu grossi, également. La guerre ne semble pas l'avoir affamé. Bref, il est devenu absolument méconnaissable.

En quittant la rue Le Sueur, le 11 mars 1944, Marcel Petiot avait téléphoné à son frère depuis le café Bézayrie. Et cela lui avait donné une idée. Bézayrie lui avait présenté un jour, devant le zinc, un peintre en bâtiment d'une cinquantaine d'années nommé Georges Redouté qui habitait rue du Faubourg St-Denis. L'homme avait plu à Marcel car il avait bon cœur. Un homme simple qui ne posait jamais de questions et n'attendait pas de réponses.

Petiot était donc allé frapper à sa porte.

Redouté, que le médecin avait soigné quelques mois plus tôt d'une sinusite, avait été ravi de la confiance que lui témoignait Petiot en venant, pour un temps, se réfugier dans son humble demeure. Redouté croyait et voulait croire ce que disait Petiot.

— Est-ce vrai cette histoire de cadavres?

— Oui, mais ce sont des Allemands, des mouchards.

— Jurez-moi sur la tête de votre fils qu'il ne s'agit pas là d'assassinats comme le racontent les journaux.

— Je ne peux pas jurer, car j'ai tué. Mais je vous assure qu'il s'agit de cadavres allemands.

Un jour cependant Redouté fut choqué. Lisant un journal, le médecin l'avait soudain déchiré et jeté.

— Ils oublient de parler des cadavres que mes camarades de la Résistance et moi avons jetés dans le canal de l'Ourcq et dans le Bois de Boulogne!

Redouté admettait que toute trahison mérite un châtiment, mais de là à tuer... Parfois le médecin lui narrait ses missions en province, la récolte dans les champs des armes parachutées par les Anglais. Petiot lui racontait que pour camoufler les cadavres de la rue Le Sueur, ses amis partisans avaient gaspillé plus de cent mille francs de matériel lui appartenant : des outils de médecine, des livres, etc...

— Ah, poursuivait le médecin, si seulement la camionnette était venue pour les chercher!

Lorsque Redouté lui parlait de la chambre secrète et de son périscope, Petiot, en riant, disait que c'étaient des bêtises.

— Monsieur Redouté m'a soigné comme un père, a raconté Petiot, il m'a remonté moralement. Lorsque j'ai été rétabli j'ai voulu reprendre la lutte, mais les chefs de ceux qui m'avaient embauché comme « Spécial 21 » avaient peur du danger auquel j'aurais exposé les camarades qui auraient travaillé avec moi au cas où j'aurais été pris. « Ils me considéraient comme trop recherché pour être utilisé sérieusement. Je cherchais un moyen de passage en Angleterre mais celui que je connaissais était trop long car il passait par

171

l'Espagne. Et puis on espérait toujours le débarquement pour la semaine suivante. « Je me contentais donc de petits travaux : la rédaction de tracts et la préparation du soulèvement parisien. »

L'hôtel de la rue Le Sueur avait été nettoyé à grande eau par les pompiers et la fosse vidée.

Les voisins étaient retournés à leurs habitudes.

Pendant que Paris attendait fébrilement sa libération, les policiers, eux, étaient pour ainsi dire devenus les nouveaux locataires de la rue Le Sueur. Ils y passaient leurs journées et leurs nuits à la recherche du moindre indice.

Dans le débarras, parmi les gravats, les inspecteurs Petit et Renonciat avaient trouvé une robe de satin noir, une sorte de fourreau décoré sur la poitrine de deux hirondelles en lamé or. Au dos était cousue une griffe : « Sylvie Rosa, couture mode, rue Estelle, Marseille ». Ils avaient également déniché une petite toque de daim beige agrémentée d'une plume de paon venant de chez « Suzanne Talbot, 14 rue Royale à Paris ». L'enquête devait leur apprendre que ces vêtements avaient appartenu à Paulette-la-Chinoise. Une prostituée marseillaise montée à Paris... Dans l'office, ils avaient découvert une chemise d'homme, marquée aux initiales « K K », une chemise de femme marquée « T », et dans un placard, vingt-deux paires de chaussures de femme, vingt-deux brosses à dents, vingt-deux flacons de toilette, quinze peignes, quinze poudriers, quatre parapluies, vingt-sept tubes de produit de beauté.

De son côté, le docteur Paul jonglait avec quinze kilos d'os calcinés et onze kilos d'os plus frais... Ce genre de puzzle macabre n'ayant aucun secret pour lui, il put affirmer qu'il y avait rue Le Sueur « autant d'hommes que de femmes », à l'état de restes...

Dans les jours qui avaient suivi la Libération de Paris, Petiot qui s'était fait pousser la barbe, sortait toute la journée en ville. Il rapportait des grenades et des objets divers qu'il disait avoir pris aux Allemands : des Allemands que lui et ses camarades de la Résistance avaient combattus.

Le vieux Redouté hochait la tête. Il n'était pas sûr que cela fût bien d'assassiner des Allemands...

20 août, en pleine insurrection parisienne, Petiot se mêle aux combattants de la barricade de la Place de la République.

Le lieutenant Rollet, commandant d'un groupe franc, voit devant lui un homme aux yeux brillants, très brun, fortement barbu, mal vêtu, chaussé d'espadrilles.

— Je ne peux pas vous dire qui je suis, lui dit l'homme. Pourtant vous me connaissez. Tout le monde me connaît. Si je vous disais mon nom, vous seriez effrayé.

De cet assaut, place de la République, Petiot rapporte un tambour en manière de cadeau pour son hôte.

Peu de temps après, Redouté voit son ami revenir avec un brassard tricolore.

— Je me suis engagé dans les milices patriotiques du Xe arrondissement.

Petiot s'est inscrit sous le nom du docteur Valéry, son prédécesseur du 66 rue Caumartin. « Docteur Valéry »! Depuis des mois, tout le monde a lu ce nom. Chacun sait qui est « le successeur du docteur Valéry ». Dans cette période troublée, Petiot s'est permis une bravade inimaginable.

Mais Marcel Petiot va faire mieux encore. Il l'a raconté :

« Pendant mon affectation aux FFI du Xe arrondissement, un journaliste qui faisait une enquête sur les derniers prisonniers de Compiègne toujours incarcérés malgré la parole donnée par les Allemands, nous en avait communiqué la liste. Parmi les noms indiqués, il y avait un certain Gérard. Me souvenant qu'un docteur Gérard, habitant boulevard Raspail, avait été emprisonné par les Allemands, j'allai chez lui ».

Alors une idée diabolique naît dans l'esprit de Petiot : il va se moquer du monde entier en faisant au grand jour de l'épuration sous une identité d'emprunt.

Le 9 septembre, il se présente boulevard Raspail. Madame Gérard lui ouvre. Impressionnée par le brassard FFI et l'air pénétré avec lequel son visiteur lui déclare « être quelqu'un de très connu mais qui ne peut lui dévoiler son identité », celle-ci révèle que son mari a été effectivement arrêté par les Allemands en 1942 mais qu'après une incarcération de trois mois à Fresnes, il a été libéré.

— Pas de chance! songe Petiot rageur.

A ce moment paraît le docteur Gérard. Remarquant le brassard, celui-ci offre à boire au visiteur. Et la conversation s'engage sur l'épuration.

Non sans cynisme, Petiot déclare :

— Tout cela ne va pas assez vite. Pour ma part j'ai déjà abattu 70 suspects...

Songe-t-il à la rue Le Sueur? Ou bien s'est-il entre-temps quelque peu diverti aux frais de la « collaboration »?

Le « FFI » ne perd pas de vue son idée. Il demande au docteur Gérard s'il connaît un autre médecin emprisonné par les Allemands qui serait encore en Allemagne.

— On pourrait, dans ce cas procéder à un échange avec un prisonnier allemand.

Il obtient ainsi l'adresse de Madame Wetterwald dont le fils est prisonnier en Allemagne.

Le 11 septembre, Petiot rend visite à cette dame en se recommandant du docteur Gérard.

— Je suis chargé d'enquêter sur la disparition de votre

174

fils, explique-t-il. Je viens vous demander tous les détails et documents concernant ses activités ainsi que les circonstances de son arrestation.

Il examine les papiers militaires et universitaires d'Henry Wetterwald et les emporte tranquillement. Il remplace la photographie du disparu par la sienne puis il se rend à la caserne Valmy pour s'engager dans le 1er Régiment de marche de Paris. Son nom?

« Docteur Henry Wetterwald, dit Henry Valéry »...

Le pseudonyme a quelque chose d'authentiquement « Résistant ». Les papiers sont en règle. On incorpore immédiatement « Henry Wetterwald » avec le grade de lieutenant. Peu de temps après, il est nommé capitaine et affecté à la Caserne de Reuilly en qualité de capitaine enquêteur à la Sécurité Militaire.

On assiste alors à une nouvelle bouffonnerie du destin : le docteur de la rue Caumartin, l'homme recherché par toutes les polices de France, le docteur Petiot enfin, rend la justice...

Les Services de Sécurité sont débordés. Pour faire face au véritable raz de marée de dénonciations, la Sécurité Militaire, installée à Reuilly dans les locaux à peine évacués par les Allemands, doit faire appel à tous les volontaires : Officiers de réserve, FFI, Résistants. On crée un « Tribunal militaire », un Service de la Prévôté.

Très à l'aise dans ces bâtiments à longs couloirs où se presse une foule hétéroclite, moitié civile moitié militaire, Petiot prend très au sérieux son nouveau rôle : il est « Commissaire instructeur », et dispose d'une voiture.

Devenu le capitaine Valéry, avec uniforme, galons, auto, dossiers d'épurations, bureau et secrétaire, il ne joue pas seulement un personnage. Il est le personnage.

Comment définir cette attitude : duplicité? Naïveté? Provocation? Délire logique?

Avant de s'engager à la Caserne Valmy, Petiot s'était rendu chez Pierre Brossolette « pour lui expliquer l'affaire de la rue Le Sueur et reprendre directement le travail sous ses ordres ».

— J'ignorais son décès...

Ce n'est certainement pas vrai. Il semble que Petiot désire plutôt être remarqué par des gens qui, le jour venu, seront à même de témoigner de son passage.

— J'allai à l'Hôtel de Ville, d'où je fus renvoyé à l'Etat-Major du Général de Gaulle rue Saint-Dominique, puis au 2e Bureau, même rue, puis au boulevard Saint-Germain, puis dans un ministère rue de Solférino, puis rue de Grenelle à la radiodiffusion nationale. Partout, on ignorait le sort de Pierre Brossolette. Au 2e Bureau, un officier m'indiqua qu'il n'avait pas été, comme je l'aurais cru, l'organisateur et le chef du 2e Bureau du général de Gaulle, mais seulement d'une annexe dont ils avaient l'air de faire peu de cas. Enfin, rue de Grenelle, au ministère de l'Information où je m'étais présenté sous le nom de Valéry, une dame m'indiqua comme probable le décès de Pierre Brossolette, mais me demanda de revenir le lendemain (c'était fin août ou début septembre). Je revins le lendemain et dans le même bureau, la même personne me confirma le décès de Pierre Brossolette. J'eus une crise de larmes qui se prolongea jusqu'à ma sortie...

Tout se tient, tout est logique, dans son esprit : « On m'a vu jouer les résistants, dont je suis authentiquement « résistant ». » Un mois plus tard, le capitaine Valéry mène les interrogatoires.

Sa secrétaire, une ancienne comédienne, a beaucoup d'admiration pour ce chef qui fait preuve de compétence. Mécontent de la mollesse avec laquelle est menée l'épuration, il obtient une entrevue avec M. Vassard, Procureur de la République. Et là, pendant trois quarts d'heure, le docteur

Petiot à nouveau, défie le destin. A celui dont c'est le métier de réclamer la tête des assassins, c'est l'assassin qui vient réclamer des têtes.

— L'épuration se fait avec une pince à épiler alors qu'elle devrait se faire avec une pelle, explique Petiot. C'est la persistance du nazisme qui m'a incité à demander un poste dans les Services de Sécurité Militaire.

Pour mener à bien sa tâche, il exige que lui soient adjoints trois inspecteurs.

Le 16 septembre, quelques jours seulement après avoir été placé sous les ordres du commandant Raphy, chef du service de sécurité à Reuilly, Petiot envoie trois de ses hommes, le lieutenant Duchesne, le caporal Salvage et un civil nommé Cabelguenne enquêter chez M. Larrogance, un vieillard de soixante-quatorze ans, maire de Tassancourt, en Seine-et-Oise. En fait, les trois compères vont dérober une collection de timbres évaluée à cinq millions et demi de francs, appartenant à un nommé Baumgartner enfui en Allemagne ainsi qu'une somme de sept millions qu'ils vont trouver en fracturant le coffre-fort. Leur coup fait, ils emmènent le vieillard et le tuent à coups de marteau.

Malheureusement pour eux, trois autres forbans ont été témoins du crime. Des collaborateurs, ceux-là. Pour les neutraliser Petiot les fait rechercher, les arrête, les torture; puis après les avoir menacés d'une exécution sommaire, il les fait emprisonner rue François-Miron au siège de la « Garde patriotique du IVe arrondissement ». Petiot a fait une erreur. Car le lieutenant en chef de ladite garde, intrigué par le piètre état des trois individus, fait enfermer avec eux l'un de ses hommes qui s'arrangera pour les faire parler.

Le 14 octobre, le lieutenant L..., qui ignore la véritable identité du capitaine Valéry mais tient à faire la lumière sur cette histoire, se rend à la caserne de Reuilly. Là, il fait un rapport détaillé au commandant Raphy puis va voir le capitaine Valéry. Le lieutenant L... raconte lui-même l'entrevue :

« Valéry parut très ennuyé par les questions que je lui posai. Il tremblait et fouillait fébrilement dans ses papiers et son tiroir.

— Laissez cette affaire, me dit-il, Duchesne et Salvage ne sont plus ici. Ils sont à la prison du Cherche-Midi. C'est la 1re Brigade de Sécurité nationale qui les a arrêtés. Les timbres ont été confiés au capitaine Crey qui est parti le 18 pour Angers. »

« J'ai su plus tard, reprend le lieutenant L... qu'il s'était plaint avant son départ de la disparition de ces timbres. »

« Quant à l'argent, Petiot n'a pu me dire ce qu'il était devenu. »

Il n'y a pas de doute possible, les trois hommes de main ont bien commis leur meurtre à l'instigation de Petiot. Le lieutenant trouve divers documents concernant cette « enquête » qui portent sa signature. D'autres, plus compromettants, ne sont pas signés mais ont été tapés avec la même machine, sur le même papier ocre.

Sur l'un d'eux, on peut lire notamment :

« La collection de timbres appartenant à M. Baumgartner de la L.V.F. actuellement en fuite, nous avons décidé de la rechercher à Tassancourt. Elle est dissimulée dans le coffre-fort derrière la penderie. Ceci d'accord avec le capitaine Dollar de Nantes, qui nous en a appris l'existence ».

Le lieutenant a tout compris :

— Le capitaine Valéry, c'est évident, a voulu cacher chez nous des témoins gênants qui avaient déjà été martyrisés pour qu'ils ne parlent pas.

Pourtant, aux yeux de tous, Valéry reste un héros de la Résistance. Toutes les occasions lui sont bonnes pour rappeler son glorieux passé.

— Pour m'engager dans les FFI, j'ai sacrifié une riche clientèle, confie-t-il volontiers.

Il raconte en détail les tortures qu'il a subies : pendant trois jours et trois nuits, avenue Henri Martin, lors de son arrestation par la Gestapo : dents limées, sternum brisé, crâne pressé.

Il a toujours autant d'imagination ; il fait pâmer d'émotion sa secrétaire, en impose à ses collègues...

— Je suis entré à la fin de l'année 1941 dans l'organisation Brossolette, déclare-t-il à qui veut l'entendre.

Qui oserait reconnaître dans cet homme barbu, un peu gros, aux yeux voilés par des paupières alourdies, qui donc oserait reconnaître le docteur Petiot, l'assassin glabre aux yeux étincelants ?

Les péripéties de cette fin de guerre ont rejeté l'affaire Petiot dans l'ombre. Le public oublie celui qui a été son héros favori durant plusieurs mois.

Quelqu'un pourtant ménage une surprise à Petiot : Jacques Yonnet, rédacteur au journal « Résistance ». Il fait paraître le 19 septembre un article à sensation intitulé « Petiot, soldat du Reich ».

« Le commissaire Massu savait déjà, le 24 juin, que le monstrueux criminel qui se cachait à Marseille, protégé par la Gestapo, s'était engagé au PPF puis dans une brigade antiterroriste », écrit-il.

Tous les faits relatés dans l'article ont été extraits d'un rapport du commissaire Massu daté du 24 juin 1944.

Ce jour-là, en effet, le commissaire avait, paraît-il, interrogé un dénommé Charles Rolland, opérateur de cinéma et ami de Petiot.

Plus qu'une simple déposition de témoin, ce texte semble être un traquenard destiné à perdre Petiot. Rédigé d'après les renseignements de Rolland, il a certainement été composé de façon minutieuse : les erreurs de détails et les invraisemblances de dates sont sans doute voulues. Pourquoi? On peut penser que c'est pour faire bondir Petiot d'indignation face aux ignominies dont on va l'accuser :

« C'est par l'intermédiaire d'une fille soumise rencontrée au hasard sur la Canebière, raconte Rolland, une prénommée Solange qui logeait rue Torte sur le Vieux-Port, que j'ai fait la connaissance du docteur Petiot. Cette fille m'avait demandé moyennant une somme de cent francs qui me serait remise de vouloir bien faire l'amour avec elle devant un de ses clients. Le client en question était le docteur Petiot. J'ai su son nom par la suite.

« Nous avons fait la noce tous les trois. Puis Petiot m'a donné rendez-vous au Cintra-Bodega sur le Vieux-Port pour le lendemain. J'y suis allé vers midi. Nous avons parlé ensemble (...).

« Mis en confiance, il m'a proposé de me livrer au trafic de cocaïne avec lui. J'ai accepté. Il me remettait de la cocaïne qu'il m'apportait au bar Cintra-Bodega et j'allais la livrer à des clients au bar américain sur la Canebière.

« Je déposais la cocaïne sur la chasse d'eau des lavabos et les clients, sur un signe de moi, venaient la chercher. Petiot, qui m'accompagnait, recevait l'argent.

« En 1939, j'ai été réformé. Je suis rentré en France. A Marseille, j'ai retrouvé le docteur Petiot. Plus exactement, à mon arrivée en France, je me suis rendu directement à Paris sans séjourner à Marseille. Ce n'est que quelques mois plus tard, vers octobre 1939, que je suis allé à Marseille et j'y ai revu Petiot au Cintra-Bodega. C'est alors qu'il m'a fait connaître son adresse à Paris comme étant 23 ou 21 rue Le Sueur. Ceci se passait vers octobre 1939, il n'y a pas de doute possible. »

Ici, première remarque : Petiot n'a acheté l'hôtel de la rue Le Sueur qu'en septembre 1941. Rolland commet sa

180

première erreur de date sur laquelle il insiste : « Il n'y a pas de doute possible ». Puis il ajoute :

« Je ne l'ai revu qu'au mois de janvier 1943, l'année dernière, vers la mi-janvier, étant à Paris. En fouillant dans mes papiers, j'ai retrouvé son adresse rue Le Sueur et l'idée m'a pris d'aller le voir.

« Je m'y suis rendu à pied. Cette rue est située dans le XVe arrondissement, je crois.

« Je me suis mal exprimé. C'est vers le début de 1940, avant l'entrée des troupes allemandes à Paris, vers le 15 mars, après mon anniversaire, que j'ai eu cette idée de revoir Petiot. »

Rolland insiste encore sur l'erreur de date en y adjoignant une précision suspecte : « après mon anniversaire ». Quelle bonne mémoire, soudain. Le faux témoignage semble manifeste, tant il paraît voulu, comique même dans son apparente lourdeur.

« Grâce à l'adresse qu'il m'avait donnée, je me suis rendu au 23 rue Le Sueur, dans le XVe arrondissement. Je m'y suis rendu avec une nommée Rose Berger qui habitait rue Durantin, en hôtel.

« C'est un grand immeuble qui fait un rond, à l'angle d'une rue. Je me suis renseigné auprès de la concierge qui m'a indiqué le docteur Petiot. Je ne me souviens plus de l'étage, je crois que c'est l'entresol. C'est lui qui nous a ouvert, très en colère lorsqu'il m'a vu, me reprochant de venir chez lui sans prévenir. Il nous a fait entrer dans le salon. J'ai remarqué qu'il y avait une pendule sur la cheminée du salon; cette pièce était meublée par une table ronde au milieu avec des fleurs dessus. Il y avait également deux chaises et deux fauteuils, pas de divan. »

Encore une fois, quelle mémoire! Rolland récite un véritable constat de police. Quant à la dame « logée en hôtel », on devine ce qu'elle vient faire.

« Ce n'est qu'en février 1943, vers le 25 ou le 26 que, me trouvant à Marseille depuis quelques jours, j'ai rencontré le docteur Petiot fortuitement au café Cintra-Bodega sur le Vieux-Port. Il était seul. J'étais mal habillé étant sans ressources. Nous avons parlé longuement ensemble. Là, je lui ai fait connaître que j'allais entrer au parti PPF (...)

« Il a décidé ensuite de rentrer lui-même au PPF, à Marseille. Je l'ai conduit moi-même au siège de ce parti, au 42, La Canebière. Là, Marcel Petiot a signé un engagement au nom de Sigrand Marcel, ayant présenté des papiers à ce nom. Il m'a recommandé alors de n'en parler à personne, que c'était mon intérêt comme le sien, ajoutant que si je parlais ce serait mauvais pour moi.

« Je revoyais Petiot tous les jours. Nous prenions nos repas à la brasserie des Catalans, sur le Vieux-Port.

« C'est le 7 mars, je crois, qu'il est parti à Pont-Saint-Esprit (Gard) dans une brigade antiterroriste sous les ordres du capitaine Draeger, officier allemand. Là, Petiot pouvait s'il le voulait prendre n'importe quelle identité. Il a des papiers allemands. Il est habillé en Allemand, sans aucun insigne français. »

Nouvelle erreur de date : le 7 mars, Petiot était rue Le Sueur, occupé à brûler des cadavres. Le 11 mars, Petiot est à Paris : les deux agents de police qui ont découvert le charnier sont là pour en témoigner.

« J'ai oublié de vous dire que pendant que j'étais à Marseille avec le docteur Petiot, alors qu'il venait de s'engager au PPF, il m'a confié qu'il avait un moyen de rendre une femme très amoureuse. Il s'agissait d'une sorte de suppositoire qu'il m'a montré et qui lui serait fourni par le docteur Blanc de Marseille. Petiot m'a dit qu'il avait fait plus de soixante fois l'expérience de cet excitant avec des femmes. »

Une attaque en règle : la drogue met en cause le médecin, l'appartenance au nazisme le classe comme un vulgaire assassin et non comme un membre du réseau « Fly Tox », enfin les accusation de « voyeurisme », d'impuissance ou de perversion sexuelle touchent l'homme au plus profond de lui-même.

Trop de psychiatres, de psychologues et de graphologues se sont penchés sur le cas de Petiot pour que la justice n'en ait pas tiré quelque enseignement.

Tout est faux dans ce rapport, mais il paraît bien fait pour prendre Petiot à son propre piège. Lui qui se moque du monde entier ne supporte pas qu'on se moque de lui en publiant pareilles sornettes. Le docteur veut être pris au sérieux.

Pour la première fois, le provocateur est provoqué. Que fera-t-il? Répondre à ce libelle, c'est risquer sa vie. En s'asseyant à la table de jeu, face à l'adversaire, Petiot veut prouver sa supériorité : il va vaincre le hasard. Ce délit de supériorité, c'est en réalité sa faiblesse. Les organisateurs de l'embuscade — si tel a été le cas — le savent, qui attendent patiemment.

Petiot a compris la situation. Il n'est pas dupe.

« En tout état de cause, il était extrêmement facile à ceux qui ont prétendu avoir recueilli cette déposition de s'apercevoir que Romain Rolland ne m'avait jamais connu, qu'il ne connaissait pas l'immeuble de la rue Le Sueur et n'y avait jamais pénétré, tout au moins en ma présence. »

Par dérision, pour bien marquer qu'il ne connaît pas le « témoin » il affecte de se tromper de prénom. Romain au lieu de Charles!

La volonté de puissance et la tentation du jeu ont été les plus fortes! Quelques jours après la parution de l'article, il fait parvenir à Yonnet, par l'entremise de son avocat Maître Floriot, une lettre où il proteste de sa bonne moralité.

« Rolland n'a jamais existé, affirme-t-il, que dans l'imagination de la police. Quant aux « membres de la Résistance » qui seuls aidèrent, et aident encore le docteur Petiot (certains ont des fonctions publiques), ils cherchent vainement un moyen de connaître la vérité sans s'exposer à des poursuites qui entraveraient leurs actions utiles à la patrie. Le signataire de ces lignes, loin d'avoir commis des actes déshonorants, loin d'avoir pardonné à ses tortionnaires et encore plus loin de les avoir aidés, a, tout de suite après sa sortie de la geôle allemande, repris sa place dans la Résistance avec un nouveau pseudonyme, ayant demandé un rôle plus actif pour venger des centaines de milliers de Français tués et torturés par les nazis. Il resta toujours en contact avec ses amis et participa autant qu'il le put, malgré les dangers que les poursuites lui faisaient courir, aux actions pour la Libération. Il participe encore de tout son possible et s'excuse de ne pouvoir suivre la polémique. Il fallut qu'un ami lui portât votre journal pour qu'il le lût. Ayant tout perdu, sauf la vie, il fait tous ses efforts pour en faire le sacrifice sous un faux nom, espérant à peine qu'ensuite les langues et les plumes déliées d'entraves feront connaître la vérité si facile à deviner. Il oublie tous les lourds mensonges boches que deux sous de bon sens français suffiraient à déceler sans effort. »

Qui a imaginé le piège de l'article « Petiot, soldat du Reich », cette manœuvre psychologique digne des meilleures techniques des psychiatres auxiliaires de la police américaine actuelle? Qui a fait parvenir le dossier Rolland au journaliste Yonnet? Ces questions demeurent sans réponse.

Ce qui est sûr, c'est que le piège a fonctionné. Petiot a donné dedans la tête la première.

Et ce qui doit arriver arrive. Le 31 octobre 1944, à la station St-Mandé-Tourelles, au moment où il descend les premières marches de l'escalier, deux hommes en imperméable qui étaient devant lui se retournent et brusquement le saisissent au poignet tandis que deux autres le ceinturent par derrière.

— Ne bouge pas, Petiot! Tu es fait!

Ce sont des agents de la DGER, Service de Sécurité de la France Libre, commandés par le capitaine Simonin.

Ramené à la caserne Reuilly, il est fouillé. Sur lui on trouve un revolver de calibre 9 mm chargé, une carte des Milices patriotiques et de l'association France-URSS, trente et un mille francs en liquide, une quantité de papiers à des noms différents : Valéry, Wetterwald, Gilbert, de Frutos, Cacheux, ainsi que des ordres de mission et de perquisition en blanc. Détail singulier, le capitaine Valéry détient aussi une carte du Parti communiste auquel il s'était inscrit huit jours auparavant.

Et parce qu'on ne veut pas qu'il souille plus longtemps l'armée française, on le dépouille de son uniforme.

CHAPITRE 8

LA PRISON ET L'INSTRUCTION
(2 novembre 1944-18 mars 1946)

C'est le jour des Morts que le docteur Petiot est remis entre les mains de la Justice par la Sécurité Militaire.

Le commissaire Pinault de la Police Judiciaire reprend l'affaire là où l'avait laissée, en d'autres temps, d'autres mœurs aussi, le commissaire Massu : celui dont on a dit qu'il avait inspiré le personnage de Maigret à Georges Simenon a des ennuis avec le Comité d'Epuration de la Police et vient de tenter de se suicider.

Le 2 novembre 1944, Petiot est donc présenté officiellement au juge Golletty chargé de l'instruction.

C'est pratiquement la première grande affaire de ce jeune magistrat. Il débute. Il est encore timide.

Il est mort aujourd'hui, mais il a laissé le souvenir d'un des juges d'instruction les plus désagréables qu'il ait été donné de rencontrer. René Nézondet, qui a eu affaire à lui, le décrit ainsi : « Petit, nerveux, il semblait n'avoir qu'une seule idée en tête : mettre en boîte, tant au figuré qu'au réel ». Le juge Golletty estimait que pour la commodité des choses tout le monde aurait dû être mis en prison. « C'est tellement plus facile pour les interrogatoires » déclarait-il ; il aurait été capable, termine Nézondet, « de passer son temps à rechercher la préméditation chez une tuile tombée par hasard sur le nez d'un passant ».

C'est donc en accord avec sa conscience et son obsession que le juge fait écrouer Marcel Petiot à la prison de la Santé, après que ce dernier ait annoncé qu'il chargeait Maître Floriot d'assurer sa défense. Si Petiot a choisi comme défenseur « cette terreur des témoins à charge », c'est parce que les deux hommes, on l'a vu, se connaissent bien.

En cette fin d'année 1944, René Floriot est déjà le plus efficace des avocats parisiens. Il s'est inscrit au Barreau de Paris en 1923. Sans fortune, sans relations, il s'est imposé par son intelligence déliée et sa puissance de travail. Car il est avant tout un Avocat. « Il est Avocat comme on est chirurgien. Quand un chirurgien opère un estomac il ne se demande pas si le propriétaire de l'estomac est un honnête homme et s'il lui est sympathique. Il se bat avec la mort pour sauver celui qui lui a confié sa vie. » Ce portrait de Françoise Giroud explique comment René Floriot est devenu pour le public l'Avocat. Pour réussir il ne s'est pas fié aux facilités de l'improvisation, aux roulements de tambours et aux effets d'audience des avocats d'Assises. D'abord il travaille. Il connaît à fond le dossier ; il le prépare comme on prépare un dossier civil ou commercial. Floriot a le premier imposé les méthodes de travail du civiliste dans la procédure pénale. Il travaille et il plaide. Il n'est pas de ces avocats qui croient de bon ton de considérer la plaidoirie comme un exercice futile ou inutile. Mais s'il plaide, c'est pour gagner. Et il a pour servir cette volonté un talent que reconnaissent même ceux qui n'arrivent pas à lui pardonner. Au surplus sa bonne humeur chaleureuse font de lui un confrère sympathique. « L'homme est sympathique parce qu'il est un des rares personnages habités, parce que heureux d'avoir réussi, il l'avoue ; par ailleurs, s'il ne refuse jamais du travail, il ne se plaint pas d'en être accablé; parce qu'il rend enfin un son authentique. Je préfère, écrivait aussi Françoise Giroud, pour ma part le son du fer à celui du métal doré. [1] »

Quelque trente ans après, René Floriot conserve de Marcel Petiot le souvenir d'un des hommes les plus étonnants qu'il ait jamais vu, capable d'exercer avec talent et une égale réussite n'importe quel métier, finissant par séduire même les plus rebelles par son incroyable intelligence, sa culture et une sorte de charme baudelairien.

« A la vérité, je ne sais pas comment Petiot a fait, ni ce qui s'est vraiment passé : il ne m'a jamais fait la moindre confidence. »

Dans la division 7 de la prison de la Santé, la cellule 7 est celle réservée aux condamnés à mort.

C'est dans cette pièce de trois mètres sur trois mètres cinquante qu'on installe Marcel Petiot. Seul. Ce qui le gêne dans cette affaire ce n'est pas tant le fait d'être enfermé dans une cellule de condamné à mort avant même d'avoir été jugé, que la solitude qu'on lui impose. Car son goût de la dialectique et son talent pour convaincre ses interlocuteurs ont fait de lui, et depuis fort longtemps, un grand bavard.

René Nézondet en apporte le témoignage : « le Docteur Petiot était bavard... Il avait une manière à lui d'aborder les événements qu'il évoquait, qu'il disséquait avec une précision gênante. Celle d'un homme au-dessus de la lucidité pure... Devant l'évidence même, il ne savait s'incliner. Bien au contraire. Il avait toujours dix réponses prêtes pour vous prouver que vous étiez dans l'erreur la plus complète. Moi qui ai eu tout le loisir d'étudier le fond de sa pensée, je suis convaincu que son plus grand plaisir était de jouer avec l'esprit des autres, même s'il devait les faire tourner en

[1] Françoise Giroud vous présente le Tout-Paris, Gallimard.

189

bourrique... Il savait créer le doute. Bien que, souvent, on devinât qu'il disait le contraire de ce qu'il pensait, il nous imposait sa façon de voir les choses. »

On parle souvent du téléphone arabe. Celui qui fonctionne dans les prisons mériterait une égale célébrité, tant par sa rapidité que par sa précision. Quelques instants donc après l'arrivée de Petiot à la Santé, tous les détenus sont au courant : colporté de fenêtre en fenêtre, son nom a déjà fait le tour de l'établissement pénitentiaire. C'est sans doute l'événement de ce jour gris de novembre.

Un prisonnier de la cellule contiguë à celle qu'occupe Petiot crie assez fort pour que celui-ci l'entende : « Si Petiot est condamné ainsi qu'il le mérite, il sera découpé en tranches comme un saucisson et moi je serais décoré... ».

Petiot ne relève pas. Il n'écoute pas. Il est tout à l'inventaire de son nouveau domaine : une paillasse, deux couvertures, une planche rabattable fixée au mur, un tabouret arrimé au sol par une chaîne de fer forgé, une cuvette de cabinets, un robinet. Et, dans l'air, « une odeur de moisi, agrémentée de relents de latrine et de la senteur lourde du crézyl. » Alphonse Boudart le dira plus tard : « une prison c'est d'abord une odeur ». Par le guichet de la porte qui va rester ouvert jusqu'à la fin de sa détention, il aperçoit le gardien qui monte la garde en permanence devant sa cellule et qui se retourne de temps en temps pour le surveiller. Ce n'est qu'au bout de quelques jours qu'il se rend chez le coiffeur de la prison pour se faire raser.

Imberbe, il redevient lui-même. Pas tout à fait pourtant, car pour oublier la solitude dans laquelle on le contraint à vivre, s'il lit, s'il écrit, s'il rêve, allongé sur son grabat, chose étonnante — il s'est jusqu'à ce jour comporté comme un ascète — il se met à fumer avec rage. Sans cesse il a une cigarette au coin des lèvres.

Il fume à une telle cadence que les surveillants avec

190

lesquels il est d'ailleurs très vite au mieux l'ont surnommé
« Mégot ». A cause de cette habitude, devenue une manie,
de suçoter constamment un bout de cigarette noirci par la
nicotine et détrempé par la salive.

L'effet de surprise passé, grâce à son sens des relations
humaines, Petiot a réussi à établir des échanges presque
amicaux avec certains détenus. Au cours des promenades
quotidiennes dans la cour de la prison, il rencontre régulièrement son ami Nézondet, qui a noté :

« ...Nous pouvions quelquefois échanger des bribes de
conversation. Je ne remarquais jamais la moindre émotion
sur son visage. Il avait l'air de se moquer éperdument de ce
qui lui arrivait ».

De temps en temps, un des voisins de cellule, Gaillard,
qui sait que Petiot ne reçoit jamais de colis, lui offre des
cigarettes. Pour le remercier et pour s'amuser aussi sans
doute, Petiot écrit un poème qu'il lui dédie et dont il sait
que le sujet, comme à tous les détenus du monde, lui ira
droit au cœur.

A ce sonnet qui se veut vengeur, il a donné pour titre :

« Les imprécations de Mégot profitant des délais légaux
pour maudire ses juges ».

« Ah! qu'il est beau de voir, en conclave serrés,
Dans l'une ou l'autre chambre, également voisine,
De noirs oiseaux de nuit préparer leur cuisine,
Trois juges, un procureur se former en carré.

Il fait beau voir dans ce palais emmuré
Tripoter à loisir cette troupe divine,
Gluante d'ambition et portant sur sa ruine
Tous les vices cachés dont ils sont dévorés.

Mais ce serait meilleur de voir la ville en armes
Crier « sus aux salauds », ou, sans la moindre alarme,
Saccager le palais. Mais plus que tout cela,

Ecorchant celui-ci et pendant celui-là,
Qu'il serait beau de les voir mourir, de mort lente,
Et de voir pour dix sous, dix peaux de juge en vente. »

Ce n'est certes pas du José Maria de Heredia, mais le dernier vers (comme il se doit dans un sonnet) contient tout le lyrisme polémique requis pour faire rêver longtemps après lecture tous ceux qui ont maille à partir avec la justice. Comme tel est généralement le cas des prisonniers de la Santé, « les imprécations de Mégot » font beaucoup pour la popularité de son auteur. Mais ce n'est pas qu'au titre de l'anecdote qu'elles nous intéressent. Car elles nous donnent l'exacte appréciation des sentiments que Petiot nourrit à l'égard de la magistrature.

Qu'il ait vraiment appartenu ou non à la clandestinité, Petiot se dit résistant, se veut résistant, et sans doute dans son délire logique se croit résistant. Le fait éclaire sous son vrai jour les relations que Petiot aura avec ses juges tout au long de l'instruction de son affaire d'abord, de son procès ensuite.

Dès le début de son incarcération Petiot reproche à ce corps constitué qui se permet de le juger de ne pas avoir résisté. Pire, d'avoir prêté serment de fidélité au Chef de l'Etat français qui prêchait la « honteuse » collaboration.

Il faut en effet se souvenir que le 4 avril 1941, un acte constitutionnel portant le numéro 9 avait été promulgué par le gouvernement de Vichy ; il établissait : « Nul ne peut exercer la fonction de magistrat s'il ne prête serment de fidélité au Chef de l'Etat ».

Robert Aron, dans son « Histoire de Vichy », indique à cet égard : « un seul magistrat, M. Didier, refusera de prêter serment : il sera révoqué et interné... » Il est certes permis de penser que le Docteur Petiot n'est pas la personne la mieux qualifiée pour reprocher leur attitude passée aux

192

magistrats, mais le fait est qu'il ne s'est pas privé de le faire, mettant les juges auxquels il s'adressait dans une position de faiblesse dont il sut d'ailleurs admirablement profiter.

De fait, la confusion dans laquelle se trouve la France en cette fin d'automne 1944 n'est pas de nature à rendre son assise à la magistrature. Et l'on peut comprendre ses hésitations. Car enfin ce n'est pas sans gêne qu'elle se retrouve, en l'espace de quelques mois, sous les ordres de ceux que précisément elle jugeait il y a peu comme des criminels de droit commun. Le général de Gaulle a écrit dans le troisième tome de ses « Mémoires de guerre » : « 35 000 hommes et femmes s'étaient vus condamner par les tribunaux de Vichy ».

Il apparaît très vite comme évident qu'un préalable conditionne toute approche par un magistrat de cette affaire. Petiot a-t-il oui ou non appartenu à la Résistance?

Cette alternative, si elle ne résout pas le problème, permet tout au moins de le poser clairement. Si oui, on peut considérer, et la période manichéenne de l'après-Libération y incline facilement, que Petiot est blanc comme neige : car tous les crimes qu'on lui reprochait il y a quelques mois pourraient bien se révéler être des actions d'éclat méritant quelque médaille fraîchement frappée à laquelle peu de juges peuvent prétendre. Le docteur Petiot, alias Docteur Eugène dans la Résistance, alias Capitaine Valéry commissaire enquêteur de la Sécurité militaire, deviendrait dans ce cas une manière de Colonel Fabien : un colonel Fabien qui aurait porté l'assassinat patriotique à l'échelon industriel. Petiot serait alors un capitaine de la Résistance et d'industrie tout à la fois.

S'il était prouvé, en revanche, qu'il n'a pas appartenu à la Résistance, on reviendrait alors à un « problème précédent » bien connu et par-là-même rassurant : le Docteur Petiot serait un nouveau Landru.

Les magistrats manquant d'expérience, nous l'avons vu,

en matière de Résistance, le juge Golletty va donc se faire prudemment assister, comme le code l'y autorise, par deux experts dont les titres sont incontestables. Il se dit que le dieu de la Résistance, que ses pairs n'ont pas révéré, sait reconnaître les siens.

Mais le jeu du blanc ou du noir, du tout bon ou tout mauvais auquel on l'oblige, n'intéresse pas Marcel Petiot. Il manie trop bien la spéculation intellectuelle pour se livrer à ce manichéisme primaire. Il refuse donc le terrain sur lequel ses adversaires veulent l'amener à se battre. Dans le secret et la solitude de sa cellule, il définit une fois pour toutes sa stratégie. Le reste ne sera que tactique et péripéties. Estimant qu'on ne peut pas prouver d'une manière absolue qu'il n'a pas appartenu à la Résistance, de même qu'il ne peut pas apporter la preuve du contraire, Petiot choisit une troisième voie qui expliquera le parti qu'il a pris : certes, il a fait de la Résistance, mais en solitaire. Comme le petit chat de Kipling qui se promenait tout seul. Dans ce combat à visage couvert, il a été un franc-tireur des francs-tireurs.

Aux autres les batailles en plein jour, les honneurs aujourd'hui, à lui les basses besognes, le sale travail des nettoyeurs de la nuit. Attitude qui peut correspondre d'ailleurs à la psychologie profonde de Petiot. Quelque temps seulement après leur première rencontre à Villeneuve-sur-Yonne, René Nézondet n'avait-il pas remarqué le goût que Petiot avait pour la nuit et le singulier effet qu'elle produisait sur lui : « Il était à son aise la nuit. Il s'y démenait avec une sorte de joie. Sa nyctalopie était une chose bien connue et *il semblait être née d'elle* [1]. Je l'ai vu ramasser dans l'obscurité presque complète une épingle, sans la moindre hésitation. *L'ombre était son élément de prédilection* [1]. Son visage était

---

[1] C'est René Nézondet qui souligne.

meilleur la nuit. Son sourire plus franc, plus reposé. Quelle que soit la répulsion que cet homme inspirait à certains sujets, *il semblait impossible qu'il présentât les mêmes caractères après le coucher du soleil* » [1].

Plus personne ne nie sérieusement aujourd'hui qu'il existe un peu partout dans le monde des polices parallèles. Alors pourquoi n'y aurait-il pas eu, à l'époque, une résistance parallèle?

On s'en rend compte, le vrai, le grand talent de Petiot, c'est la faculté de manier à la perfection le plausible. Ayant dans un premier temps semé le doute dans l'esprit de ses contradicteurs, il n'a plus ensuite qu'à développer des arguments subtilement suggérés.

Qui pourrait en effet soutenir que lorsqu'il savait les dangers que courait la Résistance, Petiot, en éliminant les Allemands et les agents doubles qu'il a tués, n'a pas fait son devoir? Présenté de cette manière, il devient évident qu'il a pratiqué l'assistance à personne en danger.

On peut se demander si, dans la solitude de sa cellule, il n'est pas arrivé à Petiot de conclure une de ses longues méditations sur son système de défense par cette phrase dont il s'est servi plus tard : « Ma conscience ne me reproche rien. Je suis très fier de ce que j'ai fait sur le plan patriotique. Si je n'ai pas obéi à toutes les lois civiles, j'ai obéi à celles de la guerre. »

Dès lors Petiot ne sortira guère des positions retranchées dans lesquelles il s'est établi. Malheureusement pour lui, elles se révéleront bien fragiles face à la multitude des doutes imposés à la conscience des juges.

Pourtant, quelque trente ans après, on se rend compte que Petiot, avait vu juste. Pour s'en sortir, il ne pouvait jouer que sur la mouvance de l'époque. Le flou de la clandestinité

---

[1] C'est René Nézondet qui souligne.

et de l'anonymat avait masqué bien des héroïsmes, bien des lâchetés aussi. Combien de « pères-tranquilles » étaient devenus des virtuoses de la mitraillette Sten? Combien de Jo Attia d'un côté de la barricade et combien d'Abel Danos de l'autre? Qui, à part quelques purs, avait vraiment joué franc jeu? Pour un très petit nombre de héros, combien de FFI de septembre?

Le 20 décembre 1944, alors que Petiot, seul dans sa cellule de condamné à mort est au secret, René Nézondet est extrait, avec mille précautions de la prison de la Santé. Laissons-le parler : « L'on me fit descendre rue Boissy-d'Anglas, là où siégeait le tribunal réglant les comptes de ceux qui avaient collaboré avec l'occupant.

« De suite, je suis introduit dans une spacieuse salle dans laquelle se trouvaient déjà une vingtaine d'individus. Je m'assieds sur un banc. Moins d'une minute plus tard, je demeure « sidéré » en voyant la porte s'ouvrir et entrer... Petiot. *Pendant huit heures* et quelques minutes, mélangés aux autres détenus, nous avons pu bavarder à satiété.

L'Administration pénitentiaire a de ces trouvailles pour séparer les gens...

Nous étions convoqués pour témoigner au sujet du sieur Guélin. »

Là, Petiot pose en vedette. Il est l'attraction du jour. Il raconte son affaire à qui veut l'entendre, avec des détails croustillants qui le font rire aux larmes...

— Les experts chargés d'examiner les restes des « macchabées » trouvés rue Le Sueur ont déclaré qu'ils étaient frais... Comme j'étais à Fresnes depuis huit mois, ça ne pouvait donc être moi qui les avais « entreposés » là... Qu'est-ce qu'on va se marrer le jour de mon procès!

De fait, dès son premier interrogatoire, Petiot met les choses sur un plan tout à fait inhabituel pour un juge d'instruction.

196

— On vous accuse de vingt-sept assassinats, dit le juge Golletty.

— Erreur, j'ai fait exécuter soixante-trois individus que nous jugions dangereux : des officiers allemands ou des agents de l'ennemi. Tous des salauds...

— Comment expliquez-vous qu'on ait retrouvé chez vous les restes de 27 cadavres?

— A l'époque où les crimes que vous me reprochez ont été commis, j'étais à Fresnes où la Gestapo m'avait emprisonné. Les Allemands possédaient la clé de mon hôtel de la rue Le Sueur. Ce sont eux qui y ont transporté les cadavres. Cet hôtel, je ne l'ai d'ailleurs jamais habité. Je comptais y installer mon cabinet. Il avait été acheté au nom de mon fils. Je n'y suis revenu qu'un mois et demi après ma sortie de Fresnes.

Petiot enchaîne. Son cynisme coupe le souffle au juge Golletty.

— Pour tout vous dire, j'ai été bougrement surpris de trouver tous ces macchabées dans ma fosse. Car les corps des 63 mouchards que le groupe Fly-Tox a exécutés ont tous été enterrés en dehors de Paris. Ceux-là n'étaient pas les miens. Ça sentait fort. Des copains m'ont aidé à les transporter dans le garage.

Un moment troublé, le juge lui demande :

— Pourquoi ne vous êtes-vous pas constitué prisonnier pour vous disculper?

Petiot se drape dans le drapeau français.

— Vous ne croyez pas que j'avais autre chose à faire que de me défendre? A ce moment-là, c'était la France qu'il fallait défendre, Monsieur!

Pour le juge, le terrain est glissant. Il ne s'y risque pas. En manière de diversion, il demande à Petiot de s'expliquer sur ce que fut son activité de résistant.

Celui-ci va prendre la parole pour un long monologue.

C'est cette déclaration qui sera soumise au printemps 1945 aux deux experts résistants, les lieutenants Brouard, alias Brette, et Ybarne alias Yonnet (l'auteur de l'article « Petiot soldat du Reich » paru dans la presse de la libération). Ils procèdent en présence du juge Golletty à un contre-interrogatoire de Petiot qui lui-même annotera plus tard leurs conclusions. Petiot raconte « sa résistance »; à la vérité, il ne dit rien qui puisse effacer définitivement le doute. Jamais il ne donne une référence sur laquelle on pourrait fonder une recherche précise. Au juge Golletty qui lui en fait la remarque, Petiot répond :

— Il m'est impossible de dire exactement les choses. Peut-être ne le savez-vous pas, mais il reste encore trop de magistrats — il appuie sur le mot — et de policiers vichyssois en fonctions pour que je puisse livrer les noms de mes camarades. Même si je voulais vous être agréable, je n'ai pas le droit de le faire et d'exposer leur liberté, peut-être même leur vie.

Petiot ne croit pas si bien dire. Il ne sait pas encore que le capitaine Simonin qui l'a démasqué et arrêté à la station de métro St-Mandé-les-Tourelles, est un ancien de la Gestapo, dont le vrai nom est Soutif et qui réussira à prendre le large avant d'être arrêté. Jamais on ne le retrouvera. Par ailleurs, il ne faut pas oublier qu'à cette époque les Allemands occupent encore solidement une partie de l'est de la France. L'offensive menée par le Maréchal von Rundstedt vient d'enfoncer le front américain sur plus de 60 km de profondeur à Bastogne, rendant ainsi un fol espoir aux collaborateurs emprisonnés.

Avec un art consommé, Petiot manie donc une fois de plus le plausible.

Voici l'essentiel de la déclaration de Petiot :

« Depuis que les Allemands sont entrés en France, à Paris plutôt, j'ai fait de la Résistance. Au début, mon activité s'est bornée à délivrer des certificats médicaux pour éviter des départs en Allemagne, des réquisitions ou autres exigences des autorités d'occupation.

« Puis je suis entré en relation et j'ai collaboré avec le groupement d'Espagnols anti-franquistes de Levallois. Je ne puis donner d'autres précisions. Ces gens-là travaillaient sous de faux noms du genre Gomez, Alvarez ou autres...

« J'ai fait avec eux des choses que je considère comme très bien. Mais je ne peux pas les dévoiler car mon affaire est très simple et je ne veux pas la compliquer.

...« Mon activité a été en s'amplifiant. Il m'a été envoyé des ouvriers revenant d'Allemagne pour maladie ou blessure. Je ne puis vous donner d'autres précisions ; je crois que c'était un Alsacien qui me les envoyait, mais je ne l'ai jamais vu. Je crois être l'un des médecins qui en a reçus le plus.

...« Une autre étape de mon activité est marquée par la communication que j'ai faite au consulat des Etats-Unis au moment de la rupture des relations diplomatiques entre les Etats-Unis et l'Allemagne. Cette communication que j'avais signée de mon nom de guerre, Docteur Eugène, concernait une arme nouvelle, utilisable dans les pays occupés, que j'avais inventée. Je m'en étais d'ailleurs servi personnellement pour l'essayer sur deux motocyclistes allemands que j'ai supprimés ainsi. Le premier, rue Saint-Honoré, à proximité de la rue Cambon. Le second, rue Lafayette. J'ai eu à son sujet plusieurs communications téléphoniques avec un Monsieur Muller qui devait être secrétaire au consulat des Etats-Unis à Paris, après que j'aie été, un moment, en relation avec un des collaborateurs du consul Thompson.

...« A une date que je ne puis préciser, j'ai reçu une éducation professionnelle de la Résistance. Je me suis trouvé en rapports médicaux avec de plus en plus de membres de la Résistance. C'est ainsi que mon groupe (c'est moi qui l'ai fondé et qui lui ai donné le nom de « Fly-Tox ») fit la chasse aux « mouchards » qui auraient pu se glisser dans les groupes de l'organisation de Pierre Brossolette que je considérais alors comme le chef du Deuxième Bureau du général de Gaulle.

...« Ce travail eût été minime si nous ne l'avions augmenté de destructions d'ennemis et de mouchards, policiers ou indicateurs qui sont responsables de la sujétion que la France a subie pendant des années sous la botte allemande.

...« C'est ainsi que nous fûmes amenés à supprimer environ soixante-trois personnages dont trente Allemands. Ils avaient tous mérité leur sort.

« Nous étions forcément au courant des possibilités de passage en zone libre. C'était très facile, à condition de connaître les endroits, selon les époques. Ces renseignements, je les communiquais à tous ceux qui pouvaient en avoir besoin. Mais nous n'avons jamais, ni mon groupe ni moi, demandé quoi que ce soit, ni accompagné les gens qui voulaient partir.

...« J'ai eu aussi comme client et ami un certain Cumulo qui fut le chef d'un groupe qui s'appelait « l'Arc-en-ciel ». Ce Cumulo était beaucoup plus jeune que moi. Il était brun et avait une certaine similitude de silhouette et d'allure avec moi qui nous permettait de passer l'un pour l'autre.

« Notre service était prêt à marcher à plein rendement au moment où j'ai été arrêté par les Allemands.

...« A ma sortie de Fresnes, huit mois plus tard, le groupe « Fly-Tox » n'existait plus. En mon absence, mes hommes s'étaient découragés de n'avoir jamais touché le moindre subside. Des fonds avaient pourtant été promis par une « très très » proche collaboratrice de Pierre Brossolette, Mademoiselle Claire dont l'appartement en cas de danger devait être notre point de ralliement. Me retrouvant seul, je décidai de continuer mon œuvre de salubrité. C'est alors que j'ai pris contact avec d'autres éléments de la Résistance.

L'abominable docteur Petiot

Mon pseudonyme de Docteur Eugène étant grillé, j'ai pris comme nom de bataille celui de Valéry. Je ne sais plus qui m'a donné le matricule « Spécial 21 », après avoir eu le « 46 » dans le groupe « Fly-Tox ».

Pressentant que l'instruction sera longue et difficile, que de plus il ne peut vraiment pas compter sur Petiot pour éclairer même involontairement sa lanterne, le juge Golletty décide de faire appel au public pour être aidé dans sa tâche. C'est ainsi que le 10 novembre 1944, il fait ouvrir, dans les locaux de la police parisienne, ce qu'un journaliste de l'époque a appelé avec une pointe d'ironie, peut-être pas du meilleur goût, l' « Exposition Petiot à la Galerie des Orfèvres ». A ce déballage quelque peu sinistre du contenu des cinquante-trois valises saisies à Courson-les-Carrières, sont invités tous ceux qui sont sans nouvelles d'un ou plusieurs de leurs parents ayant fui l'occupation.

Une foule de gens inquiets auxquels se sont mélangés les inévitables badauds et curieux que le macabre attire, se penchent douloureusement sur les vitrines cadenassées. Pêle-mêle voici des costumes d'homme, des robes, des manteaux, des mouchoirs, des culottes de femme et même un pyjama d'enfant. En fait ce dérisoire « décrochez-moi-ça » amènera peu de pistes sérieuses.

Mener des interrogatoires avec un personnage retors comme Petiot, assisté de surcroît par un avocat dont l'habileté et l'acharnement à défendre ses clients sont bien connus, aurait de quoi, à la longue, donner des migraines au plus chevronné des juges d'instruction. Cela ne manque pas d'arriver, très vite, au jeune juge Golletty.

A René Floriot qui s'inquiète un après-midi de sa

mauvaise mine, le juge répond d'un ton particulièrement las :

— Je ne me sens pas très bien. J'ai un violent mal de tête.

— Je n'osais pas vous le dire, mais, il y a un docteur parmi nous, susurre l'avocat avec un sourire désarmant de prévenance.

Le docteur, puisque docteur il y a, donne un discret coup de coude à son défenseur et lui dit, sur le ton d'un faux aparté :

— Je lui ferais bien une piqûre, mais je crois qu'il aurait peur !

Et le jeu recommence : explications nimbées de romantisme, justifications trop naïves d'apparence, pirouettes verbales. L'arsenal de Petiot est riche. Il en use en virtuose.

Le juge s'acharne-t-il sur un détail qu'il croit important? Petiot n'hésite pas à tourner en dérision ce « minable procès » qu'on lui fait dans le moment où tant de traîtres courent encore. Puis, il laisse entendre que lorsqu'il aura été acquitté, comme il doit l'être, de ces vingt-sept inculpations ridicules, il parlera d'affaires *vraiment* sérieuses et qu'à ce moment-là il ne fuira pas ses responsabilités :

— Ce n'est pas à moi de susciter de nouvelles inculpations... Mais peut-être qu'un jour...

Soupir... Long silence que le juge n'ose pas interrompre. En véritable maître du suspense, Petiot ne termine pas sa phrase.

Il faut un instinct de fourmi au juge Golletty pour ne pas perdre de vue à chaque instant ses objectifs. D'autant que Petiot émaille ses subtiles banalités, ses indignations feintes et ses contre-vérités, de détails, de dates, de noms qui sonnent quelquefois étrangement juste. Bref, il manie le « petit fait vrai » avec la même habileté qu'un Georges Simenon ou un Dashiell Hammet, ses auteurs préférés. A Villeneuve-sur-Yonne déjà, René Nézondet avait remarqué le goût du docteur pour ce genre d'ouvrages : « Sa consommation de romans policiers était effroyable. Il ne lisait pas ligne par ligne, comme nous le faisons. Il fixait attentivement une page et il semblait qu'elle se photographiait dans son cerveau, car il se rappelait les moindres détails de ce qu'elle contenait. De cette manière il pouvait ingurgiter trois cents pages en une heure. »

Il ne sait pas, le petit juge, que lorsque Petiot a été arrêté par les Allemands, ceux-ci l'ont enfermé dans la même cellule que d'authentiques résistants. Tout le temps que celui-ci est resté à Fresnes, ces derniers l'ont pris pour un des leurs. La détention entraîne aux confidences. C'est ainsi que l'ingénieur La Teulade, membre du groupe Arc-en-ciel (mort par la suite en déportation), Roger Cournot, l'étudiant, ou bien encore le lieutenant-parachutiste L'Héritier, ont, de temps en temps, évoqué, sans trop de précisions mais assez pour que Petiot ait acquis quelques connaissances caractéristiques, leurs activités clandestines.

Ce n'est pas tant par son charme que Petiot a gagné la confiance de ces trois hommes que par son courage. Car Petiot a vraiment été torturé. Comme la Gestapo savait le faire. Son moral de fer force l'admiration, galvanise les énergies. Dans cet univers carcéral, il se fait médecin des âmes, à l'intuition attentive. Celui qui fait renaître une foi sur le point de faiblir, qui donne la tape affectueuse, discrète, sur l'épaule du camarade qui craque.

Pendant les huit mois qu'il a passés là, à vivre avec des héros, Petiot en a certainement été un. A sa manière.

Lorsque les Allemands le relâchent contre caution, grâce certainement à l'intervention de Clavié, un membre de la bande de la rue Lauriston dirigée par Bony et Lafont, Marcel Petiot dispose donc de quelques informations sur la clandestinité et ses pratiques. Elles peuvent faire illusion. Malheureusement pour lui, ce vernis de résistant qu'il a acquis ne tiendra pas. Les investigations des deux experts commis par le juge Golletty le feront sauter.

Ils parviendront en effet à démonter presque tout le système défensif de Petiot : presque. Car la mystérieuse mademoiselle Claire dont il a parlé et que personne dans le réseau Brossolette ne semblait connaître a bel et bien existé. Elle se nomme Claire Davinroy. C'est le colonel Dewavrin, chef de la DGER, qui l'identifiera. Au début de l'instruction, elle est encore enfermée dans un camp de déportation. Mais libérée après la victoire, en mai 1945, elle ne se manifestera pas. Personne n'a jamais su pourquoi lorsque le procès est venu après seize mois d'instruction, Claire Davinroy ni le colonel Dewavrin ne se sont présentés à la barre des témoins.

Petiot avait-il donc partiellement raison dans ses insinuations? L'attitude de Claire Davinroy qui s'est bornée à déclarer, par écrit, qu'elle ne connaissait pas Petiot, peut le donner à penser. Ainsi en va-t-il dans cette affaire : souvent l'invraisemblable se révèle sinon complètement vrai, du moins assez fondé pour redonner vie et crédibilité au reste.

Rarement le bon grain aura été mêlé aussi étroitement à l'ivraie.

Mais les nuits les plus longues ne sont pas éternelles.

Un jour la lumière commence à poindre qui va éclairer, non pas toute la vie passée de Petiot, mais au moins de larges brèches dans lesquelles la justice va pénétrer : les interrogatoires des rabatteurs de Petiot qui croyaient en toute bonne foi (on s'en apercevra un peu tard) adresser des candidats à une vraie filière d'évasion fournissent des indications précises que l'instruction peut exploiter.

Comme des bulles remontent du fond d'un marais, des noms sont mis au jour dont on peut imaginer qu'ils correspondent aux restes des cadavres non identifiables — et non identifiés formellement — découverts rue Le Sueur : Denise

Hotin, Madame Khaït, Jean-Marc Van Bever, Guschinow, le docteur Braunberger, les familles Wolff, Basch, Yvan Dreyfus; des truands accompagnés de leur « tirelire » ont eu également, semble-t-il, affaire avec Petiot : Jo Réocreux, François Albertini, Adrien Estébétéguy, Joseph Pereschi et Annette B... dite Annette Petit, Claudie Chamoux, Gisèle Rosmy, enfin Joséphine Grippy, dite Paulette-la-Chinoise, sur le Vieux-Port de Marseille.

Ces révélations n'ébranlent pas vraiment le système de Petiot. Il en dit juste un peu plus, sans être pour autant plus précis. Tous ces cas restent finalement dans la logique de son action passée et de sa défense concertée actuelle.

— Tous des Allemands ou des salauds à leur solde.

Le juge d'instruction continue de creuser des pièges dans lesquels Petiot s'obstine à ne pas vouloir tomber. Aidé de ses tous jeunes collaborateurs, Jacquet, Cousin — qui ne l'ont plus quitté — Ayache entré depuis dans la magistrature — Charles Libman, René Floriot fourbit ses armes, mène ses propres contre-enquêtes. Et les mois passant dans une espèce de ronron questions-réponses, l'été arrive.

Dans sa cellule, Petiot met à profit le répit que lui apportent les vacances judiciaires pour se consacrer à la rédaction de son ouvrage. Dans cet ouvrage, il propose au public :

« Les lois précises qui régissent le hasard pour les jeux dits de hasard » : « Je ne m'y serais pas adonné si certain Dieu ne m'avait pas donné un esprit tout à fait libre en même temps que les loisirs suffisants. »

Pour se reposer, entre deux chapitres, il tricote, ravaude ses affaires. Il brode même. Une occupation qui n'est pas nouvelle pour lui, puisque, déjà à Villeneuve-sur-Yonne, René Nézondet l'avait remarquée :

« Un soir, je trouvais Petiot occupé à un nouvel exercice. Il brodait...

— Tu vois, me dit-il, je suis en train de m'initier au point de Valenciennes. »

Il lui arrive également d'échanger quelques mots avec le geôlier qui veille constamment à l'huis de sa porte et d'évoquer en riant l'histoire de son grand-père, « un brave homme de vigneron qui tomba asphyxié dans une cuve, un soir de vendange ».

C'est alors, comme on l'écrivait autrefois dans les romans populaires, qu'un coup de tonnerre éclate brutalement dans le ciel serein...

Le 13 août 1945, le Garde des Sceaux trouve dans son courrier une lettre qui peut-être va changer le cours des choses. Elle provient du Service central des déportés israélites et signale la disparition de la famille Kneller. L'Inspecteur Poirier est chargé de mener l'enquête.

Pour s'expliquer sur cette affaire, Petiot fait appel aux arguments qu'il a déjà employés cent fois depuis le début de l'instruction, mais sans pirouettes cette fois-ci. C'est vrai que Kurt Kneller était un de ses malades. C'est également vrai qu'il a organisé son passage en zone libre ainsi que celui de sa famille. Ce qu'ils sont devenus après, Petiot ne le sait pas.

Comme le juge n'a pas l'air de le croire, Petiot finit par se taire. A sans cesse dire les mêmes choses, il se lasse. Et un beau matin, un an jour pour jour après son arrestation, le 30 octobre 1945, il déclare solennellement :

— J'ai décidé de ne plus répondre à aucune question, sauf en public.

— Dans quel but? s'enquiert le juge Golletty.

— Mettez *dito (comme ci-dessus)*. Cela ira plus vite, conclut Petiot qui se tiendra jusqu'au bout à cette attitude, sauf pour une histoire de scellés concernant les valises saisies à Courson.

La raison profonde de son silence, on la trouve peut-être

dans une phrase du « Hasard vaincu » qui évoque Dieu et la création du monde :

...« Au début, CREER l'amusait.
C'était une manière comme une autre de « tuer le temps ».
Ce fut une orgie génésique de démons et de monstres qu'il fallut détruire. Beaucoup s'échappèrent.
Ainsi furent les soirs; ainsi furent les matins; ainsi furent les soirs; ainsi passèrent les jours.
Mais on se lasse d'un jeu, avant la fin de l'Eternité.
D'autant plus que certaines créations ne valaient pas la signature ».

A compter de ce jour, le juge ne tire pratiquement plus de lui aucune parole. Golletty ne saura pas *comment, qui,* et *combien* de personnes Petiot a tuées.

Faute d'aveux et de pièces forçant la conviction, la Justice en est donc réduite aux suppositions, comme en témoigne le Professeur Piedelièvre dans son livre *Souvenirs d'un médecin légiste :*
...« Lorsqu'on fait l'autopsie d'un sujet mort récemment, il est rare qu'une erreur médico-légale grossière se produise; il est exceptionnel qu'on ne porte pas le diagnostic réel de la cause de la mort. Mais sur des sujets partiellement détruits par la putréfaction, sur des corps dépecés et mutilés, cette détermination devient difficile. Dans le cas dont je vous parle, *rien n'a pu être trouvé; aucune indication d'aucune sorte n'a été apportée par les recherches multiples qui ont été faites* [1]. Le docteur Petiot était un habile homme. »
Le 3 janvier 1946, au terme d'une longue instruction, onze non-lieu règlent d'une manière définitive le sort des coin-culpés de Petiot. Leur bonne foi étant enfin admise offi-

[1] C'est nous qui soulignons.

ciellement, sa femme, son frère, Nézondet et ses rabatteurs sont libérés. Ils ne seront donc que témoins dans un procès où le docteur Petiot va se retrouver seul.

Comme un solitaire face à la meute.

Pendant que les magistrats qui vont le juger prennent possession du dossier de procédure qui pèse plus de trente kilos, inventorient trois tonnes de pièces à conviction, relisent les textes de cent vingt commissions rogatoires et les dépositions d'une centaine de témoins, Petiot, dans sa cellule de condamné à mort, manifeste une activité débordante. Il lit Voltaire, Beaumarchais, Anatole France, fulmine contre Céline dont il abomine, dit-il, la prose scatologique; il écrit; il sculpte avec le talent que l'on sait des faunes qu'il dote comme par le passé de sexes énormes. Son goût en cette matière n'est pas nouveau.

Lorsqu'on lui annonce que son procès, qui va durer trois semaines, s'ouvrira le 18 mars, Petiot s'exclame :

— Enfin, on va se marrer... Je vais faire mourir de rire les jurés.

Remarquant l'air sidéré de son gardien, il reprend :

— Rassurez-vous, je les ferai *seulement* pleurer de rire pour qu'ils puissent m'acquitter.

CHAPITRE 9

LE PROCÈS ET LA MORT
(18 mars-25 mai 1946)

Comme il a dominé l'instruction de son affaire, Petiot va dominer son procès, bien aidé en cela par son avocat.

« Que voulez-vous? écrit François-Jean Armorin au soir du 18 mars 1946, première journée du procès, les autres ne font pas le poids : Président, avocat général... Et ce n'est pas à ceux-là qui ont entendu claquer — en août 1944 — quelques rafales sur les murs de la Cité d'acculer un homme supérieurement intelligent, créé pour le crime et qui leur répond — chose incompréhensible pour eux — « plastic », « gamon », « groupe d'action », « groupe de Renseignements ». Et ce n'est pas dans un dossier qu'ils trouveront la clé de la Résistance. Il leur eût fallu quatre ans d'action pour diriger le procès. »

Dès qu'il a pénétré dans la salle, Petiot a fait sentir qu'il était la vedette de ce spectacle qu'il n'avait pas organisé, certes, mais qui n'existait que par lui, que pour lui.

Est-ce par coquetterie ou parce que, comme il le clamera plus tard sous les huées incroyablement lâches de la foule qui se presse pour assister à une mise à mort, « il ne veut pas avoir l'air d'être un coupable », que Petiot a demandé qu'on lui ôte les menottes avant de se retrouver dans le box des accusés? Toujours est-il que le gendarme, gentiment, accepte de le faire.

Alors, avec une lenteur que d'aucuns ont trouvée calculée, Petiot descend les quelques degrés jusqu'à son banc, puis là, il abandonne son pardessus qu'il a soigneusement plié, derrière lui. Après avoir rectifié son nœud papillon, il se tourne, très droit, vers le public et les photographes qui le mitraillent tout à leur aise. Cette entrée, aussi spectaculaire que celle que Molière a écrite pour Tartuffe, a quelque peu irrité public et jurés. Petiot s'est accoudé à un coin du box.

Il détaille la salle, cherchant sans doute le visage de sa femme, de son frère, de son fils, d'amis restés fidèles malgré tout. Il sourit vaguement. Avec courage, il fait face à la foule.

Les rumeurs se taisent lorsque la Cour fait solennellement son entrée, tout de rouge vêtue.

Sept jurés sont désignés; s'ils ne sont que sept, c'est parce que ni le gouvernement ni l'Assemblée n'ont encore révoqué la loi de Vichy qui a amputé le jury d'assises de deux de ses membres.

Avec une courtoisie qui lui a donné la réputation d'être l'un des magistrats les plus amènes, le Président Léser prie Petiot de se lever pour répondre de son identité.

— Et maintenant, voudriez-vous me regarder, est-il obligé de préciser à l'accusé, toujours tourné vers la foule.

Petiot rappelle, à voix basse, ses nom, prénom, qualité...

Puis, pendant que le greffier lit un interminable acte d'accusation, le regard de Petiot se promène sur l'incroyable bric-à-brac des pièces à conviction qui s'entassent en un équilibre précaire, au-dessous d'un buste de Marianne au cou étrangement sale : des valises, des malles, des caisses, des cartons à chapeaux comme on en faisait autrefois, des cannes, des panières et même une roue de vélo. Le prétoire ressemble à une consigne de gare. Le ronron du greffier prolonge sa rêverie.

Il jette un coup d'œil distrait à la volée d'avocats de la partie civile... Ils doivent bien être une douzaine à compulser leurs dossiers.

En haut de son estrade, l'avocat général Dupin, le bras séculier de la Société. Celui qui, au terme du procès, réclamera sa condamnation à mort.

Au-dessous de lui, comme un rempart hérissé de chicanes, son avocat, dont le nom rime avec le sien. Ses quatre collaborateurs, les « Floriot's boys » comme l'écriront les journalistes, ont disposé devant eux les dossiers sur lesquels ils ont travaillé depuis dix-huit mois avec un acharnement et une science dignes des plus fins limiers.

Le public qui était clairsemé à l'ouverture de l'audience envahit maintenant la salle. A l'entrée, un commissaire parvient très mal à contenir la foule.

— Je vous en prie, Monsieur le Commissaire, je voudrais le voir... Rien qu'une toute petite fois, pleurniche une petite dame dont le chapeau printanier hoquète.

Pour approcher le grand méchant loup qui lui fait si délicieusement peur, elle s'est munie d'une paire de jumelles. Comme au théâtre. Il étonne.

On a prévu l'audition de quatre-vingt-dix témoins. Ceux qui sont dans la salle sont priés de sortir. Dans le brouhaha, Petiot apprend que le colonel Dewawrin est en mission :

— Comme par hasard, murmure-t-il.

De ses fortes mains, il agrippe la rampe de son box, prêt à bondir.

Le décor est planté, la pièce peut se jouer; elle va durer seize jours.

Seize jours d'audiences épuisantes, pour tous; sauf pour Petiot qui dès la fin de la première regrettera qu'elle se termine si vite.

La Justice, ou plutôt la Société, va en utiliser douze pour accumuler puis détailler les charges qui pèsent sur l'accusé. Celui-ci ne disposera que d'une seule journée pour produire ses témoins à décharge. Les trois derniers jours enfin seront consacrés aux conclusions : deux pour le réquisitoire de l'avocat général et les plaidoiries des avocats des parties civiles; une pour la plaidoirie de René Floriot.

Mené par le Président Léser, l'interrogatoire commence. Il n'est plus que de pure forme. Destiné à éclairer les jurés, il va évoquer, au fil des heures et des témoins, la vie et la personnalité de l'accusé, les affaires pour lesquelles il est inculpé. Rien n'est laissé dans l'ombre : son enfance, sa jeunesse, la Grande Guerre, ses crises d'aliénation mentale, au cours desquelles il a fait (paradoxe?) de si brillantes études médicales, son installation à Villeneuve-sur-Yonne enfin.

— Vous y avez joui d'une grande popularité. Vous êtes du reste séduisant, constate le Président.

— Merci, apprécie Petiot, un moment étonné par ce compliment.

Après les fleurs, les épines : la disparition de Louisette, son ancienne servante-maîtresse, les petits larcins, la politique, le vol de la croix du cimetière.

— Tout cela, ce sont des racontars de mes ennemis politiques...

Petiot ne répugne pas à l'emploi de certaines formules d'un goût douteux dans ces circonstances :

— Pierre-Etienne Flandin et moi étions à couteaux tirés : j'étais socialiste et lui modéré. Alors...

Pour Louisette, il prend un temps et déclare :

— Pour vous, c'est mon premier assassinat... Bien entendu

vous avez un témoin. Il éclate de rire, puis continue :
« Mais je puis vous dire qu'elle a épousé un de mes confrères et qu'elle se porte fort bien. »

Les vols d'essence et d'électricité lui paraissent être du plus haut comique. Quant à la disparition de la croix du cimetière, il propose :

— Voulez-vous que nous en terminions tout de suite avec cette histoire?... Comme cela, nous n'aurons plus à y revenir... C'est une fable montée de toutes pièces par tous les bigots et tous les tartufes de la contrée. Si l'on n'avait pas voulu ruiner ma réputation, je dirais que c'est du Clochemerle... En fait, elle a disparu depuis deux cents ans. Il doit y avoir prescription, n'est-ce pas, Monsieur le Président, suggère-t-il, suavement.

Mourrot, le capitaine de la gendarmerie de Villeneuve-sur-Yonne, venu pour charger l'accusé, se montre si maladroit que sa déposition sombre dans le ridicule, un peu poussé d'ailleurs par Maître Floriot.

— Petiot est un aventurier sans scrupules. La preuve, c'est que j'ai été amené à lui dresser sept contraventions : une pour défaut d'éclairage, l'autre pour défaut de klaxon, une autre encore pour...

Le Président Léser, les jurés même, contiennent mal leur hilarité.

Avec une joie froide et cette manière à la fois brutale et feutrée que ses adversaires redoutent tant, René Floriot exécute le témoin qui a terminé sa déposition par un « je ne suis pas sorcier » saugrenu :

— Je le vois bien, soupire l'avocat.

La défense vient de marquer un point précieux. Jamais plus on ne pourra évoquer sans rire cette période de la vie de Petiot, fâcheuse à bien des égards. Floriot n'en demandait pas tant.

Accuse-t-on Petiot d'avoir fraudé le fisc? Il répond :

— Comme tous les bons Français. Je ne vois pas pourquoi je serais passé pour une poire!

— Somme toute, reprend le Président, vous êtes un honnête homme et vous considérez le dossier de l'accusation comme entièrement faux, n'est-ce pas?

— Entièrement, peut-être pas, non; mais bien aux huit dixièmes...

L'avocat général Dupin, vexé, interrompt Petiot. Celui-ci hurle littéralement :

— Ça ne vous dérangerait pas de me laisser terminer?

— Je vous interdis de me parler sur ce ton!

Petiot laisse tomber, méprisant :

— Procureur de l'Etat Français, va...

Médusé, l'avocat général replonge dans ses papiers.

A la demande du Président, Petiot évoque l'affaire ridicule, il faut en convenir — du vol à l'étalage de la librairie Gibert :

— J'étais préoccupé par une invention qui me tenait à cœur. J'ai consulté un livre, puis je l'ai mis sous mon bras, par pure distraction, machinalement...

— De quelle invention s'agissait-il?

En posant cette question, le Président Léser a ouvert les vannes à un discours bouillonnant. Avec un luxe de détails, pas toujours ragoûtants, Petiot explique qu'il travaillait sur une pompe aspirante et refoulante destinée à combattre la constipation.

Le président arrête comme il le peut cette logorrhée, ce déluge verbal. Pas pour longtemps.

— Les inventeurs ont toujours été considérés comme des fous, reprend Petiot.

— C'est vous qui avez prétendu l'être chaque fois que vous avez eu des ennuis. Quand cela pouvait arranger vos affaires...

— J'ai toujours affirmé, au contraire, que j'étais sain de

214

corps et d'esprit. D'ailleurs, continue-t-il à mi-voix, sait-on jamais soi-même si l'on est fou ou pas... On n'est fou que par comparaison.

Il ne faut pas oublier que Petiot a été, presque dans le même temps, comme le rappelle le docteur Gourioux, « interne en médecine » et « interné en psychiatrie ». Pour lui, Petiot est un « pervers, immoral, fugueur et simulateur ».

— A-t-il cherché à se faire passer pour un fou? s'enquiert Maître Floriot.

— Il nous a menti sur de nombreux points, mais pas sur celui-là, concède le docteur Gourioux.

— Savez-vous comment il a passé ses examens de médecine?

— J'ai vu ses notes. Il a eu « médiocre » en dissection.

Le spécialiste se retourne, furieux, vers la salle. Il n'a apparemment pas compris pourquoi beaucoup de spectateurs rient. Maître Floriot, qui a beaucoup de peine lui-même à retrouver son sérieux, lui demande :

— Vous qui avez examiné tous ses proches, sur le plan mental, que pensez-vous de l'état de sa sœur?

L'expert hésite à peine, puis répond avec aplomb :

— Elle est bien portante. Tout à fait normale.

— Vous me rassurez. Malheureusement, le docteur Petiot n'a pas de sœur!

Lorsqu'il quitte la barre des témoins, le docteur Gourioux n'est pas content, pas content du tout, ni de lui, ni des autres.

Pour le docteur Génil-Perrin (il y a eu trois spécialistes commis pour examiner l'accusé) Petiot est intelligent et ne présente aucun trouble mental.

— Son don de répartie est remarquable.

— Nous nous en sommes aperçus, merci, constate à mi-voix l'avocat général Dupin.

Quant au docteur Heuyer, il est formel : Petiot est responsable de ses actes, au sens de la loi.

— L'examen auquel j'ai procédé avec mes confrères n'a pas été facile, car Petiot voulait sans cesse prendre la direction de l'interrogatoire.

— Déjà, soupire le président Léser...

Du cabinet de la rue Caumartin, et du tract racoleur, digne d'un médecin marron commente le président, on en arrive à la rue Le Sueur.

— Tout ce qu'on a raconté sur moi dans la presse était mensonge et trahison. Les Allemands savaient, *eux*, que je faisais de la Résistance. Ils ne se sont d'ailleurs pas privés de me torturer. Mais ils ne m'ont pas tiré un nom. Pas plus que vous ne le ferez. Je ne veux pas que mes camarades du groupe « Fly-Tox » souffrent, par ma faute, ce que je souffre. La honte, l'infamie... Vous seriez trop heureux de les arrêter. Il y a encore beaucoup trop de pétainistes en circulation. N'est-ce pas, Monsieur l'avocat général?... Ne levez pas les bras au ciel, monsieur le Président, je vous en supplie.

Pour toute réponse, le Président ne trouve qu'un dérisoire :

— Je lèverai les bras au ciel si cela me plaît.

— Et puisqu'on va en arriver à cette histoire de cadavres, reprend Petiot.

— Ce n'est malheureusement pas une histoire. Ce sont des faits, coupe le Président Léser qui s'est tout de même repris.

Petiot fait trembler le prétoire. Il crie :

— Ces faits, nous les expliquerons.

Puis, il se radoucit et c'est presque sur le ton de la confidence qu'il poursuit :

216

— J'avais monté un groupe de résistance et d'épuration, avant la lettre je vous l'accorde. Mais j'ai toujours cru qu'exécutant les ordres que je leur donnais, mes hommes se bornaient à faire disparaître des Allemands, des membres de la Gestapo ou des collabos. Il est possible, mais j'en doute, monsieur le Président, que l'on m'ait désobéi, que l'on ait supprimé des personnes à des fins purement alimentaires. D'ailleurs, on ne fait pas de la résistance avec des enfants de chœur; ni d'omelette sans casser des œufs.

Pourquoi est-ce l'avocat général Dupin qui intervient?

— Petiot, je vous interdis de salir la Résistance!

— Si vous en aviez fait, vous ne feriez pas semblant d'être choqué...

— Je connais la Résistance mieux que vous...

— Peut-être, conclut Petiot, mais pas par le même bout du tuyau.

Le Président Léser en revient à l'hôtel de la rue Le Sueur. Il tente d'expliquer aux jurés l'utilisation de la pièce triangulaire et le pourquoi du viseur;

— Vous n'y êtes pas du tout, monsieur le Président, interrompt à nouveau Petiot qui se lance dans une démonstration dont il a le secret. D'incidentes en digressions, il en vient à évoquer l'instructeur venu de Londres qui l'a initié aux méthodes de la clandestinité.

C'est presque avec espoir que le Président, qui a perdu le fil en cours de route, lui demande :

— Vous pouvez nous dire son nom?

Là, Petiot marque un temps. Il réfléchit intensément. Des plis creusent son front. Il hoche la tête à plusieurs reprises :

— Décidément... Eh, non! Je n'arrive pas à m'en souvenir. Mais je peux vous dire qu'il mesurait un mètre soixante-dix... D'ailleurs, je crois qu'en fait il ne m'a jamais dit son nom, ni son prénom, pas plus que son adresse. Vous savez, dans la Résistance, on ne posait pas de questions. On m'a dit par la suite que pour éviter d'être arrêté il était passé en Corse où il s'était suicidé. C'est dommage, c'était un type bien.

Petiot est l'image même de l'émotion discrètement contenue.

Consterné par tant de cynisme, le Président Léser se tasse dans son fauteuil. Petiot, qui vit dans une sorte de délire mythomaniaque, continue :

— C'est lui qui m'a appris le maniement des explosifs. Le plastic, tout ça...

Un des avocats de la partie civile, Pierre Véron, qui défend entre autres la mémoire d'Yvan Dreyfus, intervient. Ancien Premier Secrétaire de la Conférence et jeune gloire de la Résistance, Me Véron a été dans ce procès, d'après René Floriot, son adversaire le plus redoutable.

— Qu'est-ce que c'est, le plastic?

A cette question précise, posée par quelqu'un qu'il sait être un connaisseur, Petiot ne trouve rien à répondre. Pour la première fois, il bafouille. Sa voix est inintelligible. Maître Véron revient à la charge :

— Comment le transportiez-vous? Comment l'amorciez-vous? Au bout de combien de temps explosait-il?

Sous ce tir groupé, Petiot vacille. Il répond mal. Pour qualifier les grenades allemandes, il parte de « pétard à ficelle »...

Maître Floriot vient à son secours :

— C'est un concours d'entrée à Polytechnique que vous voulez faire passer au docteur Petiot?

— Je constate simplement qu'il vient d'échouer à ce très facile examen de la Résistance, laisse tomber Maître Véron qui se rassied.

A la lumière de cet exemple, il est permis de penser que, si l'accusation avait mieux préparé ses dossiers et que si l'avocat général Dupin les avait mieux étudiés, jamais Petiot n'aurait pu jouer avec la Cour comme il l'a fait. Car, pour habile qu'elle ait été, sa défense n'était pas sans faille. On vient de s'en rendre compte.

Quoiqu'il en soit, et tous ceux qui assistent au procès sont du même avis, Petiot, dans son match avec la Justice, mène aux points. Malgré le coup qu'il vient d'encaisser. Cette qualité de résistant de la première heure qui vient d'être battue en brèche mais que Petiot revendique malgré tout, va être à nouveau contestée par le lieutenant Yonnet. On se souvient qu'avec le lieutenant Brette, il a assisté le juge Golletty en tant qu'expert. Tous les pièges que lui tend Floriot ne l'empêchent pas de prouver la fragilité des arguments de Petiot :

— Ses allégations, ses réticences, son ignorance flagrante de l'organisation d'un réseau de résistance, de la nature et du mécanisme même de l'activité des organismes pour le compte desquels il prétend avoir travaillé, les nombreuses invraisemblances relevées dans ses déclarations, son habitude systématique de n'invoquer que des compagnons de résistance morts : Cumuleau, Pierre Brossolette, cet instructeur dont la DGER n'a jamais pu retrouver la trace, ou bien encore introuvables, comme les prétendus membres de son réseau fantôme, prouvent que Petiot n'a à aucun moment établi un contact sérieux avec une organisation de Résistance, quelle qu'elle soit.

Cette déposition, loin d'abattre Petiot, le rend furieux. Les deux hommes se sont connus à la caserne de Reuilly ; lorsque Petiot s'occupait d'épuration sous le nom de Valéry, c'est d'ailleurs Yonnet lui-même qui avait confié au capitaine Valéry le soin de retrouver Petiot.

— Petiot a simplement exploité, avec une certaine astuce, auprès de personnes ayant généralement ignoré ce qu'avait été la Résistance, quelques renseignements qu'il avait pu glaner ici ou là. Notamment au cours de son incarcération à Fresnes.

Tel n'est pas du tout l'avis d'un des anciens compagnons de Fresnes de Petiot. Après tout, pourquoi le lieutenant L'Héritier ne serait-il pas au même titre que le lieutenant Yonnet un expert en matière de Résistance? Parachuté en 1942 pour prendre part à la clandestinité, arrêté en 43, il a pu, au long des mois passés en compagnie de Petiot, tester son camarade de cellule. Pour lui, Petiot est un authentique résistant. Il le dit nettement :

— Il m'a parlé du groupe Fly Tox, de ses activités, de son organisation, de ses méthodes de « passage ». Les excellents conseils qu'il m'a donnés m'ont permis de tenir sous la torture et de me sortir au mieux des interrogatoires. De plus, il a réussi, à maintes reprises, à faire passer des messages à l'extérieur. Le docteur Petiot était très inventif. Sa manière de parler aux Allemands leur en imposait. Et à nous elle faisait du bien. Elle nous rendait le moral. Certains jours, croyez qu'on en avait besoin.

— Vous avez passé cinq mois avec lui. Pensez-vous que pendant tout ce temps, à tous les moments de la journée et de la nuit, un homme puisse dissimuler ses véritables sentiments, demande Floriot.

— Cela n'est pas possible. Surtout enfermé dans une cellule de prison. Un jour, immanquablement, les truqueurs se révèlent, par un petit détail.

Le lieutenant L'Héritier donne du rôle que Petiot a joué dans la Résistance une interprétation à laquelle ce dernier n'avait peut-être pas pensé ou qu'il a soigneusement cachée. Comme beaucoup d'autres choses dans cette affaire, elle ne manque pas de vraisemblance. Plus, elle ne laisse pas d'être troublante. En tout cas, personne dans le prétoire ne la conteste. Même pas Maître Véron. Les jurés, quant à eux, paraissent impressionnés par la personnalité de ce rescapé des camps de la mort et par ce qu'il dit :

— Mon opinion, c'est que d'une part Petiot n'agissait

pas seul et que d'autre part il était ce qu'on appelle un politique. Son parti, qui faisait de la Résistance, mais pas pour le compte des Alliés, lui donnait des ordres qu'il exécutait à sa façon, en conservant une marge d'interprétation personnelle. Avec le battage que fait actuellement la presse, on peut se demander quel parti oserait revendiquer l'action de Petiot. Celui qui agirait ainsi serait irrémédiablement coulé aux élections. Le connaissant comme je le connais, je crois que le docteur Petiot est très capable de se sacrifier pour un idéal, pour une cause politique. Je l'ai vu à l'œuvre avec les Allemands.

Petiot ne triomphe pas. C'est avec objectivité qu'il demande :

— Est-ce qu'un homme sensé peut m'accuser d'avoir travaillé pour la Gestapo?

— Je ne le crois pas; quoiqu'il arrive, je serai toujours content de vous avoir eu pour compagnon de cellule.

Un ange passe. Est-ce l'ange gardien de Petiot ou l'ange vengeur de la Justice qui poursuit le crime? Bien malin qui pourrait le dire.

Et mademoiselle Barré, ancien agent de l'Intelligence Service, arrêtée également par les Allemands, par son témoignage va ajouter encore au doute ambiant.

— J'étais dans le bureau du Docteur Yodkum quand celui-ci demanda cent mille francs à Petiot contre sa liberté. Petiot lui répondit : « Que vous me libériez ou non, je m'en fiche. J'ai un cancer de l'estomac, je n'en ai plus pour longtemps. » Ces cent mille francs, le commissaire allemand les a eus, mais en téléphonant au frère de Petiot. Petiot a vraiment été libéré sans condition.

Pendant que ses accusateurs plongent dans leurs dossiers, Petiot lui, pleure, à petites larmes silencieuses.

— Dites-nous, Petiot, comment vous vous y preniez pour détecter les mouchards allemands que vous vous vantez

d'avoir éliminés. Eliminés est bien le terme que vous employez? demande le Président Léser.

— Je me présentais à eux en leur disant : « Suivez-moi,
police allemande ». S'ils me répondaient « J'en fais moi-
même partie », nous étions fixés. Il ne nous restait plus,
à mes hommes et à moi, qu'à les embarquer discrètement
dans une camionnette. Il fallait faire vite.

Et comme quelqu'un crie à l'invraisemblable, Petiot
ajoute :

— Il faut dire que nous ne manquions pas d'un certain
courage, ni même d'un certain culot. Une fois que le colis
était chargé, nous prenions la route de Marly. Le travail était
exécuté pendant le trajet. Arrivés dans la forêt, nous
enterrions le corps.

— Au cours de votre premier interrogatoire, à la caserne
Reuilly, vous avez déclaré que les exécutions avaient lieu
rue Le Sueur, intervient l'avocat général penché sur une
pièce de son dossier, et qu'il vous était arrivé de participer
vous-même au « travail » comme vous dites aujourd'hui.

— A la DGER, on m'a fait signer tout ce qu'on a voulu.

Maître Floriot, qui sait pertinemment que Simonin-
Soutif est en fuite, propose avec une innocence désarmante :

— Mon client a été arrêté par ce fameux capitaine Simonin
de la DGER. Citez-le donc...

Lorsqu'on en revient à la forêt de Marly et à l'inhumation
des gestapistes, l'officier de police Casanova apporte une
précision qui n'arrange pas, a priori, les affaires de Petiot.

— Les deux cadavres d'Allemands découverts à Marly,
mon enquête le prouve, proviennent en fait d'un règlement
de comptes entre policiers allemands. L'affaire s'est déroulée
en juillet 44. Berger, le meurtrier a été retrouvé : il est
actuellement emprisonné à Fresnes.

Cette déposition ne trouble pas le moins du monde Petiot
qui, avec générosité, concède :

— J'en ai assez enterré là-bas pour me permettre d'en abandonner deux à ce monsieur Berger. A sa manière, il a fait œuvre de salubrité publique. Je n'ai rien contre les loups qui se mangent entre eux.

Maître Véron intervient :

— Vous avez dit avoir abattu deux Allemands avec votre arme secrète. Pouvez-vous nous la décrire?

— Certainement pas. Je ne tiens pas à ce que les Allemands puissent s'en servir contre nos troupes d'occupation. Elle est très efficace, vous savez. Les traces qu'elle laisse sont indétectables, sauf par moi. C'est pour cette raison que les Allemands n'ont pas fait de représailles. Je revois encore le cavalier que j'avais visé. Il a mis un tel temps à tomber que pendant un moment j'ai cru que mon arme n'avait pas fonctionné.

— Précédemment, vous aviez parlé de deux motocyclistes.

— Le premier, c'était un motard. Mais l'autre, j'en suis sûr, c'était bien un cavalier.

Du fond de la salle, un titi lance :

— Tu aurais du amener le cheval comme témoin.

Petiot éclate de rire.

— Silence, s'énerve pour une fois le Président Léser, ou je fais évacuer la salle.

A force d'évoquer la rue Le Sueur et le rôle qu'elle a joué dans cette affaire, il fallait bien qu'un jour la Cour s'y rendît, comme on dit, en « transport de justice ».

C'est l'exposé quelque peu embrouillé d'un expert, le professeur Sanié, sur la disposition des lieux, ainsi que l'usage que Petiot en fait, qui décide le Président Léser à opérer ce déplacement malgré tous les risques juridiques qu'il peut entraîner. Car cette entreprise contente surtout la défense.

De cette visite à son hôtel que les jurés vont faire, Petiot attend beaucoup. Il pense, en effet, que c'est pour lui le meilleur moyen de démythifier cette maison que les journalistes ont allègrement baptisée « coupe-gorge », « antre du crime », « palais de Barbe-Bleue ». Petict sait que, vues de près, les choses paraissent souvent moins terrifiantes, surtout lorsqu'on les place dans une lumière différente.

Quant à René Floriot, il se dit que ce serait vraiment un coup du diable si, au cours de cette opération improvisée, il ne se produisait pas quelque incident pouvant entraîner la cassation; arme qu'il ne manquerait pas d'utiliser si Petiot ne sauvait pas sa tête à l'issue de ce procès.

Sous la houlette du Président Léser qui descend maintenant les marches du Palais avec mille précautions, à cause de sa longue robe rouge, la procession s'organise. Une douzaine de voitures ont été prévues pour transporter ce petit monde.

Au-dehors, des barrières blanches contiennent les curieux tandis que des agents bloquent le boulevard du Palais pour faire place au cortège qui s'ébranle enfin, escorté de motards. Encadré par deux gardes du corps massifs, Petiot a pris place dans la cinquième voiture.

Il est un peu plus de quatorze heures lorsqu'on referme la lourde grille du Palais de Justice.

Dans le Paris de l'immédiat après-guerre, les voitures sont encore rares. La traversée de la capitale s'effectue donc sans histoire et sans retard.

La rue Le Sueur est bouclée aux deux extrémités par les forces de l'ordre. Là, plus de trois cents agents, inspecteurs en civil, officiers de paix assurent avec le talent qu'on devine, un beau désordre. Au milieu de ce tourbillon policier, sau-

224

grenue, parfaitement encombrante, une voiture de pompiers rutile. A la hauteur du numéro 21, la confusion devient superbe. Et avec simplicité la pluie se met à tomber. Dans un grand concert d'avertisseurs, de pétarades, de claquements de portières, de roulements de sifflets et de quolibets, le président Léser, ses assesseurs, l'avocat général, Petiot toujours attentivement entouré, les jurés, les avocats, pénètrent dans l'hôtel. Pour clarifier les choses, un commissaire s'apprête à fermer la porte derrière le dernier entré.

— Ne la fermez surtout pas, s'alarme le Président Léser, nous sommes en audience. Et elle doit être publique. N'est-ce pas, maître?...

Beau joueur, René Floriot sourit : un splendide cas de cassation vient de s'envoler. Mais à en juger par la manière dont les choses commencent, il y en aura certainement d'autres. Il suffit d'avoir l'œil et le bon.

Un moment contenue par le service d'ordre, une véritable marée, roulant pêle-mêle des femmes de magistrats, des badauds, des journalistes, des bonnes d'enfants, des photographes de presse, un juré qui avait été oublié au-dehors, se répand dans l'hôtel particulier. En un éclair, tout est envahi : la cour est pleine, le sous-sol, l'escalier que Cécile Sorel avait si élégamment descendu lorsqu'elle habitait là, les étages aussi. Chacun veut emporter un souvenir. Dans la cohue des mains traînent qui ne s'intéressent pas qu'aux bibelots. Des cris, de pudeur parfois, se perdent dans le brouhaha.

Dans un coin, un jeune avocat, un « Floriot's boy » a-t-on dit, pose gaiement devant un photographe de presse, un fémur à la main... Une bibliothèque de quelque deux mille volumes est dispersée : des bouquins traînent par terre. On marche sur *Le Vampire de Dusseldorf,* sur *La fin du Président Harding,* sur *Bagatelles pour un massacre,* (Tiens! où est *L'Ecole des cadavres?*) sur l'œuvre complète du Professeur Locart, le célèbre criminologiste lyonnais... On s'arrache des ordonnances en blanc du docteur Petiot.

Un vol de sauterelles affamées par la traversée du désert ne ferait pas plus de dégâts.

Et pour ajouter au sordide, comme on n'a pas demandé à l'Electricité de France de rétablir le courant coupé depuis fort longtemps, il n'y a pas de lumière. La foule rebondit donc d'un mur à l'autre dans le noir; une lourde odeur d'humidité fait frémir les narines des plus romantiques. Il ne manque que des chauves-souris à cette kermesse macabre. Pendant ce temps-là, la Cour s'éclaire à la bougie.

Protégé du tohu-bohu, le Président Léser parvient tout de même à faire ce pourquoi il est venu. C'est Petiot, pas le moins du monde ému par ce pèlerinage, ou plutôt ce retour sur les lieux de ses crimes, qui fait les honneurs de l'hôtel à la Cour et aux jurés. Les communs dans lesquels il avait installé son cabinet sont si exigus que la visite s'opère par petits groupes. Devant chacun d'eux, Petiot s'explique avec une patience angélique.

L'avocat général, la toge maculée de plâtre et de toiles d'araignées, joue également au guide :

— En réalité, messieurs, lorsqu'ils sortaient du cabinet, les gens suivaient ce couloir et aboutissaient tout naturellement dans cette pièce minuscule, de forme triangulaire. Ils trouvaient devant eux une porte à double battant qu'ils essayaient d'ouvrir. Pendant le temps qu'ils mettaient à s'apercevoir qu'elle était fausse, la porte par laquelle ils avaient pénétré dans cette pièce se refermait derrière eux. Ils étaient verrouillés de l'extérieur. Il ne restait plus à Petiot qu'à les observer au moyen de son périscope, pendant qu'ils mouraient comme des insectes se débattant dans un flacon empoisonné.

Petiot hausse les épaules :

— Vous êtes drôlement sadiques, vous. Remarquez que

226

vous n'avez rien inventé. Vous ne faites que répéter les sornettes inventées par la presse boche. Ce n'est pas moi qui ai fait poser cette fausse porte. Elle y était. Je n'ai fait que la conserver, car le bois absorbe l'humidité d'un local. Les boiseries de Versailles n'avaient pas d'autre utilité. N'importe quel architecte vous le confirmera. Pourrait-on, monsieur le Président, me confier le viseur pour que je puisse en expliquer le fonctionnement aux jurés?

— Où est-il? s'enquièrent d'une même voix le Président Léser et Maître Floriot.

Gêné, le professeur Sanié explique qu'il ne l'a pas, qu'il a dû rester à l'Identité Judiciaire.

— Si vous vous mettez à perdre vos scellés, alors...

Petiot intervient courtoisement :

— N'en faites pas un incident, maître, je vous en prie. Nous nous débrouillerons sans!

Le viseur, précise-t-il, n'était pas un périscope mais un télescope. Il devait permettre d'observer un coin de la pièce : celui où serait installée plus tard une table d'opération et rien de plus.

A l'un des jurés qui fait remarquer que du papier peint obstrue le trou dans lequel venait se placer le fameux viseur, Petiot répond que cela avait été fait par inadvertance mais que cela n'avait finalement pas eu d'importance puisque la salle de radiothérapie n'avait pas été installée.

— Votre question d'ailleurs réduit à néant les affabulations de monsieur l'avocat général, conclut peut-être hâtivement Petiot. D'autre part, si l'on pense que la théorie de l'accusation sur l'utilisation de cette pièce triangulaire est la bonne, on ne peut pas manquer d'être troublé par le fait que lors de son enquête la police n'avait découvert dans cette pièce nulle marque pouvant donner à penser qu'un homme avait tenté désespérément de s'en échapper.

Au bord de la fosse dans laquelle ont été trouvés les ossements, Petiot a un moment de faiblesse. Soudain, il est devenu très pâle. On le soutient. C'est d'une voix blanche qu'il répond à un juré :

— La chaux que l'on avait mise dans cette fosse n'avait d'autre but que de l'assainir...

Cette défaillance, comme toutes celles qu'a eues Petiot, la Cour et les journalistes l'ont mise sur le compte de l'émotion. Il semble qu'elles aient eu une explication plus prosaïque. Pendant les trois semaines que son procès a duré, Petiot ne s'est nourri que d'une soupe, servie le matin très tôt, dans sa cellule à Fresnes, et d'un quignon de pain sec le soir, avant de s'endormir. Criminel ou justicier, Petiot était un homme fier. Lui qui s'est battu sur chaque argument, sur chaque détail, ne s'en est jamais expliqué. L'aurait-il fait qu'il eût peut-être modifié son image de marque aux yeux des personnes dont son sort a dépendu...

Comme il apparaît au Président Léser que rester davantage rue Le Sueur n'apportera rien de plus, la petite troupe se dirige vers la sortie.

Dans la cour de l'hôtel, elle s'arrête un moment. Le temps que Petiot, qui a retrouvé quelque couleur, explique la raison pour laquelle il a fait surélever un mur mitoyen :

— Je n'étais plus chez moi. Les gosses de l'immeuble en face passaient leur temps à jeter des noyaux de cerise dans ma cour.

Un juré qui doit avoir lui-même des problèmes de voisinage hoche la tête.

Au-dehors, quelques descendantes des tricoteuses de la Révolution de 1789 réclament la tête de Petiot. Ce dernier se contente de sourire.

A seize heures, la rue Le Sueur est rendue à la circulation.

Finalement, a-t-il été utile, ce transport de justice? Et à qui? On peut se le demander. Les jurés seront-ils réellement aidés dans leur recherche de la vérité parce qu'ils ont constaté *de visu* la disposition des pièces les unes par rapport aux autres, parce qu'ils savent maintenant où se situe exactement la fosse-ossuaire? On peut en douter car il n'y a que dans les romans policiers démodés que la topographie joue un rôle déterminant. La vérité de la vie et de la mort se cache généralement ailleurs, dans la psychologie des victimes et des criminels.

De son côté, Petiot n'est pas parvenu, semble-t-il, à « dédramatiser », comme il l'espérait, l'hôtel de la rue Le Sueur. Quant à Maître Floriot enfin, c'est en vain qu'il a attendu l'incident qui lui aurait éventuellement permis de se pourvoir en cassation.

René Nézondet, que Petiot a quelquefois qualifié « d'aimable loufoque » par tactique au cours du procès, a pu au cours de cette visite de la rue Le Sueur, qu'il connaissait bien, prendre le temps d'observer les uns et les autres. Son impression se résume assez fidèlement dans cette phrase : « Petiot avait monté une pièce pour le Grand Guignol, malheureusement les décors devaient lui tomber sur le crâne avant la fin du dernier acte. »

En aurait-il vraiment été autrement sans ce transport?

Dès que le docteur Paul, médecin légiste, est à la barre, on sent que non seulement c'est un remarquable homme de l'art, mais encore qu'il est parfaitement à l'aise dans cette salle de Cour d'Assises qui lui est, à la longue, devenue familière.

Ceux qui le connaissent bien savent que c'est un homme généreux et bienveillant, soucieux de ne rejeter aucune hypothèse, aucune recherche qui pourrait se révéler favorable à l'accusé.

Lorsque Maître Floriot l'interroge, il sent une réticence

inhabituelle chez cet homme honnête. Le docteur Paul s'en expliquera, après le procès :

— Petiot est un médecin. Et je déteste un médecin qui porte atteinte à la vie...

A la barre, il explique, avec une floraison de détails anatomiques, pourquoi la mutilation des victimes n'a pu être effectuée que par un médecin et qui plus est peut-être par un de ses élèves. Il termine son exposé en assurant que, à cause du travail de la chaux vive, il est impossible de déterminer les causes et les dates de la mort des victimes.

Après avoir longuement compulsé son dossier, l'avocat général intervient :

— Docteur, voulez-vous nous parler des très nombreux fragments de cadavres découverts un peu partout dans la région parisienne, entre mai 1942 et janvier 1943?

— Ce fut à cette époque une véritable « bouffée » de débris humains. Depuis ce temps, le train-train a repris à l'Institut médico-légal : trois ou quatre cadavres par semaine.

Chacun note qu'il y a comme un regret dans cette constatation.

— Y a-t-il un rapprochement possible entre ces morceaux de cadavres et ceux découverts chez Petiot, reprend l'avocat général?

— Certainement, car ils portent également les traces que je signalais tout à l'heure. Il est tout à fait possible qu'elles aient le même auteur, d'autant que les têtes étaient scalpées et de la même manière que celles trouvées rue Le Sueur.

— Tout cela est certainement très juste, mais cela ne peut concerner le docteur Petiot, qui n'a pu obtenir qu'une mention médiocre en dissection, rappelle Maître Floriot.

Sur les vingt-sept crimes que l'accusation impute à Petiot, celui-ci non seulement en reconnaît un certain nombre mais en revendique presque les deux tiers, sous une autre appellation. Et ce n'est qu'une coquetterie de vocabulaire. Car, selon lui, le groupe Fly-Tox qu'il dirigeait a procédé à dix-huit exécutions. Pas à dix-huit meurtres.

Les neuf premières furent celles de quatre truands français accompagnés de cinq femmes, leurs complices; les neuf autres, celles de ressortissants allemands se prétendant juifs ou l'étant, mais en fait tous liés à la Gestapo.

Quatre vilains messieurs, l'accusation pour une fois ne conteste pas l'appréciation, sont donc tout d'abord tombés dans les rets du docteur Petiot.

Le premier se nommait François Albertini, dit François-le-Corse. C'est en jouant les policiers allemands que les adjoints de Petiot avaient eu la preuve qu'il appartenait à la Gestapo française de la rue Lauriston. Il a été abattu d'un coup de matraque, après un interrogatoire en règle :

— Une matraque de fortune si l'on peut dire. Elle se composait d'un tuyau de caoutchouc bourré d'un dosage subtil de plomb, de sable et de quelques rayons de roue de bicyclette.

Jo Réocreux, dit Jo-le-Boxeur, a été le second.

— Un salaud doublé d'un lâche : il nous a offert 400 000 francs pour entrer dans notre organisation. De plus, il était accompagné d'une Allemande qui, à un moment donné, a sorti un revolver. Elle nous a donné chaud... Quant à Adrien Estébétéguy, dit Adrien-le-Basque, avec lui il n'y a même pas eu besoin d'interrogatoire. Il suffisait de regarder son visage : une vraie tête de maquereau, plutôt d'inspecteur de police. Lui, il s'est tellement débattu dans la camionnette qu'il a fallu s'arrêter rue Le Sueur. Il a sorti son couteau. Une véritable boucherie... Pour Joseph Pereschi non plus, pas d'interrogatoire : il était propriétaire d'une maison de tolérance créée par les Allemands dont il était l'homme de confiance.

— J'admets, dit l'avocat général, qu'il s'agissait de quatre dangereux malfaiteurs et que tous étaient, ou avaient été, au service des Allemands, mais les cinq femmes? Elles n'étaient pas coupables. Pourquoi les avoir tuées?

Petiot répond trop vite. Est-ce la concession de l'accusation qui lui fait baisser sa garde?

— Que vouliez-vous que j'en fasse...?

Remarquant l'effet désastreux de sa réponse sur les jurés, il se reprend :

— Nous ne pouvions pas prendre de risques : elles nous auraient dénoncés.

L'explication est plausible, mais elle vient tard. La crédibilité de Petiot justicier est faible. Maître Floriot est obligé de prendre la parole. En résumant l'affaire, il va tenter de recoller les morceaux.

Paradoxalement, c'est à l'occasion de cette série d'affaires dont il pouvait sortir innocenté que Petiot a commis sa première grosse faute. Elle pèsera lourd dans l'établissement de l'intime conviction des jurés.

Sentant que pour une fois il a l'avantage, l'avocat général revient à la charge :

— Et les quatre millions d'Estébétéguy, que sont-ils devenus?

— On a dit qu'il avait fait coudre sa fortune dans les épaules de ses vestes. Faites-les donc sortir des valises. Trois hypothèses : ou les quatre millions sont une fable et les vestes sont intactes, ou bien l'argent s'y trouve encore, ou bien encore les doublures ont été décousues. Vous remarquerez que c'est imprudent de ma part de vous faire cette proposition, lorsqu'on sait toutes les erreurs commises avec les scellés, ironise Petiot dont le Président retient la proposition.

Comme l'a noté René Nézondet, l'échafaudage des valises est fragile... Les jurés et le greffier courent de graves dangers. Aussi le Président Léser préfère-t-il suspendre un moment la séance. Cette pause permettra de dégager la valise d'Estébétéguy, sans dommage pour quiconque et donnera à Petiot, qui vient d'avoir un malaise, le temps de se reprendre.

En attendant qu'arrive son tour de vérifier les doublures des vestes d'Estébétéguy, Petiot se penche sur son avocat :

— Si on retrouve l'argent, vous croyez qu'ils me donneront dix pour cent...?

Pas d'argent; et les vêtements étaient intacts...

Le Président Léser passe à un autre sujet, beaucoup plus délicat pour Petiot et son défenseur : « l'exécution » des Wolff, des Basch et de leurs proches amenés au « bon docteur Eugène » par Eryane Kahan. La manière dont cette dame a vécu pendant l'occupation présente des caractéristiques qui ne laissent pas d'être troublantes, on va le voir.

— Des témoins ont affirmé que vous avez touché de l'argent sur les voyages dont vous vous êtes occupée, attaque René Floriot.

— Non, répond-elle; mais elle ne demande pas à être confrontée avec ses accusateurs.

— A cette époque-là, vous aviez un amant allemand...

Eryane Kahan se défend mal :

— Il n'était pas Allemand. Il était autrichien.

— Hitler aussi! lui lance Petiot.

— Est-il exact que vous vous soyez rendue un jour à la Gestapo à bord d'un camion allemand? reprend l'avocat.

— Oui, dit-elle faiblement sans préciser pour quelle raison.

— Pouvez-vous nous dire, reprend-il, ce qu'est devenu le dossier qui vous envoyait devant la Cour de Justice pour « intelligence avec l'ennemi »?

L'avocat général vole au secours de « son » témoin :

— Si Madame Kahan était poursuivie, elle ne serait pas ici, assure-t-il. Nous avons de très bons renseignements sur elle.

— Le tout est de s'entendre sur les mots. Il est dit dans ce dossier que c'est une aventurière et qu'il faut se méfier de ses mensonges, corrige Me Floriot...

C'est vraiment pour lui rendre service qu'avant de refermer son dossier il communique à la Cour le numéro du dossier concernant Eryane Kahan; laquelle se récrie, en vain, qu'elle n'a jamais entendu parler de cette affaire.

Le Président Léser intervient :

— Petiot, voulez-vous nous parler de cette famille de Juifs allemands, les Wolff, que madame Kahan vous a présentés pour les aider à fuir?...

— Peut-être étaient-ils Juifs comme la Kahan. C'est possible. En tout cas, ils étaient Allemands et vendus à la Gestapo. Je les ai fait exécuter dans la forêt de Marly. Quant aux Basch, ils ont pris le même chemin. Les enquêtes que nous avons menées ont été formelles, dans les deux cas.

Ce n'est pas l'avis de l'inspecteur Battut qui, déjà sous l'occupation, s'était penché sur l'affaire Petiot :

— Je peux affirmer, sous la foi du serment, que ni les Wolff, ni les Basch, non plus que madame Eryane Kahan, n'appartenaient à la Gestapo.

— Pourtant, lui fait remarquer Me Floriot, de l'un de vos rapports, il ressort que les Wolff sont entrés en France, en juin 1942, avec un passeport régulièrement visé à Berlin et qu'ils sont venus se « réfugier » dans un hôtel réquisitionné par les Allemands. Vous ne trouvez pas ça bizarre, vous?...

— Ils se cachaient tout comme moi lorsque j'étais jeune marié, intervient Petiot. Je me mettais sous les draps et je disais à ma femme : « Essaie de me trouver »... Allez, allez, Monsieur le Président, tous ces gens que m'a envoyés la Kahan étaient comme elle à la solde de la Gestapo. Ils avaient bel et bien mission de découvrir mon groupe de

Résistance et de passage. En aurait-elle envoyé cent de cet acabit-là que nous les aurions exécutés tous les cent... Il y allait de la vie de la France et des Français. Etre faible avec le loup, c'est être cruel avec l'agneau.

Eryane Kahan n'a pas été la seule à rabattre des clients pour le compte du docteur Eugène et son groupe « Fly-Tox ». A un moment ou à un autre sont intervenus Fourrier le posticheur et son ami Pintard. L'un et l'autre ne s'étaient pas doutés un seul instant des conséquences engendrées par leur complaisance.

— Quelque temps après le départ de Jo-le-boxeur, le docteur m'a montré une lettre qu'il venait de recevoir de Buenos-Aires dans laquelle Monsieur Jo assurait qu'il était arrivé à bon port, raconte Pintard.

— J'avais imité son écriture du mieux que j'avais pu, confirme Petiot; puis il enchaîne sur le rôle exact du groupe Fly-Tox : en fait, nous n'étions pas vraiment des passeurs. Nous avions seulement des relations avec une organisation de passage...

— Comment s'appelait-elle? s'enquiert le Président.

— Elle ne portait pas de nom précis. On m'a dit que c'était Lucien Romier, un ministre de Vichy, qui s'en occupait d'une manière occulte. Pour ma part, je n'ai jamais été en rapport direct avec lui. Je ne connaissais que Robert Martinetti qui était un de mes clients. Il travaillait avec un homme qu'il appelait André-le-Corse.

— Des passeurs, vous deviez quand même en connaître, non?

On sent que Petiot voudrait bien rendre service, retrouver ces noms qui décidément lui échappent.

— A Châlon-sur-Saône, il fallait s'adresser à un certain Robert. A Nevers, c'était un Allemand qui aidait à franchir la ligne, mais je crois qu'un jour il s'est suicidé. On pouvait également passer à Orléans. Pour cela, on devait rencontrer, au buffet de la gare, un homme qui portait une barbe noire. Le passage se faisait à quatre kilomètres de la ville. Mais tout ce que je vous dis, je ne l'ai jamais vérifié par moi-même.

— C'est vous certainement qui vous occupiez de procurer les faux papiers.

— Pas exactement. C'était quelqu'un du groupe qui en avait la charge. Je crois qu'ils étaient établis par un employé de l'ambassade d'Argentine à Vichy. On m'a également parlé d'un commissaire de police à Lyon. Nous exigions en effet qu'ils fussent bien en règle, car il était important pour la sécurité de tous que nos *voyageurs* (chacun dans le prétoire remarque que Petiot bute sur le mot) n'aient pas d'ennuis à cause d'eux. C'est grâce à cela que Guschinow, que j'avais mis entre les mains de Robert Martinetti, a pu passer sans encombre la frontière espagnole et rejoindre ensuite, via Dakar, l'Argentine où il désirait se rendre. Il m'a d'ailleurs envoyé de nombreuses lettres de l'hôtel Alvear où il était descendu. Nous nous écrivions en code.

— J'ai ici plusieurs télégrammes établissant de manière irréfutable que jamais personne n'a réussi à rencontrer Guschinow dans les endroits où vous avez dit qu'il avait séjourné, coupe l'avocat général.

— Il faudrait être fou pour croire qu'un homme comme Guschinow allait se présenter sous son vrai nom dans un pays comme l'Argentine qui est, chacun le sait, un repaire de nazis. C'est pratiquement une colonie allemande.

— Pourquoi aviez-vous engagé Guschinow à découdre les initiales marquant son linge?

Petiot ironise :

— Elémentaire, cher docteur Watson! Ce n'est pas la peine d'être Sherlock Holmes pour le comprendre. Si vous aviez fait tant soit peu de Résistance...

— Petiot, je ne vous permets pas!

236

— Tant que tu y es, tu devrais m'inculper d'outrage à magistrat. C'en est un de rappeler que tu as prêté serment de fidélité à Pétain!

Très souvent, au cours du procès, Petiot a tutoyé l'avocat général. Maître Floriot pense que, ce faisant, Petiot a voulu donner l'impression aux jurés que le magistrat et lui se connaissaient de longue date. A la vérité, il n'en était rien.

Madame Guschinow, qui n'a jamais reçu d'autres nouvelles que quelques lettres courtes et bizarres immédiatement après le départ de son mari, assure que ce dernier redoutait la série de piqûres que Petiot devait lui faire avant de quitter la France.

— Il me l'a dit. Il était inquiet.

— C'est complètement stupide et faux. Je lui en ai fait pendant plus d'un an. Pourquoi se serait-il inquiété? Au fait, a-t-on découvert des vêtements appartenant à Guschinow rue Le Sueur? Non. Alors...

— On a trouvé une valise vide.

— C'est extraordinaire, s'exclame Petiot. C'est moi, je vous l'ai dit, qui ai conseillé à Guschinow d'abandonner cette énorme valise et de se servir d'un sac de voyage. C'était tout de même plus pratique pour passer clandestinement des frontières. D'ailleurs, pour me remercier de tout ce que j'avais fait pour lui, il m'a remis un cadeau pour ma femme : quelques peaux de zibeline.

Tel n'est pas exactement le sentiment de l'associé de Guschinow; il déclare, malencontreusement pour Petiot, que ces cinq peaux, Guschinow les avait achetées pour les revendre en Argentine où la zibeline est plus rare qu'en France.

— Plutôt que de se perdre dans des détails, il aurait été enfantin de savoir si Guschinow était vraiment arrivé en Argentine ou non. Pour cela il suffisait de montrer des photos du prétendu disparu au personnel de l'Alvear Palace à

Buenos-Aires. C'est vraiment fâcheux qu'on ne l'ait pas fait, se plaint Maître Floriot.

— Il ne semble pas que vous ayez demandé une pareille enquête au moment de l'instruction, constate l'avocat général.

Floriot réplique d'une voix forte :

— Personne n'est mort ni disparu... Personne n'est mort ni disparu, dans l'affaire Guschinow. Il fallait d'abord faire des vérifications en Argentine avant d'accuser. Depuis le début de ce procès, vous ne faites qu'affirmer, sans jamais rien prouver.

Il se garde bien d'ajouter que lui non plus ne prouve rien.

Si, pendant l'instruction, l'affaire Kneller a un moment embarrassé Petiot, il n'en va pas de même au cours du procès ; les Kneller, à l'instar de Guschinow, font partie selon lui, de ces personnes qu'il a sauvées en leur permettant de fuir les persécutions raciales. Il s'attache à le démontrer, à sa manière. C'est-à-dire sans rien prouver. Mais il n'est pas le seul à agir ainsi. L'accusation ne peut également apporter aucune preuve formelle qu'il ment et que les Kneller ont bel et bien été ses victimes.

— Lui était un de mes clients : je lui faisais des piqûres depuis un certain temps. Et allez savoir pourquoi, il n'avait jamais d'argent pour me payer ! Dieu sait pourtant que je ne prenais pas cher. Enfin, c'était comme ça. Un jour, il m'a dit qu'il souhaitait passer en zone libre. Le sachant sans fortune, je lui ai demandé un minimum d'argent pour les faux papiers. J'en ai même été de deux mille francs de ma poche. C'est pour lui éviter de se sentir gêné envers moi que je lui ai proposé de me laisser son mobilier en gage. En attendant que l'on me fasse savoir où et quand ils pourraient passer, les Kneller ont dormi rue Le Sueur. C'était trop dangereux de rester chez eux. Leur maison était infestée

238

d'Allemands. Au jour où le feu vert pour leur passage a été donné, ils sont partis...

L'avocat général, qui n'attendait que cette pause pour intervenir, coupe Petiot :

— Ils sont partis, abandonnant tout derrière eux, comme des voyageurs sans bagages. A qui ferez-vous croire cela? On a retrouvé rue Le Sueur du linge ayant appartenu aux Kneller, notamment un pyjama d'enfant, celui de leur petit René qu'ils adoraient.

Petiot se défend, mais mal; il reste sur le terrain de la logique alors que la sensibilité des jurés vient d'être mise à vif. Pour la première fois, on découvre que parmi les victimes, il y avait un enfant. L'avocat général va s'appliquer à faire vibrer la corde sensible.

Petiot a beau expliquer :

— Ce devait être le pyjama avec lequel ce gentil gosse a dormi la dernière nuit rue Le Sueur.

Il ne convainc pas. Cette «dernière nuit» fait peur... D'autant que l'avocat général poursuit :

— On a également retrouvé dans les affaires que les Kneller ont laissées derrière eux une carte d'alimentation J2. Je vous le demande, messieurs les jurés, y a-t-il au monde une seule mère qui, dans cette période de misère que nous avons connue, aurait été assez inconsciente pour perdre ce moyen, si dérisoire soit-il, de nourrir son enfant? Allons, Petiot, avouez que vous avez tué les Kneller, comme tous les autres malheureux qui ont eu confiance en vous... Vous n'allez tout de même pas prétendre cette fois que le petit René, cet innocent qui ne demandait qu'à vivre, appartenait à la Gestapo! Jamais les Kneller n'ont quitté la rue Le Sueur.

Se rendant compte que l'accusation est en train de marquer des points précieux, Maître Floriot se jette en travers :

— Vous oubliez, monsieur l'avocat général, que Mademoiselle Roart, Madame Noé, Monsieur Michel Czobor, le parrain justement du petit René, ont tous témoigné avoir reçu des nouvelles des Kneller, bien après que ces derniers se fussent installés à Castres, où le docteur Petiot leur avait permis de se réfugier. Vous ne parleriez pas comme vous le faites, si ces personnes n'avaient pas perdu les lettres et les cartes postales des Kneller. Aussi décidé que vous soyez à étayer votre accusation, vous ne ferez admettre à personne ici que ces amis des Kneller sont des complices du docteur Petiot, c'est-à-dire qu'ils n'affirment avoir reçu ces lettres que pour l'innocenter. Je reconnais qu'il est bien dommage pour vous que ces témoins, que vous aviez cités à charge, apportent par leurs dépositions, que l'on ne peut pas mettre en doute vous en conviendrez, la preuve que mon client dit la vérité.

La pirouette de René Floriot est digne d'un remarquable numéro de trapèze volant. Par sa vivacité et sa logique tout apparente, elle désarçonne l'accusation. Dans son for intérieur, l'avocat de Petiot doit tout de même se féliciter que les amis des Kneller aient égaré ces lettres dont plus personne aujourd'hui n'a la possibilité de contester l'authenticité. D'autant que Petiot a déjà avoué avoir imité l'écriture de Jo-le-Boxeur et que le rapport des graphologues sur les lettres envoyées par les autres disparus n'est pas tellement favorable à Petiot. Même si le rapport ne prouve rien, ni dans un sens, ni dans l'autre :

— Les scripteurs semblent avoir agi sous la contrainte, car si les écritures paraissent authentiques, elles ne sont pas normales. Elles ne disent pas la vérité ou plutôt, même si elles sont vraies, elles sonnent faux...

Heureusement pour la défense, un des graphologues se conduit comme un benêt en tombant dans le piège tendu :

— Il est possible, en examinant une écriture, répond-il, de voir si le texte a été tracé en toute indépendance d'esprit et de dire si le scripteur était sincère en écrivant.

240

Sans perdre une seconde, Me Floriot écrit quelques mots sur une feuille de papier. Il la tend à l'expert, en lui demandant :

— Pouvez-vous me dire si ce que je viens d'écrire correspond à mon intime conviction?... Je vous en prie, lisez.

Tout le prétoire éclate de rire lorsque l'expert lit mécaniquement à haute-voix :

— Monsieur X..., expert en graphologie est un grand savant qui ne se trompe jamais.

— La découverte du charnier de la rue Le Sueur a été pour la police, si j'ose dire, une aubaine, en ce sens qu'elle lui a permis d'imputer à Petiot tous les crimes restés impunis. Ainsi en va-t-il de la disparition de Madame Denise Hotin. Mais quelle preuve a-t-on apportée contre Petiot? Aucune. Et c'est bien normal puisqu'il n'y a aucun rapport entre cette affaire et mon client, sinon qu'il a été un jour appelé au chevet de cette dame qui s'était fait avorter.

Après cette attaque brutale, Me Floriot se tourne vers le mari de Denise Hotin qui est à la barre :

— Vous considérez-vous comme veuf, Monsieur?

— Oui.

— C'est donc en qualité de veuf que vous en avez épousé une autre. C'est bien cela?

— Même si je n'ai pas attendu longtemps pour me remarier, je l'aimais, ma Denise...

— Alors pourquoi, lorsque vous avez introduit votre demande en divorce, l'avez-vous accompagnée d'un certificat du maire de La Neuville-Garnier où vous demeurez, établissant qu'elle vous avait abandonné? Et le premier magistrat de votre commune ne peut pas avoir été mal informé puisqu'il est également votre père!

Jean Hotin, mal à l'aise, danse d'un pied sur l'autre.

— Voulez-vous nous dire maintenant pourquoi vous n'avez jamais cherché à rencontrer le docteur Petiot pour lui demander ce qu'il avait fait de votre femme, puisque vous semblez le tenir pour responsable de sa disparition? continue Me Floriot.

— J'y suis allé un jour.

— Six mois après... C'est beaucoup pour quelqu'un qui aime tant sa femme.

— Il était seize heure trente. Je suis monté et j'ai vu sur la plaque : « Le docteur reçoit de 17 heures à 19 heures. » Je n'ai pas osé sonner. Je suis reparti. D'ailleurs j'avais mon train à prendre... Le travail qui m'attendait...

Me Floriot fait préciser à quelle date Denise Hotin s'est déclarée enceinte.

— Début juin... fin juin? hésite Jean Hotin.

Le gendarme Duval de La Neuville-Garnier est formel dans sa déclaration :

— Ce sont les beaux-parents de Denise qui l'ont forcée à se rendre à Paris pour avorter. Cela leur a coûté 4 000 francs plus 1 000 francs pour la chambre louée à Madame Mallard. Ils ont dit : « On considère ça comme le prix d'un veau crevé », quoi.

Pour l'ancien instituteur de La Neuville, les choses sont claires :

— J'en sais des choses, moi. Et sur Denise Hotin, *on* a dit qu'*on* avait profité de l'affaire Petiot pour la faire disparaître.

Floriot est tranquille, on ne reparlera plus sérieusement de Denise Hotin comme d'une victime possible de Petiot.

Autre disparition que la police n'a pas expliquée et que l'accusation a mise sur le compte de Petiot, celle de Jean-Marc Van Bever.

— C'est pour supprimer un témoin gênant de vos complaisances à l'égard des intoxiqués que vous avez tué Van Bever. Convenez que dans cette histoire crapuleuse, vous ne pouvez pas vous prévaloir de votre prétendu rôle de justicier.

Petiot se lève. Son visage est impénétrable lorsqu'il s'adresse à l'avocat général :

— Jusqu'à présent, vous avez masqué la faiblesse de vos dossiers en groupant des faits épars, en créant de toutes pièces des présomptions fondées sur des enquêtes opérées à la demande de la Gestapo : vous étiez bête. Voici maintenant que vous devenez ridicule. Van Bever a disparu? Bon, et après? Qu'y puis-je?

— Vous êtes très intelligent, Petiot, mais...

Celui-ci ne laisse pas l'avocat général terminer :

— Vous savez, l'intelligence est relative. Tout dépend de la personne à laquelle vous me comparez...

Le dédain avec lequel Petiot traite cette affaire montre assez bien à quel point il pourrait être impliqué dans les autres. Là, il ne finasse pas, il ne discute pas. Le terrain est sûr. En jetant son assurance à la face de l'accusation, il donne à penser, finalement, aux jurés que pour les autres il est moins tranquille et que, par conséquent, il est peut-être coupable. Ce n'est pas là un des moindres paradoxes de cette affaire.

René Floriot n'aura d'ailleurs aucune peine, en produisant devant la Cour une lettre du meilleur ami de la victime, à dédouaner son client : Jean-Marc Van Bever a tout simplement été supprimé par le frère de sa maîtresse après que ce dernier l'eut d'abord menacé, séquestré, puis roué de coups. L'avocat profite de cette brillante démonstration qui vient de ruiner l'argumentation de l'accusation et qui a visiblement impressionné les jurés, pour évoquer, en position de force, la disparition de madame Khaït dont on rend également Petiot responsable.

— Cette madame Khaït, vous la connaissiez bien. C'était une de vos clientes, reprend l'accusation.

— Encore une fois, vous affirmez sans rien savoir. C'est sa fille, Mademoiselle Raymonde Baudet, qui était ma cliente.

Sa mère Madame Khaït m'a un jour demandé rendez-vous. Elle désirait passer en zone libre. Comme je l'ai fait pour tant d'autres, je lui ai indiqué une filière. Je lui ai même prêté de l'argent.

Depuis elle n'a pas reparu. Mais sa fille non plus; on dit qu'elle vit à Poitiers. Combien vous-même avez-vous cité de témoins qui ne sont pas venus? Faut-il en déduire qu'ils sont morts? Que vous les avez assassinés?

Véron qui défend la mémoire de Madame Khaït plaide avant l'heure que si Petiot a tué cette dernière, c'est parce qu'elle était gênante pour lui. Elle pouvait mettre son titre de médecin en danger.

Petiot écoute avec un intérêt presque extasié la très brillante démonstration de l'avocat. Puis, lorsque celui-ci se rassied, il déclare :

— Vous avez beaucoup de talent, Maître Véron. Je vous félicite. Mais je suis désolé pour vous. Jamais je n'ai fait de piqûres à Madame Khaït.

— Pourriez-vous nous expliquer pourquoi vous êtes venu en aide à Raymonde Baudet que vous avez vous-même traitée avec un certain mépris en rappelant que c'était une droguée.

— C'est bien simple. Elle était très jolie.

— Je l'ai trouvée tout à fait banale.

— C'est peut-être parce que vous l'avez connue trop tard, conclut Petiot, avec le sourire discret d'un homme bien élevé.

L'avocat général, qui pense qu'une discussion sur les charmes de Mademoiselle Baudet n'a que peu d'intérêt dans ce procès, exhume de ses dossiers une série de lettres, entraînant ainsi une vive querelle d'avocats. Le ton monte. La mêlée devient confuse.

Au bout d'un moment, Petiot donne des signes d'énervement. C'est lui qui ramène le calme, en criant presque :

— Je fais un peu le figurant, moi, là-dedans !

— Cela vous ennuie? lui demande Maître Véron.

Me Floriot reprend sa démonstration. Pour compliquée qu'elle soit, elle doit paraître convaincante, puisque lorsqu'il a terminé, Me Véron constate :

— Grâce à vous, votre client vient de perdre deux raisons d'être condamné à mort ; il ne lui en reste plus que vingt-cinq.

Cela, Maître Floriot ne le sait que trop.

— Le docteur Braunberger dont vous m'imputez la disparition, je ne l'ai rencontré en tout et pour tout que dix minutes. C'était à l'occasion de la communion de sa fille, en 1934. Personnellement, je n'ai rien de plus à dire. Malgré votre mauvaise foi, cette inculpation comme toutes les autres tombera d'elle-même. Quand je serai acquitté...

— Comment, acquitté? s'étonne l'avocat général.

— Mais oui, reprend Petiot, je serai acquitté. Pas par vous, certes, puisque vous n'aurez pas voix au chapitre, mais par messieurs les jurés auxquels je fais confiance.

Pourtant Madame Braunberger, la veuve du docteur, reconnaît formellement une chemise et un chapeau que l'on a extraits d'une valise provenant de la rue Le Sueur, comme ayant appartenu à son mari.

Alors que Petiot, nous l'avons vu, reste généralement vague dans ses explications, cette fois, il se fait précis. Il prouve :

— Ce chapeau a deux pointures de plus que celles du docteur Braunberger. Puisque vous fondez une partie de vos accusations sur le fait que je détroussais mes victimes, pourquoi l'aurais-je tué, alors que vous dites vous-même qu'il était parti de chez lui sans argent?

Tout irait, sinon pour le mieux, du moins pas trop mal pour Petiot si l'un de ses cousins, appelé à la barre, ne venait déclarer :

— J'ai reçu une lettre du docteur Braunberger que je n'ai

pas conservée, dans laquelle il me demandait de faire transporter son mobilier dans l'hôtel particulier de Petiot.

Petiot est d'une telle insolence avec son cousin que le
Président Léser intervient pour prier Petiot de se rasseoir et
le témoin de quitter la barre.

Petiot proteste. Il voulait encore poser une question à ce
Monsieur Vallée.

Me Floriot se tait. Il a du mal à cacher le sourire qui se
dessine sur ses lèvres. Il tient là un cas de cassation.

Le greffier a vu venir le coup. Il se précipite et, à voix
chuchotée, prévient le président Léser. Monsieur Vallée
revient donc, cinq minutes après, pour se faire une dernière
fois injurier par son cousin.

Lorsqu'on passe à Petiot les pièces à conviction que cons-
tituent le chapeau et la chemise attribués au docteur Braunberger, il les jette avec violence au visage du greffier en
hurlant :

— Ne me parlez plus de cette chemise, ni de ce chapeau!

De ce chapeau, Me Floriot reparlera. Ce sera d'ailleurs
un des grands moments de sa plaidoirie.

Elle n'est pas la moins complexe, ni la moins douloureuse,
l'affaire qui est évoquée maintenant. Elle concerne la disparition d'Yvan Dreyfus. Prié d'exposer sa version des faits,
Petiot s'exécute calmement :

« C'est Fourrier qui m'a présenté Yvan Dreyfus. Il m'a
dit qu'il sortait du camp de Compiègne et qu'il fallait le faire
partir au plus vite. Il lui avait été amené par un nommé
Guélin, avocat à la Cour et co-directeur d'un théâtre. Dreyfus
m'a dit qu'il s'occupait de T.S.F. et j'ai pu constater qu'il
s'y connaissait. Comme mon frère était un ami de sa famille,
cette fois, me suis-je dit, c'est un autre genre de personne
que Jo-le-Boxeur; celui-là, on va le faire partir. Je dois
également ajouter que Guélin m'avait fait bonne impression.

« J'ai donc pris rendez-vous avec Robert Martinetti. Un

certain jour, place de la Concorde, Martinetti devait inter-
cepter notre camionnette, comme à l'habitude. A ce moment-
là, je n'avais pas beaucoup d'hommes sous la main. Ils
étaient partis pour Lyon opérer une série d'opérations de
nettoyage. C'est donc moi qui ai amené Dreyfus au rendez-
vous. Mais arrivé sur place, Martinetti a fait semblant de
ne pas nous voir : il s'est éloigné dans la direction du
Ministère de la Marine. Je me suis dit que le rendez-vous
était remis. Ce genre de chose arrivait fréquemment. Nous
sommes donc repartis, Dreyfus et moi, chacun de notre
côté.

« Le lendemain matin la Gestapo m'arrêtait.

« Et là, entre deux séances de torture sur lesquelles je ne
m'étendrai pas, j'ai appris que Guélin et Dreyfus étaient
respectivement inspecteur et indicateur de la Gestapo. Puis
on m'a demandé, sans aménité aucune, ce qu'était devenu
Dreyfus. Il avait, paraît-il, disparu. Je leur ai répondu : « Si
c'est un Juif, qu'est-ce que ça peut bien vous faire; si c'est
un mouchard, vous ne serez pas en peine d'en trouver un
autre ».

Maître Floriot intervient, pour arrêter le rire de Petiot
qui ne fait pas très bonne impression.

— Il existe un dossier allemand dont nous avons copie,
dit-il; établi en 1943, il atteste qu'Yvan Dreyfus était un
indicateur de la Gestapo. Il ne convient donc pas de s'at-
tendrir trop sur son sort.

— Je risquais ma tête, Monsieur le Président, mais je me
suis bien amusé. Quant à ce Juif quatre fois traître : traître
à sa race, traître à sa religion, traître à son pays...

Petiot écume. On ne saura jamais à quoi Dreyfus, d'après
lui, a été traître une quatrième fois.

Compagnon de Dreyfus lors d'une tentative d'évasion
manquée, un certain Berthet vient dire l'estime qu'il avait
pour ce dernier :

— Nous considérions Dreyfus comme un résistant des plus fermes.

Puis Madame Yvan Dreyfus raconte, avec douleur et dignité quel fut son calvaire :

— D'exigences en exigences, j'ai finalement versé plus de 3 millions aux Allemands par le canal de Guélin pour obtenir la libération de mon mari. J'ai été horrifiée lorsque j'ai appris, après avoir versé l'argent, alors qu'il n'en avait pas été question auparavant, que sa mise en liberté était conditionnée par la signature de deux lettres. Dans la première, mon mari s'engageait à ne rien faire contre les Allemands...

— Et la seconde? demande le défenseur, d'une voix triste.

Pour aussi pénible qu'apparaisse cette démarche, il était du devoir de René Floriot d'agir ainsi, de tout utiliser pour défendre son client. Servitude de l'avocat qui ne doit s'arrêter à aucune considération de délicatesse, de tact ou d'opportunité.

C'est dans un murmure que Madame Dreyfus précise :

— Elle promettait de donner des renseignements sur l'organisation des départs...

Cité par Me Véron, le capitaine Boris dépose. Ancien responsable, notamment, du ravitaillement en armes des maquis, arrêté par les Allemands, puis enfermé à Compiègne, il fut, un temps, le compagnon de détention d'Yvan Dreyfus. Il dit que celui-ci a rendu de signalés services à la Résistance, dans son domaine qui était la radio.

— Je n'ai jamais eu à regretter d'avoir confié certains de mes secrets à Dreyfus. Quant aux engagements qu'il a signés, j'aurais agi de même. Et tous mes camarades aussi. Une fois libres, il est évident que nous ne les aurions pas tenus. C'est ce que Dreyfus aurait fait, j'en suis sûr. Les faux engagements ne peuvent pas justifier sa mort.

Bien sûr... Et pourtant, à propos d'une affaire à peu près

semblable, survenue également pendant la Résistance, un des responsables du combat clandestin devait déclarer :

— Si j'avais appris que quelqu'un de mon réseau, pour obtenir sa libération, avait pris l'engagement de travailler pour la Gestapo, quelle que soit la raison qu'il ait eue, je n'aurais pas pris de risques : je l'aurais tué. Nous n'avions malheureusement pas le temps de nous poser longuement des questions. Né de la violence, le terrorisme n'est que violence. Seule sa finalité peut prétendre à l'idéal. Tout comme il y a une raison d'Etat, il y a une raison du terrorisme. Ce n'est pas toujours beau, mais c'est comme cela.

Si j'ai cité cette déclaration concernant une autre affaire, ce n'est pas pour justifier Petiot qui a d'ailleurs nié avoir tué Yvan Dreyfus, mais pour bien montrer à quel point tout était trouble dans ce procès à cause de l'Occupation. Ce dont Petiot usait avec un art consommé, un don de la repartie et de l'à-propos rare chez un accusé que les conditions de sa détention et l'appareil d'une audience d'assises préparent mal à la maîtrise de ses moyens. Il n'en a manqué qu'une fois.

Utilisant avec talent ce témoignage et la courageuse profession de foi du capitaine Boris, Véron s'emploie à réhabiliter Yvan Dreyfus. Puis il donne lecture d'un télégramme qu'il vient de recevoir, par lequel Pierre Mendès-France proteste contre l'atteinte outrageante faite par Petiot à la mémoire d'Yvan Dreyfus.

Petiot se dresse pour crier sa rage à Me Véron.

« Vous avez été un glorieux résistant. Ici vous êtes Monsieur Dreyfus, oui Dreyfus l'avocat du traître Dreyfus! Vous êtes un agent double.

— Si vous ne retirez pas ce mot, je vais vous casser la figure », s'écrit Véron.

Devant les hurlements de la salle, il croit s'expliquer en précisant :

— Je n'ai jamais été antisémite, mais les agissements de certains Juifs me dégoûtent.

Il y en eut quelques-uns à réagir comme Petiot, dans les années qui ont suivi la Libération.

Un retour de balancier ne devait pas manquer de se produire. Il fut sans doute accru par le retour d'exilés qui avaient eu la chance ou les moyens de passer à l'étranger. Ceux-là manifestèrent peut-être trop bruyamment leur légitime joie de retrouver leur pays, leurs places et leurs biens. Toujours est-il que, comme pour les émigrés de 1815, on entendait quelquefois prononcer cette phrase :

— Ils n'ont rien appris; et rien oublié.

Ce qui fit dire au pudique et clairvoyant Pierre Dac :

— L'antisémitisme sera vraiment mort le jour où l'on reconnaîtra aux Juifs le droit d'être des salauds, comme les autres.

La haine de Petiot est-elle nourrie des raisons (?) qu'on vient de proposer? Vient-elle du mépris qu'il affecte d'éprouver pour les Wolff, les Basch, Eryane Kahan et Yvan Dreyfus? Qu'importe!

Son attitude est en tout cas très mal accueillie, non seulement par le public qui assiste chaque jour plus nombreux au procès, mais encore par la Cour et surtout par les jurés.

— Petiot, vous venez de révéler votre vraie nature qui est celle d'un sordide individu, constate l'avocat général lorsque le calme est enfin revenu.

— J'ai bien envie de vous répondre comme je l'ai fait un jour au juge Golletty...

— C'est-à-dire?...

— Désirez-vous une paire de gifles comme réponse?

Cette fois, Petiot ne fait rire personne d'autre que lui-même.

Si l'on oublie la mauvaise impression causée par l' « antisémitisme » de Petiot, il ne fait pas de doute, pour les professionnels de la justice, pour les journalistes qui suivent le procès et pour les habitués enfin, que sur chaque affaire, la défense a marqué des points précieux.

Mais il y a les jurés.

Et l'on peut se demander si ces victoires d'audience qui mettent souvent les rieurs de son côté peuvent faire croire à René Floriot que le moment venu, elles forceront « l'intime conviction » des jurés dont dépend, en dernier ressort, le destin de son client. Rien n'est moins sûr. Floriot sait pertinemment qu'il lui faut produire maintenant des témoins ressemblant aux jurés comme des frères. De braves gens dont la personnalité et la vie sont inattaquables et qui viendront dire honnêtement tout le bien qu'il faut penser du docteur Petiot.

Personne, après tout, n'est venu témoigner sous serment : « J'ai vu opérer Petiot, voici comment il tuait ses victimes. » Au contraire, René Floriot sait qu'il a à sa disposition nombre de témoins qui pourront assurer :

— Il a sauvé mon fils sans jamais me demander un sou.

— Il m'a permis de ne pas être déporté en Allemagne.

— Me sachant en difficulté, il m'a prêté de l'argent sans que je le lui ai demandé.

Dans ce défilé, personne, certes, ne pourra affirmer :

— J'ai rencontré les Kneller à Castres, la semaine dernière...

Ou bien :

— J'ai acheté un manteau de fourrure dans la boutique que Guschinow a ouverte à Buenos-Aires...

Cela, la défense le sait, l'Accusation aussi.

Quelques-uns des trois mille clients que Petiot comptait à Paris viennent raconter des anecdotes touchantes sur ce médecin des pauvres, cet infatigable grimpeur d'escaliers, cet homme pas fier qui acceptait de se laver les mains au-dessus de l'évier de cuisine.

Pendant cinq ans, il a soigné une petite fille atteinte de septicémie, alors qu'au bout de deux ans il n'était déjà plus honoré. Il a consacré ses dimanches à un homme sans ressources qui ne pouvait être soigné que ce jour-là.

Combien de fois l'a-t-on fait venir de nuit au fin fond de Bagnolet pour s'occuper d'une petite fille et la sauver?

Madame Harant vient spontanément dire :

— En 1942, le docteur Petiot a procuré des faux papiers à ma sœur ainsi qu'à deux officiers anglais. C'est grâce à lui qu'ils ont pu rejoindre leur pays et reprendre le combat.

Ceux de Villeneuve, aussi, sont là.

François Comte, qui précise :

— Petiot était le médecin des pauvres. Son dévouement était légendaire. Vous ne connaissez pas Villeneuve-sur-Yonne, monsieur le Président? Tous les bons républicains y sont considérés comme des indésirables... L'affaire Petiot n'est qu'une machination politique. On ne me l'ôtera pas de l'idée.

Quant à Monsieur Pathier, un vieil appariteur de 70 ans, il constate :

— Ça vous fera peut-être rire, mais encore aujourd'hui tous les braves gens à Villeneuve regrettent le docteur Petiot. C'est lui qui a installé le tout-à-l'égout, qui a créé une école maternelle, une pouponnière aussi. Nous lui devons beaucoup.

Vingt autres personnes confirment ce que René Nézondet a écrit de cette période de la vie de Petiot :

« Petiot fut l'homme qui, de jour, de nuit, à pied ou à bicyclette quand son « Amilcar » refusait ses services, déployait le dévouement le plus absolu, le plus désintéressé et arrachait à la mort ceux que ses confrères désespéraient de sauver. »

Pour aborder le dénouement, il fallait bien tous ces témoignages. Aideraient-ils vraiment la défense? Le verdict, seul, allait lui apporter la réponse.

252

L'intérêt dramatique du procès marque une pause. Le public ne s'y est pas trompé qui a déserté la salle d'audience. La parole est aux parties civiles dont le rôle est impopulaire, ingrat et difficile. Et pourtant l'avocat est bien dans son rôle de défenseur quoiqu'on en dise parfois. « Une plaidoirie de partie civile n'est pas seulement un réquisitoire contre le meurtrier. C'est aussi une plaidoirie. Pour le mort », écrira un jour René Floriot [1].

Comme le silence auquel est pratiquement contraint Petiot au cours de cette phase du procès ne corse pas le menu, les audiences sont mornes. Une photo d'audience nous le montre somnolant, la tête appuyée sur la paume de sa main. Floriot enfoui dans ses manches est invisible. Apparemment il est loin de l'audience et de le voir aussi indifférent les jurés sont gagnés aussi par un certain détachement de ce qui se dit ; mais s'il dort c'est à la manière d'un chat qui guette.

Mais les jurés, dont il faut louer le scrupule, demeurent attentifs. Sans que leur intérêt ne se lasse ils écoutent Me Charles Henry, du Barreau de Marseille qui, voulant expliquer l'affaire Petiot, oublie qu'il n'est là que pour plaider. Son discours est à ce point saugrenu qu'il fait pouffer de rire le Président Léser et même le sévère avocat général Dupin. Dieu seul sait pourquoi, au détour d'une argumentation touffue, il s'en prend à René Floriot qui poursuit son somme.

— Mais laissez donc Maître Floriot tranquille, l'interrompt le Président Léser.

Alors que rien ne le laissait prévoir, Me Henry conclut brusquement :

— Au milieu de l'incompréhension générale, j'ai seul tenté d'expliquer ce que personne n'a expliqué. J'espère qu'ainsi, Messieurs les Jurés condamneront Petiot en comprenant, ce qui vaut mieux que de le condamner sans comprendre !

[1] René Floriot, *Aux bancs de la défense*, Gallimard.

Et il s'assied.

— Et votre cliente, Maître, vous n'en parlez pas? s'inquiète le Président.

— J'ai terminé, Monsieur le Président, je n'insiste pas.

Au milieu des rires, Petiot constate :

— Je ferai remarquer que ce n'est pas moi qui paie les avocats de la partie civile.

Ce sera sa seule intervention. Car très vite il s'endort ou feint de le faire. Il n'entend donc pas Me Andrée Dunant démontrer que l'aveu qu'il a fait du meurtre de Gisèle Rosmy suffit à le faire condamner à mort; pas plus que Me Archevêque qui défend les intérêts de Madame Guschinow. Petiot n'ouvre un œil que pour considérer un moment Maître Véron, son ennemi le plus efficace dans le prétoire, qui plaide une première fois, pour Madame Khaït.

Même si elle ne paraît pas véritablement fondée, l'attaque du jeune avocat est efficace : sans entrer dans le détail des faits, il affirme que le meurtre de Madame Khaït était le seul moyen pour Petiot de préserver un diplôme de médecin déjà « compromis » par deux précédentes affaires de stupéfiants. L'argument semble porter sur les jurés. Et visiblement, Maître Véron n'en attend que cela.

En évoquant la mémoire du docteur Braunberger, quel souvenir cocasse Maître Pertes fait-il involontairement surgir chez Petiot? On ne le sait pas. Car, pour une fois, celui-ci ne ressent pas le besoin de communiquer les raisons de son hilarité. Et c'est en souriant encore qu'il reprend son ostentatoire somnolence...

L'audience se termine avec Me Stephanaggi qui essaie de prouver que son client Piereschi n'était certes pas un ange, mais qu'en aucun cas il n'a appartenu à la Gestapo. En plaidant ainsi, l'avocat tente de démystifier l'action prétendument « épuratrice » de Petiot. Il conclut d'ailleurs en réclamant la condamnation à mort de l'accusé.

Pas plus que tout ce qui a été dit précédemment, les plaidoiries concernant les familles Wolff, Basch, Kneller et autres ne semblent toucher Petiot.

Visiblement son esprit est ailleurs. Lorsqu'il ne dort pas, la tête dans la main, son regard se pose ici ou là, erre vaguement sur la salle qui aujourd'hui s'est remplie. On peut se demander si l'étrange comportement de Petiot, qui joue sa tête sur chacune des affaires, n'est pas uniquement destiné à montrer aux jurés que, puisqu'il est innocent, rien de ce qui se passe ici ne peut le concerner. Ce véritable bluff de joueur de poker atteindra-t-il son but? Le risque est grand. Mais Petiot n'a-t-il pas écrit que le hasard pouvait être vaincu?

Lorsque Maître Véron se lève pour défendre la mémoire d'Yvan Dreyfus, Petiot abandonne cette attitude théâtrale. Il se réveille tout à fait. Il redevient l'animal prêt à bondir. Il confond dans une même haine la victime et l'avocat.

— On ne démontre pas l'évidence, fait remarquer Maître Véron.

Puis après cette précaution oratoire, il s'applique à établir la culpabilité de Petiot. Pour lui, elle ne fait pas de doute : comme en se jouant, il aligne les contradictions qui démasquent le pseudo-résistant. Au passage, il déplore que l'instruction n'ait pas forcé Petiot dans ses retranchements, au demeurant très fragiles, car on se serait aperçu plus tôt et sans le moindre doute pour quiconque que les jurés n'ont à juger qu'un criminel de droit commun. C'est vraiment au mépris de toute vraisemblance qu'il a joué les justiciers. Petiot n'est qu'un sordide profiteur de l'occupation. Peut-être n'a-t-il pas servi la Gestapo. Mais il est clair qu'il s'est servi de la Résistance pour accomplir son abominable travail de fossoyeur, de naufrageur.

— Je ne sais, termine Me Véron, si certaines victimes de Petiot appartenaient ou non à la Gestapo, mais je sais bien que dans le ciel leurs cendres sont allées rejoindre celles des morts de Dachau et d'Auschwitz...

Le souffle coupé par la rage, Petiot ne trouve qu'un mot pour répondre :

— Voyou, jette-t-il à Maître Véron qui l'avertit :

— J'irai à votre exécution.

Chacun dans la salle en est persuadé : on vient d'entendre le véritable réquisitoire de cette affaire. Pour mobiliser l'attention, non pas de Petiot qui s'est une nouvelle fois ostensiblement endormi, mais des jurés, Dupin utilise tous les artifices d'un style oratoire démodé, tous les qualificatifs que lui suggèrent les crimes de Petiot. C'est en vain qu'il appelle à son secours Gilles de Rais et Landru, qu'il affirme que « jamais pareil monstre n'avait comparu en Cour d'assises depuis plus de cent ans ». On n'entend que des mots : simulateur, menteur, illusionniste. Il va jusqu'à traiter Petiot de filou.

Entendant citer son nom, Petiot ouvre un œil. Son regard se fixe sur la pendule, en même temps que celui du Président Léser qui interrompt, dès qu'il le peut, l'orateur et annonce :

— Demain, seizième et dernière audience : nous entendrons la suite du réquisitoire de Monsieur l'avocat général et la plaidoirie de la défense au terme de laquelle sera prononcé le verdict.

— Ce Dupin, il est aussi amusant qu'Alphonse Allais qui disait « méfiez-vous du crime, car il peut mener au mensonge » susurre Petiot à l'oreille de son avocat.

On a rajouté des chaises.

Derrière la Cour s'entassent des magistrats venus en voisins, des membres du corps diplomatique, des hommes politiques. Dans le public les gens tiennent debout tout seuls, comme dans le métro à l'heure de pointe. C'est l'indécente cohue des grands jours de verdict capital. « Une des plus évidentes laideurs de ce procès est la folle affluence des femmes à bouclettes, chapeaux et bijoux. La salle est étouffante et pue. Je ne sais quelles bassesses elles font pour entrer, elles n'en perdent pas une miette », rapporte Colette chroniqueur judiciaire pour l'occasion. La foule est en effet accourue, attirée par la mort pour attendre et suivre ces quinze secondes où dans un silence saisissant un accusé devient un condamné.

C'est dans un brouhaha que l'on peut imaginer que l'avocat général Dupin reprend la parole.

La voix de l'accusateur est bientôt couverte par le tumulte du public qui tente de s'installer commodément.

Pour que l'ordre règne, le Président Léser suspend à nouveau la séance.

Avec la courtoisie modeste d'un récipiendaire de prix littéraire, Petiot profite de ce moment pour dédicacer son livre : « Le Hasard vaincu » qu'un éditeur avisé vient de faire paraître sous la forme d'une photogravure de son manuscrit. Petiot donne des autographes aux amateurs qui vont jusqu'à le faire signer sur des tickets de métro.

Bientôt la Cour entre à nouveau et, soudain, l'atmosphère se fait étrangement lourde.

L'avocat général se lève et redit ce que tout le monde sait : les Juifs traqués, les rançons, la chaux vive, la Gestapo...

— Plus d'imposture, Petiot, la Justice a sonné !

— Oui M'sieur le Procureur de l'Etat français, lui lance Petiot.

— Vous un « résistant »? Non Petiot, le rôle de justicier ne vous convient guère...

— Et à toi, donc?

L'avocat général néglige cette nouvelle interpellation et continue d'une voix qui pour une fois est émouvante parce qu'elle sonne juste :

— J'ai souvent eu des scrupules quand j'ai dû requérir la peine de mort. Aujourd'hui, je n'en ai pas.

Malheureusement le démon du lyrisme le reprend et il achève son réquisitoire sur une envolée dont l'ambiguïté provoque quelque étonnement :
— Que Petiot aille bientôt rejoindre ses victimes...

— Il n'a pas fallu moins de quinze heures à mes adversaires pour tenter de vous prouver la culpabilité du docteur Petiot. Personnellement je n'aurai pas besoin d'autant de temps pour plaider le dossier. Ce n'est la faute de personne ici, mais il faut tout de même reconnaître qu'à cause de ce qui a paru dans la presse de l'occupation au moment de la découverte du charnier de la rue Le Sueur, tout a été faussé dans ce procès. Et si Petiot ne devait pas sortir indemne de cette malaventure, ce serait sans doute une des ultimes victoires de la Gestapo. Elle en a suffisamment remporté sur nous, pour que nous lui offrions pas celle-là.

Ce préambule terminé, René Floriot entreprend une plaidoirie qui va durer six heures et demie, la plus éblouissante peut-être de sa carrière, la plus raisonnée, la plus passionnément raisonnable aussi. Car pour l'Avocat il n'est qu'une passion : défendre. Sans concession, sans esprit de recul, sans tenir jamais rien pour acquis même l'évidence par tous les moyens, dans ce temps où il est le maître, le créateur que nul n'interrompt et ne contredit, fusée dans la nuit qui meurt en naissant, meurt de s'accomplir, mais dont l'éblouissement — quand elle éblouit — peut changer le cours des choses.

Avec une patience combative et une connaissance extraordinaire du dossier et en parlant aux jurés leur langue, celle d'aujourd'hui, elliptique, René Floriot dévoile cette phase des choses que l'accusation a sérieusement cachée. Il replace les affaires dans une autre lumière, « celle de la vérité objective ». Et ce faisant, il montre la fragilité des charges accumulées laborieusement contre son client, l'interprétation fallacieuse que l'on a faite des aveux de Petiot concernant ce que ce dernier appelle des « exécutions ». Il tente d'exorciser, sorcier de la dialectique. De convaincre, non d'émouvoir. Aucun sentiment n'affleure, aucun appel au pathétique, cette ressource habituelle de l'éloquence devant les Assises, ne trouble la démonstration, aucun lyrisme non plus ne la soulève ou ne la boursoufle. Sa plaidoirie est une suite de propositions simples qui ne paraissent pas supporter la contradiction et qu'il fait suivre avec une précipitation qui ne laisse pas place à la réflexion. « C'est l'allègre entrain d'un athlète forain déployant son tapis et commençant la parade. Pour un peu il demanderait un roulement de tambour préalable. Puis avec la joie d'un chien courant, découplé sur un lièvre, le voilà parti dans une impossible chasse », note Pierre Size dans le Figaro.

— Il y a 27 crimes dans cette affaire. 8 que je ne reconnais pas. Je prétends comme vous ne faites la preuve pour aucun des 8 et je vais le démontrer. Les autres je les reconnais, et je vous démontrerai que ces crimes étaient justifiés.

Sous l'éclairage qu'il donne, les affaires apparaissent nouvelles. Elles prennent une autre couleur.

L'affaire Hotin devient mélodrame paysan :

— Une histoire de Balzac ou de Zola, peut-être. Mais sûrement pas signée Petiot. De plus, on n'est sûr de rien, pas sûr qu'elle ait avorté, pas sûr qu'elle ait connu Petiot, même pas sûr qu'elle ait effectivement disparu.

« Si Guschinow n'a pratiquement donné de ses nouvelles qu'à Petiot, ce n'est tout de même pas la faute de ce dernier. D'ailleurs si l'accusation avait été sûre d'elle, elle n'aurait pas manqué d'envoyer en Argentine une commission rogatoire pour faire la preuve que Guschinow n'était jamais descendu à l'Alvear Palace de Buenos-Aires.

« Quant à Van Bever qui avait été menacé, rossé par un autre, pourquoi Petiot l'aurait-il assassiné? Pour rendre service au meurtrier d'un garçon dont le témoignage dans une affaire de stupéfiants l'avait fait acquitter? Allons, tout cela ne ressemble pas à Petiot!

« Et s'il avait vraiment tué les Kneller, comme on le dit, se serait-il conduit dans cette affaire aussi bêtement, lui dont tous les spécialistes reconnaissent qu'il est très intelligent? En prenant un vélo-taxi pour aller chercher Kneller et sa famille, en les emmenant tous les trois chez un photographe pour l'établissement de leurs faux papiers, Petiot a laissé des traces de lui, partout. En agissant ainsi, il aurait signé un crime qu'il n'a pas commis. Un assassin ne prend pas de tels risques. Les policiers le savent bien qui ont tellement de mal à les retrouver et à les démasquer.

« Pourquoi l'accusation s'est-elle bornée à nier l'existence du passeur Robert Martinetti alors qu'il existe un rapport de police le concernant?

« Enfin, pourquoi néglige-t-on à ce point la valeur du témoignage de ce monsieur Jorin qui assure avoir reçu des nouvelles des Kneller, longtemps après leur passage de la ligne? Est-ce parce que ce monsieur Jorin et le docteur Petiot n'ont jamais entendu parler l'un de l'autre, qu'ils ne se connaissent absolument pas?

« Pour peu que l'on prenne la peine de répondre à toutes ces questions, il est impossible de maintenir plus longtemps que Petiot se trouve être pour quelque chose dans le fait que la famille Kneller n'a pas reparu.

« Quant à cette madame Khaït dont on reproche à Petiot l'assassinat, sans aucune preuve ni raison, elle n'a sans doute pas plus disparu que sa fille qui vit maintenant à Poitiers. Si elle pensait que sa mère avait vraiment été tuée par Petiot, on peut imaginer qu'elle aurait pris la peine de venir jusqu'à Paris pour le confirmer et demander réparation. Si elle n'en a rien fait, c'est parce qu'elle sait bien, elle, que le docteur Petiot n'a jamais attenté à la vie de sa mère.

« De plus, pourquoi n'a-t-on jamais convoqué cet employé de la SNCF qui assure avoir rencontré Madame Khaït à plusieurs reprises et cela bien après qu'elle ait prétendument disparu?

« Il y a également quelque légèreté, et ce n'est pas la première que nous relevons, à affirmer que Petiot a tué le docteur Braunberger. Les deux hommes se sont connus, c'est vrai. Mais on oublie systématiquement de préciser que c'est au cours d'un lunch de première communion en 1934, sans s'être jamais revus par la suite. Quel intérêt Petiot aurait-il eu d'assassiner ce vieux confrère dont il avait sans doute oublié jusqu'à l'existence, puisque ce dernier, nous le savons, était parti sans argent de chez lui?

« Alors, pourquoi le docteur Braunberger n'aurait-il pas été pris dans une de ces rafles que les Allemands opéraient à l'improviste?

« Aveuglée par la douleur, Madame Braunberger a cru reconnaître dans un chapeau qu'on lui a présenté celui que son mari portait la dernière fois qu'elle l'a vu; certes les initiales « P.B. » imprimées à force à l'intérieur de la coiffe pouvaient l'induire en erreur. Mais ce chapeau, pour deux raisons indiscutables ne peut pas avoir appartenu au docteur Braunberger. Et je le prouve. »

Avec ce chapeau acheté chez Gélot, d'après Madame Braunberger et qui porte une étiquette Berteil, rue du 4 septembre parce que, soutient la partie civile, Gélot était fermé en 1942 et que le docteur Braunberger l'a fait réparer chez Berteil, Floriot va se livrer à une démonstration éblouissante, qui illustre cette réflexion chez lui familière — « J'estime que jamais rien n'est acquis » — qui fera dire au vieil habitué des procès qu'était le journaliste Géo London : « Pour le coup du chapeau, chapeau! »

« Il n'y a qu'un malheur, en effet, c'est que la Maison Gélot n'a jamais fermé alors que la Maison Berteil a fermé en 1939 pour ne jamais réouvrir, et qu'au surplus le chapeau n'a pas le tour de tête de la forme conservée par Gélot et que l'échantillon du feutre est également différent. Rien n'est moins cicéronien que cette démonstration; mais quelle combativité la soulève. La sténographie, écriture refroidie, donne tort à Floriot qui a écrit un jour : « Avez-vous lu la sténographie non corrigée d'une plaidoirie? Chose atroce s'il en fut. C'est la plus vivante, la plus passionnée, la plus entraînante qui sera la plus illisible ». Sans doute l'Avocat bute sur les mots, dit un nom pour un autre, laisse une phrase, un pied en l'air, part, revient, mord toujours, mais le galop s'entend. « Ce n'est plus un Avocat, c'est un torrent verbal », commente Pierre Size. C'est un modèle du genre. A la lire on croit l'entendre, et l'on comprend pourquoi pour le public René Floriot c'est l'Avocat. Et quand il s'interrompt, feint de songer, songe peut-être à la nouvelle faille qu'il ouvrira dans l'accusation comme au théâtre, la salle tout entière applaudit. Le Président Léser profite de cette pause impromptue pour suspendre un moment la séance.

« Parlons maintenant, si vous le voulez bien, des dix-neuf inculpations que nous considérons comme fondées, puisque Petiot les revendique mais sous une autre appellation. Car il s'agit d'exécutions et non de meurtres.

« Pour les quatre truands et leurs complices, une fois n'est pas coutume, l'accusation et nous, sommes d'accord pour admettre qu'il s'agissait d'individus vivant hors-la-loi. Tous étaient porteurs de cartes rouges de la police allemande, d'Ausweis et de permis de port d'arme.

« J'admets qu'il est douloureux pour la famille d'Yvan Dreyfus de reconnaître que celui-ci était devenu un agent de l'ennemi. Malheureusement le fait n'est pas contestable. Nous en possédons la preuve. Dans cette affaire, le ministère public accuse encore une fois à tort, puisqu'il est établi que Petiot était déjà entre les mains de la Gestapo, lorsqu'Yvan Dreyfus a disparu.

« A-t-il été tué par d'autres résistants? A-t-il finalement été retrouvé par les Allemands qui l'ont supprimé puisqu'il ne leur servait plus à rien?

« On peut tout imaginer. Mais certainement pas nous imputer ce crime. Tous les gens envoyés à Petiot par la douteuse Madame Kahan étaient eux-mêmes douteux. Les uns avaient obtenu leur visa d'entrée en France, à Berlin en 1942, alors que pas un seul Juif ne circulait déjà plus librement en Allemagne, bien avant cette date, hélas. Les autres, qui avaient fui prétendument l'Allemagne en 1933, portaient encore des vêtements fabriqués là-bas; près de dix ans après, alors qu'ils étaient vraiment très riches.

« Que dire des derniers, enfin, qui quittent la zone libre où ils demeurent dans un hôtel réservé aux Allemands pour rejoindre un Paris occupé où « la chasse-aux-Juifs » bat son plein? Ils ne font pas le voyage dans les conditions précaires qu'on pourrait imaginer, non. Ils arrivent en wagon-lit Cook. Ce n'est pas un on-dit. On a retrouvé la trace indubitable de leurs locations, faites à leur vrai nom...

« En supprimant tous ces traîtres ou ces Allemands déguisés, Petiot a fait œuvre de salubrité publique. Il s'en cache si peu qu'il revendique très haut ces exécutions. Car il ne faut pas oublier, messieurs, qu'il n'y a ni crime, ni délit, lorsqu'ils sont commis pour servir à la Libération de la France.

« Un dernier mot. Vous savez ce que je vous ai démontré, la charge que j'avais à écarter, la preuve que j'avais à vous apporter, à savoir que les gens exécutés par Petiot étaient réellement des gens de la Gestapo. Voulez-vous me permettre de vous dire en terminant, ceci :

« On dit que le Docteur Petiot aurait pu les tuer pour les

voler : que le Docteur Petiot était capable de tuer un gosse de 7 ans pour le voler!... Voulez-vous vous souvenir de ces braves gens qui sont venus à cette barre et qui vous ont dit que, par tous les temps, en hiver comme en été, pendant des années, sans être payé, sur une mauvaise bicyclette, le Docteur Petiot venait, en pleine nuit, constamment, voir leur enfant pour le disputer à la mort.

« Ce n'était pas pour être élu conseiller municipal : il n'a jamais fait de politique.

« A Paris, ce n'était pas parce qu'il connaissait ces gens : ils vous ont dit :

— Nous ne le connaissions que comme client : nous étions des malheureux, nous étions de pauvres gens ». Et malgré tout, le Docteur Petiot venait.

« Alors, pouvez-vous concevoir que le même homme qui, souvent, la nuit, prenait sa bicyclette pour aller à Levallois faire la piqûre qui pouvait sauver un enfant et qui ne demandait rien en échange : ce même homme, le lendemain, pour gagner quelques milliers de francs, aurait abattu un enfant?... C'est de la démence!...

« Et puis, vous avez entendu à cette barre Richard L'Héritier : vous avez entendu Courtot, qui sont venus vous dire :

— Nous ne pouvons pas vous dire ce qu'a fait le Docteur, nous n'y étions pas, mais nous pouvons vous dire ce que nous avons vu pendant 78 jours l'un, pendant six mois l'autre. Que cet homme ait tué pour de l'argent, c'est impossible!... »

« Ils vous ont dit cela avec l'autorité de gens qui ont souffert, avec l'autorité de gens qui ont sur la poitrine la preuve de leur bravoure, avec l'autorité de celui qui est resté deux ans dans un camp de déportation allemand, avec l'autorité de gens qui, sachant tout ce qu'on a raconté sur Petiot, sont venus dire quand même : « Cela n'est pas possible!... Cet homme n'a pu faire cela pour les Allemands ».

264

« On ne trompe pas un voisin de cellule : on n'a pas d'intérêt à lui jouer une comédie : on n'a aucun intérêt à lui raconter des histoires.

« Pendant six mois, cet homme a été anti-allemand : il crachait sa haine pour les Allemands, il faisait des rêves fous de vengeance à la sortie!...

« Allons donc! cet homme qui se dévoue pour les gosses, qui se dévoue sans contrepartie pécuniaire, cet homme qui, en prison, alors qu'il pourrait faire l'homme doux, l'homme gentil pour s'attirer la complaisance de ses geôliers, cet homme-là proclame sa haine pour les Allemands, au risque des pires représailles.

« Cet homme, auquel on a limé les dents sur 3 mm pour lui faire avouer des secrets qu'il n'a jamais voulu lâcher, cet homme qui, à la fin, devant le Docteur Yodkum qui lui disait :

— Je vous libérerais... »

répondait :

— Cela m'est égal!... »

cet homme qui répond cela à un commandant de la Gestapo, vous voudriez que ce soit un assassin?...

« Cet homme qui a craché sa haine aux Allemands, vous ne comprenez pas qu'il n'est pas normal qu'il ait fait ce que vous dites?...

« Ah! qu'il ne soit pas comme les autres, qu'il ait un tempérament qui ne soit pas comme le nôtre, c'est entendu : qu'il ne soit même pas normal, dans le sens où, par comparaison, on l'entend, par rapport au commun des mortels, mais je vous le concède bien volontiers!...

« Que cet homme ait imaginé d'avoir à lui un groupe de gens qui lui étaient dévoués jusqu'à la mort pour abattre ceux qui étaient ses ennemis, parce qu'il hait les Allemands depuis qu'il est homme : cet homme qui a fait ce travail, qui a fait ce travail dangereux vis-à-vis des Allemands, et aujourd'hui, dangereux vis-à-vis des Français, mais non, ce n'est pas un homme normal, si on détermine la norme par les qualités ordinaires et par la moyenne des gens. Mais ne dites pas que c'est un assassin : ne dites pas que c'est un cupide... Toute sa vie vous démontre le contraire, et toute sa détention vous démontre le contraire.

« Et permettez-moi de finir en vous rappelant ce mot, que j'ai trouvé infiniment courageux, de Richard L'Héritier, Officier du Mérite de la Résistance, Croix de Guerre, déporté au camp d'Auschwitz, vous disant :

— Quel que soit le verdict, je serai fier d'avoir été le compagnon du Docteur Petiot!... »

« Messieurs, je vous en ai trop dit, je m'excuse d'avoir été trop long, mais il fallait, je crois, faire ce travail. Je remets Petiot entre vos mains; je suis certain que vous répondrez non à toutes les questions qui vous seront posées!... »

Il est 9 heures 30 lorsque René Floriot se rassied sous les applaudissements du public qui rend ainsi un hommage spontané à sa démonstration. La haine qui animait le public au premier jour du procès, son attente de la mort qui l'habitait se sont évanouies. Petiot pleure.

Le sang à la « Une », c'est bien connu, fait vendre les journaux. Certaine presse qui ne trouve sa pitance que dans le sordide annonce l'événement d'une manière parfaitement écœurante. « Ses victimes sont vengées, la bête est morte! » est l'une des plus discrètes parmi toutes les apologies de la peine de mort que l'on peut lire à cette occasion. Ses partisans s'en donnent à cœur joie. Ils célèbrent cette sinistre loi du talion que notre Société a encore conservée de nos jours, seule avec l'Espagne et la Grèce, parce qu'elle professe que ceci compense cela. On a même interdit à Georgette Petiot de venir se recueillir devant la dérisoire bosse de terre qui recouvre les restes de son mari. Bien que celui-ci

266

ait, comme on dit, « payé sa dette à la société ». Cela aussi, pour que les victimes soient vengées, sans doute?

Aujourd'hui que les passions sont retombées, on peut, peut-être, se demander qui était vraiment Petiot. Quel était l'homme caché derrière tous les clichés qu'on a employés à son sujet?

CHAPITRE 10

TRENTE ANS APRÈS

Trente ans après, en fermant ce dossier, une question s'impose invinciblement à l'esprit en présence d'un comportement aussi singulier et étrange. Petiot était-il vraiment coupable? Question qu'un avocat ne peut formuler qu'ainsi : si Petiot comparaissait aujourd'hui devant une Cour d'Assises serait-il reconnu coupable?

Les traces des huit disparus, malgré les dénégations du Docteur Petiot, s'arrêtent à la porte de son hôtel particulier. Depuis trente ans, aucune autre piste ne s'est offerte aux enquêteurs que celle qui les avait menés, en 1944, jusqu'aux chaudières et au charnier du 21 rue Le Sueur. Aucune voix ne s'est élevée non plus de la Résistance pour s'associer, revendiquer ou excuser les dix-neuf exécutions reconnues par Petiot. On ne peut donc soutenir que ces assassinats aient été accomplis pour servir la libération du territoire. Aujourd'hui, comme il y a trente ans, si le Docteur Petiot comparaissait devant une Cour d'Assises, accusé de 27 crimes — et non 27 fois accusé — le doute profiterait à nouveau à l'accusation. Ce n'est que dans les livres que le doute profite à la défense. Dans la réalité judiciaire l'accusé qui comparaît dans le box, entre deux gendarmes, est déjà coupable. Pour les jurés « *il n'y a jamais de fumée sans feu* ». Et celle qui, le 11 mars 1944, montait noire et nauséabonde, du 21 rue Le Sueur, était assez éloquente ; les corps découpés et scalpés par un professionnel et les valises remplies des effets des voyageurs sans bagages pèseraient très lourd sur la balance symbolique de la justice.

Landru non plus n'a pas avoué. Il ne s'est trouvé ni témoins, ni victimes pour le confondre... Mais qui aujourd'hui pourrait encore croire à son innocence?

Cependant, comme le rapporte Colette « il arriva à certains, qui assistèrent au procès de Landru, de douter de la culpabilité de l'inculpé. Avec Petiot impossible de douter. Bien plus, lors de la première audience, durant laquelle ses arguments, encore assez solides, déroutaient plus encore que son incroyable impudence, on était certain de voir un assassin »...

Un assassin? Certes, mais sur lequel aujourd'hui ne pèserait plus l'exigence d'une condamnation que la presse d'alors — issue de la Résistance — fit entendre tout le long du procès. « Petiot l'assassin dirige les débats » — « Dès la première audience l'assassin de la rue Le Sueur apparaît comme un faux résistant » — titraient le Figaro et Franc-Tireur le premier jour. Car il ne fallait pas que le Docteur Petiot torturé par la Gestapo, le Docteur Eugène recherché par la police allemande, le combattant des barricades de la libération, le capitaine Valéry officier épurateur de la sécurité militaire, puisse se greffer — comme une sorte de nettoyeur de tranchée ou de kamikaze de la guerre clandestine — à la Résistance. « Petiot soldat du Reich » l'article qui allait le débusquer traduit bien ce souci de rejeter cette greffe vénéneuse.

De la IVe République un pamphlétaire devait écrire « La République de Joanovici ». Il ne fallait pas que les crimes sordides et les exactions qui ont fait cortège à l'héroïsme des combats de la Résistance et de la Libération et à la nécessaire épuration puissent s'identifier et se résumer dans une « Résistance du Docteur Petiot ». La condamnation à mort prononcée par la Cour d'Assises — et non par une Cour de Justice — le rejetait dans l'enfer des droits communs.

La guillotine des assassins le rendait à sa solitude.

Mais, sans les circonstances exceptionnelles nées de la guerre et de l'Occupation, Petiot aurait-il été haussé au prestige horrible d'accusé de Cour d'Assises? Ne serait-il pas resté un médecin marron, kleptomane, avorteur, fournisseur de drogue, justiciable des tribunaux correctionnels? Il a été tout cela. Il le fût demeuré. Seule l'Occupation a donné à sa brutalité vaniteuse et cynique l'occasion de se déployer et de faire de lui le héros d'un drame immense. Comme dans tous les pays, la hausse de la criminalité a été, en France, considérable. Mais la guerre a surtout libéré de toutes craintes et de toutes censures le type criminel le plus redoutable. Celui qui échappe le plus souvent à la Justice, celui qui à l'inverse des autres est suradapté, réfléchi, flegmatique, dépourvu de toute sensibilité comme de toute moralité. Il agit de sang-froid. Il est donc difficile à identifier dans les temps de guerre ou de révolution qui lui offrent mille échappatoires. Sans l'Occupation, les forces criminelles qui habitaient Petiot n'auraient sans doute pas rencontré l'assentiment formulé qui conditionne le passage à l'acte.

Petiot est inexplicable sans Hitler.

Mais Hitler ne nous donne pas la clef de ce passage, pas plus que la formule du mélange explosif qui a fait du médecin marron un « cuisinier du diable » comme le nommait Colette.

Pour les jurés, et cela en raison même du système de défense de Petiot, il s'agissait avant tout de savoir si son activité criminelle était ou non justifiée par la Résistance.

Alors qu'il aurait fallu analyser, et le plus soigneusement possible, les racines qui, plongeant au plus profond de son être, pouvaient permettre de recoller les morceaux du puzzle qui constituaient son « moi ».

Il faut souligner que cette recherche et cette analyse ont été bien rapides de la part des experts. Ils se sont bornés à déclarer que Petiot était pervers et responsable de ses actes.

Ils n'ont pas dit pourquoi d'autres experts, en d'autres temps, l'avaient jugé dément et irresponsable. La satisfaction manifestée par le public à cette conclusion et la brièveté des commentaires sont à rapprocher des conclusions des experts dans une autre affaire : celle de Gorguloff, l'assassin du Président Doumer. A cette époque, les trois experts officiels, dont faisait également partie le Docteur Génile-Perrin, l'avaient déclaré sain d'esprit et responsable. Il fut guillotiné. La raison d'Etat et les convenances sociales commandaient cette exécution. Mais personne ne discute plus aujourd'hui la démence de Gorguloff. Encore faut-il rappeler que pour Gorguloff, il y eut un grand psychiatre, le Professeur Logre, pour contredire les Experts du Parquet. Pour Petiot, il n'y eut personne. Prisonnier du système de défense de son client, René Floriot ne pouvait, sans l'affaiblir ou le contredire, plaider la démence de Petiot et son irresponsabilité.

La question peut être posée aujourd'hui. Elle l'avait été, en son temps, par Colette qui suivit tous les débats. « La folie de Petiot réside, si l'on y prête attention, dans sa logique même. Dans cette excellente imitation de la précision qui masque l'errance de son esprit dans l'imagination. Dans son cabotinage, dans la défiance glacée qu'il provoque et qu'aucun élan ne peut faire dévier vers la pitié ou seulement le doute. Dans ce tour de force qu'il a réalisé en 18 mois de détention, de se mettre dans la peau d'un innocent. » Cette observation rejoint celle d'un autre commentateur,

Léon Werth : « Dans l'instant où il invente son passé de résistant, il est possible qu'il y croie ».

Pervers, Petiot l'était certainement selon la définition que l'on donne des pervers. « Ces individus se révèlent atteints par naissance d'un défaut de sensibilité auquel se joint souvent une très forte volonté qui les rend agressifs et dangereux. Ils ignorent la pitié et la crainte ; ils n'ont ni foi ni loi. Leur cruauté et leur cynisme sont extrêmes. Ils n'éprouvent aucune hésitation devant le crime utile à la satisfaction de leurs envies ; ils tuent pour voler. Ils ne regrettent pas leur forfait, une fois celui-ci commis » [1].

Cette perversité apparaît à la lumière d'incidents de sa jeunesse et de son adolescence comme constitutionnelle. Sans doute, la tendance à l'acte n'implique pas la fatalité de l'action. Mais la perversité constitue une catégorie psychiatrique variable dans ses origines et ses degrés. A l'extrême, elle se confond avec la schizophrénie. Pour ce qui concerne Petiot, sa vie nous révèle nombre de faits qui auraient dû être autant de signaux d'alarme de la lente dégradation de sa personnalité et de troubles si graves qu'il devenait comme étranger aux hommes dits normaux. Est-il simplement pervers et immoral ou ne doit-il pas être placé dans la catégorie des malades mentaux, le jeune étudiant admis en 1918 dans un centre psychiatrique ? Diagnostic, après un mois d'observation : « neurasthénie, *dégénérescence mentale*, dépression mélancolique, obsessions et phobies ». — Réformé à 100 % en 1919 avec cette indication : « nécessite un traitement et une *surveillance constante* dans un établissement spécial » — réforme confirmée en 1922 par ces simples mots : « démence précoce » alors qu'il vient d'être reçu Docteur en Médecine — jugement que ratifie le médecin-chef de l'asile d'Evreux qui notait en 1920, juste

[1] Jacques Léauté, *Criminologie*, PUF.

avant que l'interne Petiot passe sa thèse : « Petiot est très certainement un déséquilibré », jugement qu'il reprendra en 1945 : « Il y a là un cercle qui se ferme logiquement et qui permet aux psychiatres de dire que ce monstre est d'abord un *malade* dont l'affection a suivi un processus hélas affreusement normal. » Son affection n'ayant pas été soignée dans sa jeunesse, le processus de dégradation mentale ne cesse de se développer. En 1936 après le vol d'un livre à l'étalage de la Librairie Gibert, les psychiatres qui l'examinent le jugent « en état de *démence* au moment de l'action. Doit être tenu pour *irresponsable. Son état nécessite de l'interner dans un asile d'aliénés* ». Mais son internement ne dure qu'un mois au bout duquel l'Administration, sans la moindre hésitation, le laisse reprendre son activité de médecin.

Arrive la Guerre, puis l'Occupation. Le temps des crimes impunis. Le spectacle de la mort dévalue la valeur de la vie. Sa personnalité altérée ne contrôle et ne maîtrise plus ses instincts agressifs. Sa logique orgueilleuse et son atroce volonté ne supportent plus ni entrave ni contradiction. Rien ne semble plus pouvoir le tirer de la solitude noire où l'a enfermé le développement de sa démence, sinon des crimes abominables. Il est trop tard lorsque le 12 mars 1944, le commissaire Massu reçoit le télégramme des autorités allemandes : « Procédez à l'arrestation du Docteur Petiot. Stop. *Fou dangereux* ».

Article 64 du Code Pénal : « Il n'y a ni crime ni délit lorsque le prévenu est en état de démence au temps de l'action ». Aujourd'hui que l'horreur, la haine et la peur confondues n'appellent plus la mort de celui que la foule fascinée appelait « le monstre » comme pour s'exorciser elle-même de son visage le plus terrible, la question peut être posée.

Le Docteur Petiot était-il un criminel fou? Il appartient

aux psychiatres d'aujourd'hui d'ouvrir à nouveau son dossier et d'interroger son ombre noire ; mais la réponse peut-elle être simple et rassurante ?

Ce déséquilibré était un équilibriste. Sa dernière métamorphose en capitaine-commissaire-enquêteur de la Sécurité militaire venant réclamer des têtes au Procureur de la République chargé par la Loi de rechercher l'assassin du 21 rue Le Sueur nous le montre. Mais les équilibristes du cirque posent leur fil sur le sol pour assurer la grâce de leurs gestes. Petiot a joué les funambules sur le fil d'un rasoir.

Lorsqu'il a trébuché, il s'est tranché la tête.

TABLE DES MATIÈRES

Table des Matières

ACHEVÉ D'IMPRIMER LE 20 SEPTEMBRE 1990
SUR LES PRESSES DE L'IMPRIMERIE HÉRISSEY
POUR LE COMPTE DE FRANCE LOISIRS
123, BOULEVARD DE GRENELLE, PARIS

Imprimé en France
Dépôt légal : Août 1990
N° d'imprimeur : 52437 — N° d'éditeur : 19574